# 加贸企业联网监管通关攻略

本书编委会◎编著

系统梳理企业联网优势
详解海关监管要点
助加贸企业轻松应对海关核查

中国海关出版社
China Customs Press

**图书在版编目（CIP）数据**

加贸企业联网监管通关攻略／本书编委会编著．—北京：
中国海关出版社，2016.4
ISBN 978－7－5175－0123－7

Ⅰ.①加… Ⅱ.①加… Ⅲ.①互联网络－应用－加工贸易－
外贸企业－监管制度－中国 Ⅳ.①F279.4

中国版本图书馆 CIP 数据核字（2016）第 052888 号

## 加贸企业联网监管通关攻略

JIAMAO QIYE LIANWANG JIANGUAN TONGGUAN GONGLÜE

作　　者：本书编委会
策　　划：沈楚铃
责任编辑：黄　阳
出版发行：中国海关出版社
社　　址：北京市朝阳区东四环南路甲 1 号　　邮政编码：100023
网　　址：www.hgcbs.com.cn；www.hgbookvip.com
编 辑 部：01065194259（电话）
发 行 部：01065194221/4238/4246（电话）　　01065194233（传真）
社办书店：01065195616（电话）　　01065195127（传真）
http：//store.hgbookvip.com
印　　刷：北京铭成印刷有限公司　　经　　销：新华书店
开　　本：710mm×1000mm　1/16
印　　张：19.75　　字　　数：247 千字
版　　次：2016 年 4 月第 1 版
印　　次：2016 年 4 月第 1 次印刷
书　　号：ISBN 978－7－5175－0123－7
定　　价：48.00 元

# 前　言

如果您对海关的联网监管不甚了解，如果您想了解海关最新的监管模式，如果您想快速有效地规划企业的保税管理，您可以阅读此书。

随着加工贸易规模的不断扩大，21 世纪以来，大型、特大型电子类加工贸易企业大规模进入中国，在国际竞争日益激烈的情况下，企业的生产经营呈现出“全球营销、快速交货、产品个性化、零库存管理”的新特点。国内加工贸易业务的采购周期和交货周期不断缩短，顾客和市场对企业的经营速度提出了更高的要求，原有的计划经济条件下产生的海关加工贸易合同手册管理模式已经越来越不适应形势的发展。为了使关务人员在办理业务时能够快捷有效地为企业履行合同，办理手续，则亟须为他们提供一本能够快速厘清头绪、准确指导工作、迅速提高效益的工具书，这也是我们编著此书的初衷。

这本书是专门针对海关联网监管操作的实务书籍，而这方面专题性的书籍目前市面上极少。本书的编者大都来自海关保税监管的一线，以企业的需求为出发点，以企业在实际操作中关注的重点和难点为对象，摒弃传统的说教式写作方式，不仅是对法律法规的汇编和文件的解释，而且结合企业实际操作流程，以报关员小宁的切身经验和生动的方式拓宽企业思路，辅以关务筹划的实际案例共同来解读加工贸易联网监管。该书涉及的所有政策法规和相关要求的时间节点均为 2015 年 6 月，涵盖了海关最新的指导意见等相关文件要求，很有现实的指导意义。

该书由来自南京海关的陈解平、蒋敏、陈昌燕、彭云、陈飞、褚自强、孙晔、孙静 8 位同志编写，他们共同承担了全书的撰稿和统稿工作。南京海关加工贸易联网监管的数量和体量在全国首屈一指，编者在联网监管方面有着丰富的理论和实践经验，也为此书的撰写奠定了良好的基础。

该书的编写出版是在海关总署加工贸易及保税监管司、中国海关出版社的指导下完成的。要特别感谢南京海关党组的大力支持及薛金楼关长、张衡副关长对本书编写工作的关心和指导，同时，该书得到了苏州海关和苏州工业园区海关的大力支持，在此，一并对他们表示衷心的感谢！

联系邮箱：gwt@ customs. gov. cn。

编　者

# 目　录

# 第一章　导　　语

## [案例介绍]

人物

小宁：某公司关务人员，女，来公司工作2年。

小关：某海关关员，男，来海关工作5年。

机构

某公司：外商独资公司，为海关高级认证企业，隶属于某大型跨国集团。主营笔记本电脑加工组装，年进出口金额在100亿美元以上。

某海关：某公司所在地主管海关。

晚上10点，某公司关务办公室灯光明亮，小宁坐在电脑前，仰头往眼睛里滴了滴眼药水，揉一揉眼睛，继续盯着电脑……

自从公司办理了加工贸易手册以后，小宁这个关务员便没有停歇过。从商务部门到海关，各种审批材料与许可证件，对应着各项专业知识，对于一位初出校门的小姑娘来说，压力确实大了一点。由于公司办了多本手册，每本手册便成了小宁的心病，同样一个料件，到底要从哪一本手册进口，如何进行手册平衡，让小宁疲于应对。

为了明天向海关提供BOM表数据，小宁一天内在厂里多个部门奔波，核对了上万行数据。小宁已经连续工作14个小时了。

“这表格，明天来不及送去海关会不会又被K啊？”

“我们工厂是个性化生产，出口的笔记本电脑有的含光驱，有的不含，有的大硬盘，有的小硬盘，产品各种各样，海关都要求我申报出准确的单耗，我如果申报错误，海关要找我麻烦，如果多补了税款，老板又要找我麻烦。”小宁嘟囔着。

晚上11点，小宁反复确认几次文档已保存好后，深吸了一口气，双手合十，祈祷这次能够顺利通过。她起身伸了个懒腰，开始整理文件，准备走人，突然文件里滑出一本宣传册。小宁刚想起来，是下午在海关的时候，关员小关送的，结果回来一忙便忘了。小关不但长得很帅，人还特别好，这次要不是他的耐心指导，还不知道啥时候能搞定呢。对了，小关送给她时说：“我自己编的超级攻略，回去好好研究，对你很有帮助的。”小宁重新坐回座位，迫不及待地打开宣传册，最先入眼的是一个大大的标题：“保税加工新世界——联网监管攻略……”

晚上11点30分，小宁一口气看完了整个宣传册，靠着椅背双手高举，并做出“V”的手势，激动地高喊：“耶！明天我就要开启保税加工新世界！”

## 一、联网监管简介

海关对加工贸易企业实施联网监管，是指加工贸易企业通过数据交换平台或其他计算机网络方式向海关报送能满足海关监管要求的物流、生产经营等数据，海关对数据进行核对、核算，并结合实物进行核查的一种加工贸易海关监管方式。

## 二、联网监管的背景

21世纪以来，大型、特大型电子类加工贸易企业大规模进入中国，在国际竞争日益激烈的情况下，企业的生产经营呈现出“全球营销、快速交货、产品个性化、零库存管理”的新特点。国内加工贸易业务的采购周期和交货周期不断缩短，顾客和市场对企业的经营速度提出了更高的要求，与原有的计划经济条件下产生的海关加工贸易合同手册管理模式已经越来越不适应。

为符合企业实际生产和发展需要，结合目前的网络化、信息化时代要求，海关从方便加工贸易企业的自身管理和简化监管手续的角度出发，积极推广加工贸易电子联网。

**表1－1　联网监管的优势——加工贸易联网监管和传统手册模式对照表**

| 业务类型 | 手册模式 | 联网监管模式 | 新模式优点 |
| --- | --- | --- | --- |
| 合同设立 | 每个合同到商务主管部门办理审批并向海关办理设立手续 | 商务主管部门不再审批单个合同，仅审批企业经营范围（商品编号前4位）和加工能力，一个企业只有一份经营范围账册。企业在经营范围内向海关申请设立加工贸易电子账册 | 大大减少企业往返商务主管部门的次数，节省时间、费用，降低经营成本，提高通关效率 |
| 合同变更 | 每次变更需向商务主管部门和海关办理变更手续 | 未超出经营范围即未超出商品编号前4位范围的，企业不需报请商务主管部门审批。只有当进出口货物超出经营范围时，才需向商务主管部门申请办理经营范围账册的变更手续。海关可以对填报符合规范的变更实行计算机24小时自动变更 | 大大减少企业往返商务主管部门的次数，节省时间、费用，降低经营成本，提高通关效率 |

表 1-1　续表 1

| 业务类型 | 手册模式 | 联网监管模式 | 新模式优点 |
| --- | --- | --- | --- |
| 监管单元 | 每份加工贸易合同申领一本手册 | 取消了传统的手册概念，以企业为单元核发电子账册 | 大大减少企业往返商务主管部门的次数，节省时间、费用，尤其是终结了企业多本手册料件结转造成的麻烦和费用，降低经营成本，提高效率 |
| 保证金台账 | 每份合同均需办理银行保证金台账并按规定“实转” | 不实行保证金台账管理 | 减少企业往返商务主管部门的次数，节省时间、费用，降低资金成本 |
| 进出口数量控制 | 海关按合同设立进出口数量控制每项商品的进出口总量 | 海关根据企业的生产能力设立企业（电子账册）的最大周转金额来控制企业的进出口数量，企业可以在周转金额范围内自主地安排生产和进出口 | 完全适应现代企业快进快出、零库存管理的需要 |
| 业务办理方式 | 往返商务、海关、银行等部门办理各项手续 | 通过网络向海关办理各项手续（设立、变更、核销） | 大大减少企业往返海关的次数，节省时间、费用，降低经营成本，提高效率 |
| 设立内容平衡检查 | 手册设立时，海关要求企业同时报备手册的料件、成品和单耗，并对手册设立进出口数量实行平衡检查，进出口比例不平衡的海关不予设立 | 电子账册设立时，没有要求企业将料件、成品和单耗一并向海关申报设立，海关不对设立内容实行平衡检查控制，企业可分别在料件和成品出口前向海关申报设立（变更）账册 | 企业可以直接在签订进口料件或出口成品合同后才向海关申报设立，灵活方便快捷的设立和变更方式，更加符合企业的生产实际 |

表 1－1　续表 2

| 业务类型 | 手册模式 | 联网监管模式 | 新模式优点 |
| --- | --- | --- | --- |
| 设立申报内容 | 手册设立时必须申报进出口数量、单价、总价、产销地等内容 | 电子账册不要求申报进出口数量、单价、总价、产销地等内容 | 解决手册管理中长期存在的困扰企业的问题，排除了企业因相关设立内容和实际进出口申报内容不一致的情况，直接提高了企业的通关速度 |
| 计量单位管理 | 一般都要求按法定计量单位申报 | 基本采用了与企业内部管理相一致的计量单位 | 解决了因法定计量单位和企业内部管理使用的计量单位不一致造成核算进出口数量出现误差的问题 |
| 变更申报方式 | 手册变更申请需在工作时间内提交海关 | 海关对企业变更申请实行计算机全天候处理 | 最大限度地服务和方便企业办理海关手续。企业不需要跑海关，只要发送规范准确的电子数据 |
| 商品归类、归并 | 企业报关员对手册设立的料件、成品自行归类、归并 | 海关对企业所有料件、成品进行预归类、预归并 | 减少企业报关时的差错率，提高通关速度，同时也解决了企业自行归类、归并存在的差错等弊病 |
| 报关方式 | 进出口报关时企业到报关行录入报关单后向海关申报 | 可在企业内通过网络直接向电子口岸发送电子报文进行申报 | 大大减少企业往返海关的次数，节省时间、费用，降低经营成本，提高通关效率 |
| 报关单的填制 | 由报关员根据到、发货清单自行归并、计算后填制报关单 | 可直接调取 ERP 系统中的订单数据以报关清单的形式发往电子口岸，由其自动归并生成报关单，经企业确认后向海关发送 | 确保了企业申报的数据、企业实际到货数据（清单）和企业 ERP 系统中的订单（或售货单）数据三者的一致性。使企业内部和海关掌握的数据能够互相对接，进一步促进企业完善自身管理。相应 |

表1－1　续表3

| 业务类型 | 手册模式 | 联网监管模式 | 新模式优点 |
| --- | --- | --- | --- |
| 报关单的填制 | | | 减少因报关单填制不规范被海关退单的情况，提高通关效率 |
| 内销征税 | 每批货物的内销必须逐批办理内销征税手续 | 经主管海关同意，可按月度集中办理内销征税手续 | 减少企业内销审批和征税手续，企业可以从简化手续中得到更大的便利，而且更符合企业生产经营实际 |
| 核销 | 按每份手册的有效期限申报核销 | 采用分段滚动核销，核销时间结合企业的盘点时间，一般是每半年核销一次 | 充分考虑了企业的盘点结算周期，与企业管理并轨，更加准确、科学。滚动核销即是将本期的期末数通过核销后自动结存为下期的期初数。实行滚动核销后，取消了企业按手册向海关申报核销的做法，减少企业的麻烦，进一步方便企业 |
| 余料处理 | 每份手册的剩余料件必须办理余料结转手续 | 不需办理余料结转手续 | 不需办理本期核销期末数（库存余料数量）的结转手续，本期核销的余料数量自动转到下期作为期初数量。减少企业申报余料结转的费用和由此增加的经营成本 |

# 第二章　账册怎么设立

小宁熬夜看完了联网监管攻略，真心觉得联网监管能将大型企业的实际生产情况与海关监管有机结合起来，非常适合某公司这种大型加工贸易企业的管理要求，更重要的是能一劳永逸地解决自己当前关务工作面临的种种苦恼。第二天，小宁就专门向总经理汇报了自己对联网监管的了解，同时建议公司申请加工贸易联网监管，总经理同意后，小宁正式开始了联网之路。

## 第一节　资质审核

### 一、什么是资质审核

小宁专门到海关，找到帅帅的关员小关，要求办理联网监管。关员小关说："你这么快就把攻略看完了，你们公司资质都符合要求了吧？如果符合要求请提交申请表，我们进行资质审核。"小关说，加工贸易监管能为企业带来很大的便利，但同时对企业有着较高的要求，企业需要具备一系列法定资质，并经海关审核后才能实施联网监管。

根据《中华人民共和国海关加工贸易企业联网监管办法》（海关总署令第 150 号）的规定，加工贸易企业申请实施联网监管的基本条件很简单：

1. 具有加工贸易经营资格；

2. 在海关注册，并已在主管海关加工贸易监管部门备案；

3. 属于生产型企业，具有加工生产加工贸易货物的设备、厂房、工人等基本条件。

小宁感到很惊讶，这个条件也太简单了吧，公司绝对符合啊，而且基本上所有的加工贸易企业也都符合啊。小关看到小宁的表情，赶紧补充说："这只是最基本的条件，我们接受企业提交的申请后，要下厂实地考察你们公司的实际生产情况，进一步评估你们的联网监管资质。"小宁又追问："你们下厂要看哪些东西呢，要不要我们准备什么?"小关说："虽然海关总署令上的联网监管基本条件很简单，但海关很多文件上都有联网监管的相关要求，所以海关要看的方面还很广，现在正好不忙，就跟你好好聊一聊吧。"小宁赶紧掏出笔记本，认真地记下了小关的每一句话，回到公司，小宁总结了以下几点：

1. 在企业计算机管理系统中，要有进口料件和加工制成品的进口、出口、入库、生产单耗、损耗残次品记录等联网管理所必需的数据，提供满足管理部门对备案、中期核查和核销监管要求的查询与统计功能；

2. 企业计算机系统向外经贸、海关部门提供的数据必须及时准确，与企业保存的原始单据、实物相符，企业对此愿意承担相应的法律责任，能按照外经贸、海关部门监管要求提供计算机物流管理原始数据及归并数据，数据应真实、准确、完整并具有被核查功能；

3. 企业无走私、违规、欠税或其他瞒骗等信誉不良记录；

4. 企业的年生产加工能力，仓库库存能力，加工周期等需与申报相一致；

5. 具备实行计算机联网管理的硬件配置和业务人员；

6. 联网企业应按照海关要求，对加工贸易保税货物实行单独存放，按照有关会计制度进行账务管理；

7. 企业的加工贸易经营模式应适合联网监管。

## 二、联网监管的软硬件准备

小关告诉小宁，联网监管还需要一些硬件上的准备，不过这部分内容太复杂，短时间讲不清楚，还是回去继续学习下攻略吧。小宁作为一名电脑“菜鸟”，看到攻略上那些技术名词就很头疼，她到技术部门请教了好几次，才基本上看明白攻略内容。根据小宁的理解，整个联网监管系统可以分为四个主要部分：企业部分、海关部分、托管服务器和中国电子口岸。企业部分、海关部分和托管服务器彼此不直接相连，由电子口岸作为桥梁将各部分连接在一起，利用电子口岸的身份认证、签名系统保障数据的安全可靠性。

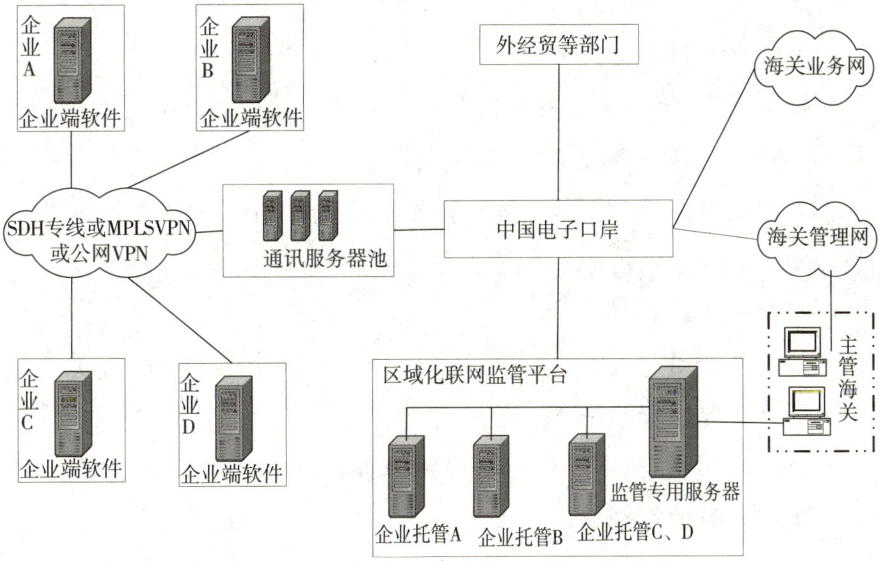


**图 2－1　联网监管系统示意图**

企业部分由企业计算机、通讯服务器及将两者连接在一起的专线或 VPN 设备组成。企业计算机安装有电子账册软件，企业可以通过该软件完成账册备案、变更、报关申报等关务操作。企业的通讯服务器依据需要可以存放在企业或当地海关，负责与电子口岸进行数据交换。专线由企业向电信申请，主要有 SDH 数字电路及 MPLS VPN 两种。

位于托管机房的托管服务器主要负责对企业所有的关务数据进行存储，海关可以通过海关端的系统对其中的数据进行查询、分析，以实现海关监管功能。

## 三、如何顺利取得海关“联网户籍”

小宁根据对攻略的学习，了解到在取得海关“联网户籍”前要先获得商务部门的“联网监管企业加工贸易业务批准证”。经过精心准备，小宁向商务主管部门提供了下述材料。

资质证明材料部分：

1. 工商营业执照（复印件）；

2. 企业关于联网资质的说明情况；

3. 经营企业进出口经营权批准文件或外商投资企业批准证书、联合年检合格记录；

4. 企业生产能力证明；

5. 联网企业上年度加工贸易出口情况的证明材料（报关单复印件或加工贸易合同核销表）；

6. 审批机关认为需要出具的其他证明文件和材料。

业务申请材料部分：

1. 在联网监管模式下开展加工贸易业务的申请，内容包括企业的基本情况及对进口料件、出口成品的简要文字描述；

2. 经营范围清单，内容包括进口料件和出口制成品的品名及四位的 HS 编码。

由于准备充分，几天后，小宁顺利领到“联网监管企业加工贸易业务批准证”。她又找到关员小关，开始最重要的海关资质审核工作。

几次下来，小宁和小关已经很熟悉了，小关又给小宁上了一节专门的指导课程，告诉小宁要准备的书面资料，包括：

1. 加工贸易企业联网监管申请书；
2. 联网监管企业加工贸易业务批准证；
3. 工商营业执照、税务登记证、组织机构代码证复印件；
4. 加工贸易企业计算机管理系统简介及内部管理情况说明；
5. 经营范围清单，内容包括进口料件和出口制成品的品名及四位的 HS 编号；
6. 海关视情况认为需要出具的其他证明文件和材料，如财务审计报告等。

小关说，海关受理申请后会在一个月内对小宁公司的联网申请进行实地评估，并出具评估报告，提出具体实施意见。如有不符合联网资质的情况，企业需要在改进后重新申请。

小关又补充说，海关评估通过后，对企业管理类别为 AA 类或 A 类的企业，可以直接实施电子账册联网监管模式；对于企业信誉良好、生产经营规模大、由于申请 A 类企业年限限制尚未取得 A 类企业资格等特殊情况，企业需采用电子账册模式实施联网监管且不实行保证金台账实转的，可向海关提出申请，在缴纳风险担保金或提供银行担保的基础上，由主管海关报直属海关做个案审批后采用电子账册联网监管模式。看到这里，小宁长出了一口气，幸亏公司去年管理类别升到了 A 类，不然又要麻烦了。

海关对小宁公司的实地评估虽然有些波折，但最终评估通过，小关填写了“加工贸易企业实施计算机联网监管审批表”，随附企业提交的书面资料，报关长核准。

## 联网监管申请书

××海关：

我司某公司是××××年×月成立的一家外资企业，公司位于××××，其注册资本××××，投资总额达××××。我司主要生产××××等。我司目前管理类别为A类企业，海关代码为××××××。

我司严格遵守国家有关法律法规和企业章程，守法自律，规范经营；对采购、生产、库存、销售等环节实行全程计算机管理；并能按照海关监管要求提供真实、准确、完整并具有被核查功能的数据和工作平台。根据《中华人民共和国海关法》和《中华人民共和国对加工贸易企业实施计算机联网监管办法》（海关总署令第150号）及有关规范性文件的规定，我司已具备联网监管企业的基本条件，特此向贵关申请实施联网监管管理，并承诺遵守海关和外经贸部门对实施联网监管管理企业的各项管理规定，承担联网监管企业应履行的义务，恳请贵关审查并给予指导！非常感谢贵关长期以来的支持与帮助！

特此申请！

××××××<br>××××年×月×日

当小宁再次来到海关的时候，关员小关笑盈盈地递给小宁一张纸，小宁接过来一看，原来是“海关实施加工贸易联网监管通知书”，顿时激动得跳了起来，这么长时间的辛勤工作总算出结果了。

**海关实施加工贸易联网监管通知书**

编号：（ ）关加联 号

____________：

根据《中华人民共和国海关加工贸易企业联网监管办法》的有关规定，由你单位提出申请，并经海关审核，决定自 年 月 日起，对你单位加工贸易实施联网监管。

（关印）
年 月 日

## 四、攻略总结

在海关对小宁所在企业的联网资质审核过程中，根据攻略指导，小宁需要向海关提交内部管理系统的介绍，包括企业对采购、生产、仓库、财务、销售等环节是否实行了计算机管理，企业内部管理是否规范，能否按照海关要求提供准确可靠的数据等方面。

由于小宁平时只是忙于关务工作，对内部管理系统了解不是很充分，所以小宁向资讯等其他部门的人员寻求帮助，一起准备联网监管资质材料，而资讯部门认为联网监管业务是关务部门的事情，对此工作比较消极，最终提交给海关的内部管理系统介绍内容过于简单，大多以截图呈现，没有具体说明各个模块之间的联系，各项业务在哪些模块中如何实现，关务部门数据是如何流转。海关在实地评估时，对此项资料感到不符合要求，并没有一次通过评估。

小宁经过反思，感到企业提交的联网资格申请材料中，重点要确认内部管理系统对于关务数据的管控，例如料号的管理、单耗关系的建立、版本的区分等。

另外，小宁还深深感受到，企业实施联网监管运作涉及的不仅是报关部门，还要涉及生产管理部门、资讯部门等，因此企业在申请联网监管的过程中，应当建立一个跨部门的高效率的联网监管实施工作小组，小组应该由公司较高职务的管理人员负责，小组成员应包括业务熟练的关务管理人员、熟悉企业内部系统的技术人员，根据联网监管合理分工、有条不紊地完成有关工作。

小宁及时向总经理进行了汇报并得到了支持，总经理立即召集各个部门，成立联网监管实施工作小组，由总经理亲自担任组长，并任命小宁为实施小组副组长。

于是小宁加强与其他部门的联系配合，一起整理了详细的关于内部管理系统的介绍，对系统中现有的模块一一罗列，每个模块都有简明的模块介绍，并把已有的基本操作部分的截图放进去，表示各个模块与关务部门的关系。在资料开头，小宁还制作了一张流程图，经过图片和文字的串联，就形成了一份相对完整的内部管理系统介绍，给海关关员的感觉更加直观，更容易理解。

小宁将新的材料再一次提交给海关关员，最终材料顺利审核通过，后续也顺利取得了联网资格。

## 小宁小贴士

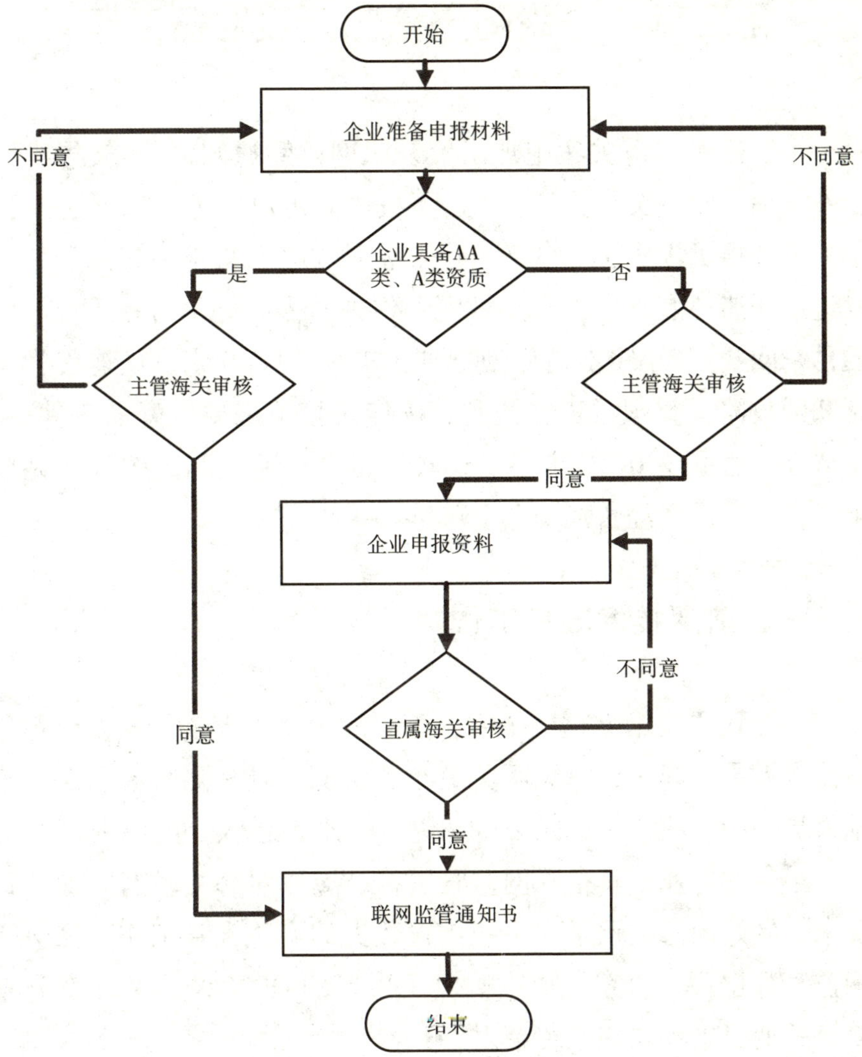


图2-2　小宁总结的流程图

# 第二节 “联网户籍”开设准备工作

小宁捧着“海关实施加工贸易联网监管通知书”，笑得半天合不拢嘴，对关员小关说：“这下我总算可以办电子账册了吧!”小关轻轻摇了摇头：“小宁，看来你对攻略看得很不仔细啊，要发电子账册还有很多工作要做呢，你先回去好好学习一下，不懂的再来问我。”小宁不情愿地把“通知书”收起来，又连夜学习了联网攻略，整理了工作流程，确定了接下来要做好的三件事：申请 MQ 通道及 IKEY 卡，做好技术准备；建立归并关系并完成申报；申请设立经营范围电子账册。

## 一、前期技术准备工作

一看到“技术”这两个字，小宁的头立刻大了，隔天带着公司技术人员一起来到海关听关员小关讲课，真是隔行如隔山，技术人员一听就明白了，回去后又用自己的话给小宁上了一课。

小宁的企业已具备联网监管资格，应按照海关联网监管模式要求，做好向海关预录入系统传输数据的实施准备工作，目前联网监管数据预录入系统以中国电子口岸的 QP 系统为主，部分直属海关通过辅助核销系统录入。

需要准备的工作如下：

1. 通过主管海关申请配置测试环境联网参数和填写“联网监管企业基本情况调查表”。

2. 填写“电子账册联网传输配置申请表”。相关申请表也可从中国电子口岸网站下载。

3. 安装企业端软件，包括安装数据库服务器、安装 MQ 系统等，配置好数据库和系统。

4. 企业进行 MQ 通讯配置。企业可联系中国电子口岸数据中心的技术支持人员协助解决。

5. 企业组织开发企业端软件。企业技术人员必须结合内部 ERP 物流管理系统增加相应的海关监管功能，具体包括：经营范围、电子账册、归并关系、中期核查、报关清单、报关单等业务数据。企业应直接从 ERP 系统中提取产生传送报文文件，通过数据中心提供的传输软件直接发送给中国电子口岸数据中心，并处理数据中心反馈的相应回执。

6. 进行系统联调测试。企业可通过中国电子口岸数据中心提供的测试环境在内部测试通过后进行整体的联调测试。测试通过后，可开始实际上线前的准备工作。

7. 实际上线前准备工作。企业重新填写“电子账册联网传输配置申请表”，与前一次申请的唯一不同是申请实际运行环境的配置参数。中国电子口岸数据中心将重新向企业发送配置参数文件，并制作安全认证的 IKEY 卡（也可以由直属海关制卡部门制作），该 IKEY 卡将以邮寄或其他方式送达企业，企业将该卡插入通讯服务器的 USB 端口即可使用。

在这个过程中，MQ 授权和申请 IKEY 卡相对比较复杂：

### （一）申请 MQ 授权

MQ 是 IBM 公司的一个产品，全名为：IBM WebSphere MQ 。MQ 产品支持应用程序通过不同组件如处理器、子系统、操作系统及通信协议的网络彼此进行通信。联网监管企业在与海关进行数据传输、数据交互时候，需要依赖于 MQ 软件并确保传输通道的畅通。

企业需要填写“电子账册联网传输配置申请表”（可从中国电子口岸网站下载），然后由主管海关技术部门发送配置申请表至中国电子口岸数据中心。中国电子口岸数据中心一般在 5 个工作日内完成 MQ 号的配置，然后将 MQ 号反馈给直属海关电子口岸数据分中心、主管海关技术部门及联网企业。

**表 2－1　加工贸易联网监管 MQ 传输配置申请表**

<table>
<tr><td>企业业务数据申报模式</td><td colspan="2">QuickPass 模式 □　　非 QuickPass 模式 □</td></tr>
<tr><td>通讯服务器 HOST_ ID</td><td colspan="2"></td></tr>
<tr><td>通讯服务器 IKEY 编号</td><td colspan="2"></td></tr>
<tr><td>企业名称</td><td colspan="2"></td></tr>
<tr><td>企业海关十位编码</td><td colspan="2"></td></tr>
<tr><td>主管海关名称与代码</td><td colspan="2"></td></tr>
<tr><td>主管外经贸部门名称与代码</td><td colspan="2"></td></tr>
<tr><td>业务应用环境</td><td colspan="2">运行环境 □　培训环境 □　联调测试环境 □</td></tr>
<tr><td>网络应用环境</td><td colspan="2">因特网 □　海关内外网 □　电子口岸专网 □</td></tr>
<tr><td rowspan="3">企业联系方式</td><td>联系人：</td><td>手机：</td></tr>
<tr><td colspan="2">联系电话：</td></tr>
<tr><td colspan="2">电子邮件：</td></tr>
<tr><td>托管方式</td><td colspan="2">电信托管 □　　数据中心代管 □</td></tr>
<tr><td>托管数据存储模式</td><td colspan="2">单机专用 □　　租用托管服务 □</td></tr>
<tr><td>数据分中心通讯服务器 IP</td><td colspan="2"></td></tr>
<tr><td rowspan="6">企业托管服务器信息</td><td colspan="2">序列号：</td></tr>
<tr><td colspan="2">IP 地址：</td></tr>
<tr><td colspan="2">数据库服务名：</td></tr>
<tr><td colspan="2">数据库端口号：</td></tr>
<tr><td colspan="2">数据库用户名：</td></tr>
<tr><td colspan="2">数据库密码：</td></tr>
<tr><td>备注</td><td colspan="2"></td></tr>
</table>

填写说明：

1. 由分中心工作人员在打印件上盖章后传真至数据中心，同时提供电子版本，企业联系方式必须如实填写，否则不予办理；

2. 请认真确认企业的网络应用环境；

3. “通讯服务器 HOST_ ID”填写方法：此栏位为空，由数据中心技术人员进行填写；

4. “通讯服务器 IKEY 编号”填写方法：

申报模式为“非 QuickPass 模式”，则这个栏位填写 IKEY 卡号；

申报模式为“QuickPass 模式”，则这个栏位不用填写任何信息。

**海关提醒**

原则上企业申请 MQ 授权应当在收到“联网监管通知书”后，特殊情况下，经主管海关同意，也可以在向主管海关申请联网监管的同时申请 MQ 授权，以减少联网监管实施时间。

### （二）办理 IKEY 卡

加工贸易联网监管企业常用的 IKEY 卡全称是电子口岸安全电子交易 IKEY 卡，实际上是一种 USB 加密设备，是网上业务电子签名和数字认证的工具。本文介绍的 IKEY 卡相关业务仅供加工贸易联网监管企业使用。

办理 IKEY 卡的前提是企业需获得联网资格。

企业在进行报关申报时，需使用 IKEY 卡，用于电子身份认证识别与使用权限控制。在联网监管操作过程中，其中一张 IKEY 卡将与企业 MQ 绑定，成为通信加密卡，用于对报文资料进行加密与解密的工作。

办理 IKEY 卡需要的资料如下：

1. 预录入 IKEY 卡信息登记表（加盖公章）；

2. 企业法人卡；

3. 办理 IKEY 卡人员的身份证复印件（加盖公章）；

4. 企业开具的介绍信。

办理人员持上述资料至各直属海关相关部门办理。

**表 2-2　预录入 IKEY 卡信息登记表**

| | | | |
|---|---|---|---|
| 企业名称 | | | |
| 海关十位编码 | | 组织机构代码 | |

**——★★根据办理的预录入业务填写所对应的 IKEY 卡信息★★——**

**□IKEY 卡新增　□IKEY 卡持卡人变更（办理新增、变更业务填写下表，变更时填写变更后持卡人信息）**

| | | | | | |
|---|---|---|---|---|---|
| 持卡人姓名 | | | | 性别 | |
| 学　历 | | | 证件类别 | | |
| 证件号码 | | | | | |
| 出生日期 | | 国籍/地区 | | 职务 | |
| 户口地址 | | | | | |
| 用户地址 | | | | | |
| 邮　　编 | | 电子信箱 | | | |
| 联系电话 | | 传　　真 | | | |

**□IKEY 卡补办 □IKEY 卡注销 □IKEY 卡持卡人变更（办理补办、注销、持卡人变更业务填写下表）**

| | | | |
|---|---|---|---|
| 原操作员姓名 | | 原操作员卡号 | |

**□IKEY 卡企业名称变更（办理企业名称变更业务填写下表）**

| | |
|---|---|
| 变更前企业名称 | |
| 变更后企业名称 | |
| 数据分中心审核意见：<br><br>经办人：　　　年　月　日　审核人：　　　年　月　日 | |

“预录入 IKEY 卡信息登记表”填写说明：

1. 联网企业申请办理的 IKEY 卡数量应为 M 份，M（企业需办的 IKEY 卡数量）=N（企业客户端数量）+1（通迅加密卡）。

2. 联网企业首次办理IKEY卡或增办IKEY卡的，企业需要在“登记表”中“IKEY卡新增”一栏前打勾并填写相应的信息。

3. IKEY卡持卡人变更的，需要在“登记表”中“IKEY卡持卡人变更”一栏前打勾并填写相应的信息。

4. IKEY卡丢失的，需要在“登记表”中“IKEY卡补办”一栏前打勾并填写相应的信息，补办后原持卡人不变。

5. IKEY卡注销的，需要在“登记表”中“IKEY卡注销”一栏前打勾并填写相应信息。

**海关提醒**

1. 原则上企业办理IKEY卡应当在收到“联网监管通知书”后，特殊情况下，也可以在向主管海关申请联网监管的同时办理IKEY卡，以减少联网监管实施时间。

2. IKEY卡无法使用的情况

（1）IKEY卡密码累计输入错误3次后将会被锁定；

（2）IKEY卡和IC卡在同一台电脑上同时使用可能会被锁定；

（3）IKEY卡有效期为两年，两年到期后将无法使用。

企业需要填写“企业IC卡解锁与证书更新申请表”前往主管海关相应的电子口岸代理点办理解锁及延期业务。

## 二、经营范围电子账册设立

### （一）什么是经营范围电子账册

对于经营范围电子账册设立的准备工作，小宁做起来就快得多，毕竟有很多工作在外经贸部门审批时就已经完成了。根据小宁的理解，经营范围是企业被批准经营的料件、成品的范围，进出口货物（料件、成品）按照商品编码（HS 编码）前 4 位的不同分为不同种类。经营范围电子账册设立是指联网企业将加工贸易进出口商品的范围向海关申请备案，海关予以审核后建立经营范围底账的过程。

加工贸易企业需向外经贸管理部门和海关备案企业进出口货物的范围进行备案，主要包括企业基本信息、料件表和成品表的备案。外经贸管理部门首先按企业备案的 HS 编码等信息，审核其经营范围是否在允许的加工贸易范围之内，审核通过后，再将企业的经营范围备案信息发给海关，海关确认后依此对企业加工行为进行监管。以后企业实际进出口货物的商品编码前 4 位不能与经营范围备案中的商品编码前 4 位不同，即实际进出口的货物必须在备案的经营范围之内。

### （二）设立基本流程

**1. 提交单证**

小宁根据攻略的指导，向主管海关提交了下列单证：

（1）外经贸主管部门出具的“加工贸易联网监管业务批准证”；

（2）外经贸主管部门出具的“加工贸易加工企业生产能力证明”正本；企业在其“加工贸易加工企业生产能力证明”的有效期限内再次申请备案的，加工贸易部门可以收取加盖企业印章的“加工贸易加工企业生产能力证明”复印件；

（3）其他海关监管需要的单证。

**2. 录入数据**

进入电子口岸预录入系统，录入表头、料件表、成品表等数据。

**3. 海关审核**

海关接到网络传送过来的经营范围账册数据后，经审核通过的，将产生12位的经营范围账册号码，其中第1、2位为标记代码“IT”，第3至6位为关区代码，第7至12位为顺序号。

### （三）如何进入电子口岸预录入系统

从WINDOWS进入系统，将企业的IC卡插入连接在电脑上的IC卡读卡器中，或将操作员的IKEY卡插入电脑的USB接口。当IC卡和IKEY同时使用时，IC卡优先。

目前电子口岸提供两种客户端版本供企业登录，一种为QP4.0版本，另一种为QP改进版版本。两种客户端版本登录方式不同，但具体操作内容是相同的。

从WINDOWS桌面上双击预录入系统4.0版的图标，登录预录入系统4.0版。

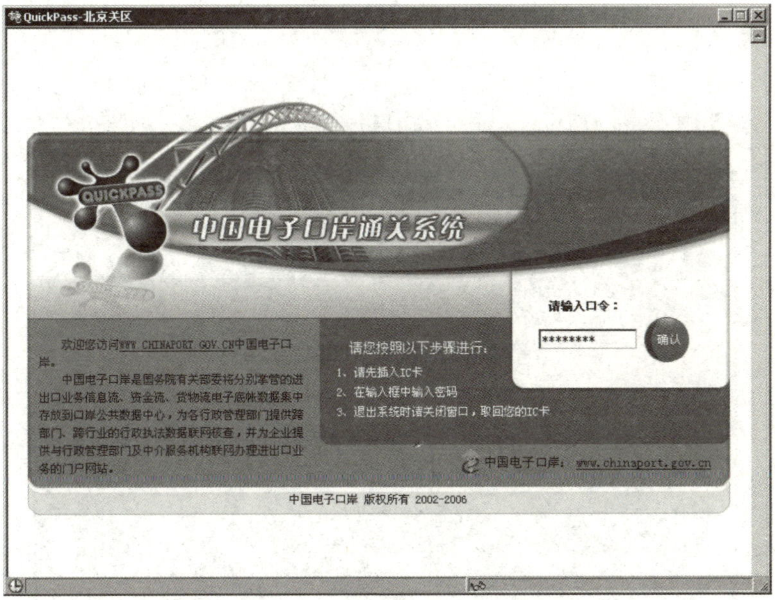


图2-3 QP4.0登录界面

安装 QP 改进版客户端后，登录界面如图 2－4：

图 2－4　QP 改进版登录界面

输入口令（密码），点击确认，进入系统选择页面。

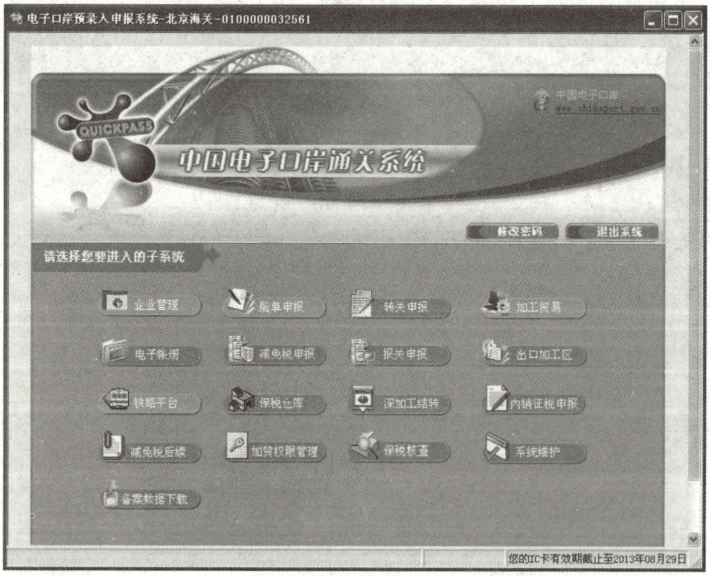


图 2－5　QP4.0 系统选择页面

QP 改进版输入口令（密码），点击确认，进入系统选择页面。

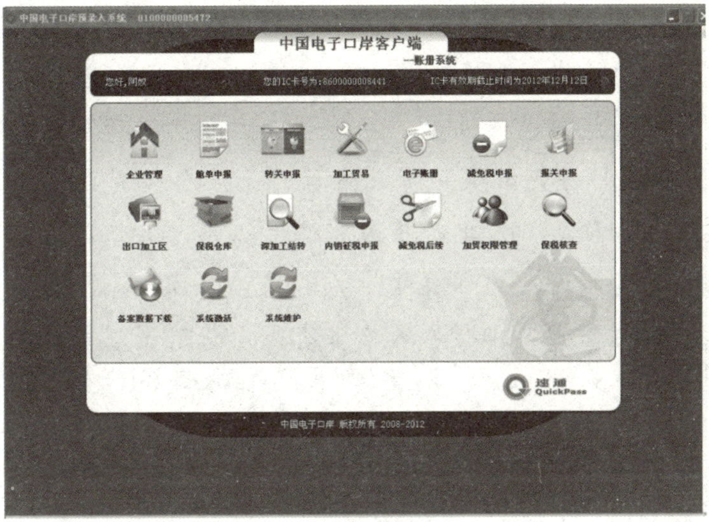


图 2-6　QP 改进版系统选择页面

点击电子账册，进入“电子账册”子系统界面：

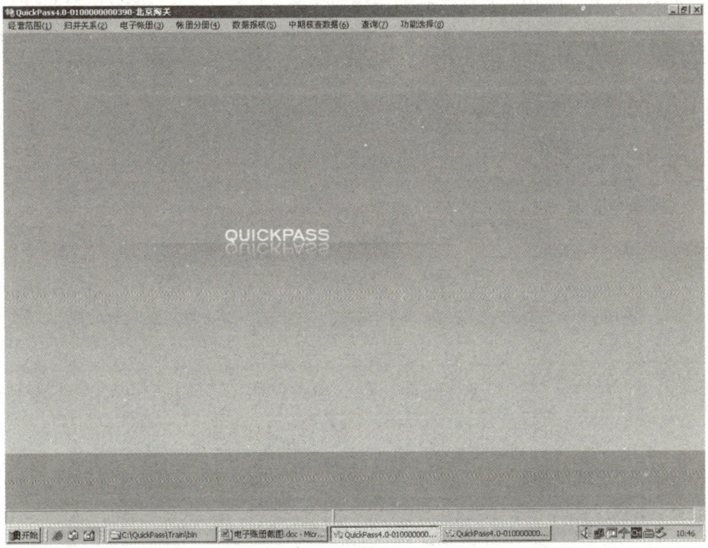


图 2-7　“电子账册”子系统界面

**海关提醒**

企业内部编号，也称为“企业自编号”。

企业向海关申报的全部单据，必须首先自行进行编号，用于唯一标识该份单据。例如：企业向海关申报一份经营范围时，应自行对该经营范围进行编号，该编号可称为“经营范围企业内部编号”；企业向海关申报一份大清单时，应自行对该清单进行编号，该编号可称为“清单企业内部编号”。

海关通过“企业内部编号” + “经营单位代码”确定单证的唯一性。需要企业内部编号的单证有：经营范围、归并关系、电子账册、电子账册分册、报关清单（只包括大清单）、中期核查数据和数据报核，其中归并关系、电子账册、中期核查数据和数据报核的“企业内部编号”一致。

## （四）如何申报经营范围

小宁在系统界面上方的功能菜单栏上，点击经营范围，进入“经营范围”菜单，再点击备案申请，进入“备案申请”界面：

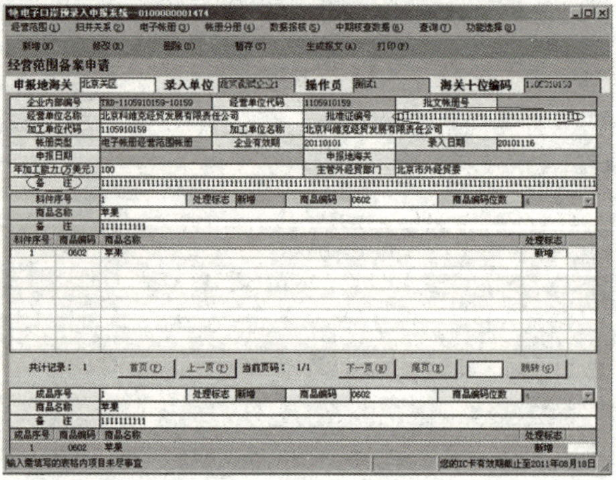


图2－8　备案申请界面

小宁首先录入“申报地海关”，敲空格键即可调出相应代码，选中代码即显示相关内容。

经营范围备案申请录入界面分为表头、表体（料件和成品）两部分。表头部分录入企业的基本信息，表体中料件部分录入料件的备案信息，表体中成品部分录入成品的备案信息。

小宁再依次录入表头、表体部分。表头部分没录完时，不能进入表体部分进行录入。

表头部分中“企业内部编号”、“经营单位代码”、“加工单位代码”、“企业有效期”、“申报日期”、“年加工能力（万美元）”、“备注”各项当鼠标光标停留在各项时，界面底部有系统提示。“经营单位名称”在输入“经营单位代码”后由系统自动调出。“加工单位名称”在输入“加工单位代码”后由系统自动调出。“账册类型”、“申报日期”由系统自动生成。“主管外经贸部门”可直接输入代码调出，也可敲空格键调出相应代码，选中代码即可显示相关内容。其他底色为灰色的项目不可填。

1. **表头部分填写规范**

申报地海关：进入页面，系统根据 IKEY 卡默认，但可以更改。4 位数字，根据“关区代码表”填写。

录入单位：不可填。系统根据 IKEY 卡自动生成。

操作员：不可填。系统根据 IKEY 卡自动生成。

企业内部编号：必填项。最多 20 位字符，录入框默认系统自动生成的流水号，用户也可自行输入，由企业自行编号，但须保证在企业内部的唯一性。

经营单位代码：必填项。10 位数字，为经营单位在海关注册的 10 位编码。

批文账册号：首次备案时不填，变更时填写海关审批后给出的批文账册号，12 位字符。

经营单位名称：必填项。输入经营单位代码后由系统自动调出。

批准证编号：首次申请时不填，变更时填写外经贸主管部门审批后给出的批准证编号，40 位字符。（目前，外经贸主管部门可以在网上审批，也可以不在网上审批，若不在网上审批，则可能不是 12 位字符，此时根据实际审批结果填写）

加工单位代码：必填项。10 位数字，为加工单位在海关注册的 10 位编码。

加工单位名称：必填项。输入加工单位代码后由系统自动调出。

账册类型：不可填。由系统自动给出。

企业有效期：非必填项。8 位数字，顺序为年 4 位，月、日各 2 位。

批准日期：不可填。由系统返填。

申报日期：由系统自动调出。8 位数字，顺序为年 4 位，月、日各 2 位。

申报地海关：必填项。敲空格键即可调出相应代码，选中代码即可显示相关内容。

年加工能力（万美元）：必填项。按企业年最大加工出口金额填写，例如：5 亿美元，填写：50000。最多 18 位数字，整数 13 位，小数 5 位。

主管外经贸主管部门：必填项。敲空格键即可调出相应代码，选中代码即可显示相关内容。

备注：非必填项。最多 255 位字符，可填写表格内项目未竟事宜。

输入完表头中的“备注”，按回车键即“暂存”，表头部分录入完成。

表头部分录入完成并暂存后才可继续进行料件部分的录入。

料件部分中：“料件序号”、“处理标志”由系统自动生成。

“商品编码”当鼠标光标停留在该项时，界面底部有系统提示。“商品编码位数”规定为4位。“商品名称”、“计量单位”、“法定单位”、“法定单位比例”在输入“商品编码”后由系统自动调出，用户可以对其进行修改。也可先输入“商品名称”，调出相应的“商品编码”、“计量单位”、“法定单位”、“法定单位比例”。

**2. 料件部分填写规范**

料件序号：必填项。由系统自动生成，最多9位数字。

处理标志：必填项。由系统自动生成。

商品编码：必填项。10位数字（8位商品编号+2位附加编号），根据“商品分类表”（COMPLEX）、“商品归类表”（CLASSIFY）填写。录入商品编码前4位即可调出相应信息进行选择。

商品名称：必填项。输入商品编码后由系统自动调出。

备注：非必填项。最多10位字符，可填写表格内项目未竟事宜。

料件部分填写完成后，可点击暂存，也可直接回车，数据都保存成功。

输入完料件部分的所有项目后，用Ctrl+End键切换到成品部分。

成品部分中：“成品序号”、“处理标志”由系统自动生成。“商品编码”当鼠标光标停留在该项时，界面底部有系统提示。“商品编码位数”规定为4位。“商品名称”在输入“商品编码”后由系统自动调出，用户可以对其进行修改。也可先输入“商品名称”，调出相应的“商品编码”。

**3. 成品部分填写规范**

成品序号：必填项。由系统自动生成，最多9位数字。

处理标志：必填项。由系统自动生成。

商品编码：必填项。10位数字（8位商品编号+2位附加编号），根据“商品分类表”（COMPLEX）、“商品归类表”（CLAS-

SIFY）填写。录入商品编码前4位即可调出相应信息进行选择。

商品名称：必填项。输入商品编码后由系统自动调出。

备注：非必填项。最多50位字符，可填写表格内项目未竟事宜。

成品部分填写完成后，点击暂存或直接回车，数据都可保存成功。

用户若想对暂存后未生成报文的数据进行修改，在没有退出原界面时，可直接修改，修改后再点击暂存即可。若已退出原来的界面，则需用修改按钮来实现。

成品部分的项目填写完成后，点击生成报文，即实现申报。

经营范围备案申请全流程完成。

备案申请录入及申报完成后，用户可通过查询菜单查询到该备案的明细数据、申报状态和回执内容。

### 海关提醒

1. 企业在申报经营范围底账备案时，在填报格式规范和内容上应注意以下四点：

（1）经营单位、加工单位名称及海关注册编码是否正确；

（2）年加工能力与外经贸主管部门出具的生产能力证明是否相符；

（3）批准证编号是否与“业务批准证”编号相同；

（4）料件表和成品表是否与“业务批准证”的内容相符。

2. 在整个使用过程中，IKEY卡需要一直插入USB接口，或者企业IC卡一直插入连接在电脑上的IC卡读卡器中。本系统根据IKEY或IC卡的信息进行操作员身份验证，并将经操作员申报的数据自动电子签名、加密。

3. 如果在登录本系统时连续三次密码输入错误，则企业的 IC 卡或 IKEY 卡会被锁死，企业需联系当地数据分中心进行解锁。所以连续两次密码输入错误后，最好先退出本系统然后重新进入登录页面再输入密码，以防 IC 卡或 IKEY 卡被锁死。

## （五）经营范围底账变更

若企业想对海关审批通过后的经营范围备案数据进行修改，则必须进行变更申请。企业应向海关提交商务主管部门出具的“‘联网监管企业加工贸易业务批准证’变更证明”等相关书面材料。

变更申请时，进入系统点击经营范围，进入“经营范围”菜单，再点击变更申请，进入“变更申请”界面，界面内容同备案申请。用户录入“账册编号”或“企业内部编号+经营单位代码”，即可调出需修改的经营范围数据进行修改。其中如“企业内部编号”等背景为灰色的字段不能修改。

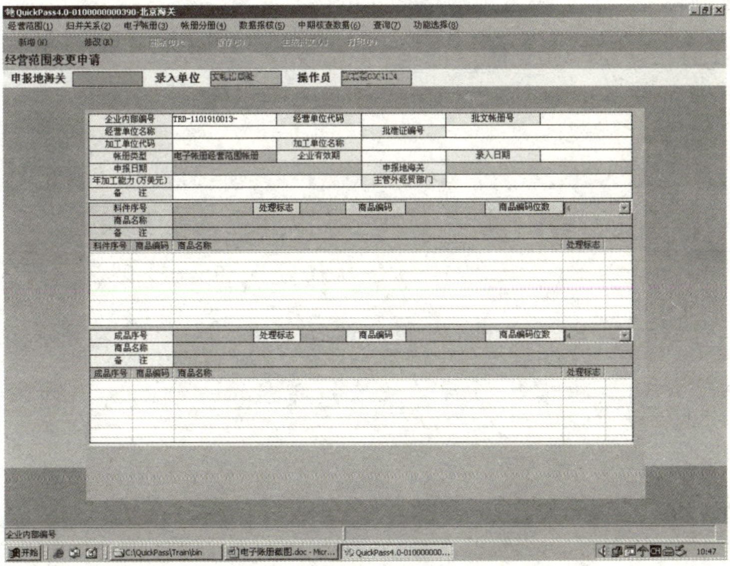


图 2-9　经营范围变更申请界面

修改完后，点击暂存，修改即保存成功。

同备案申请一样，用户若想对暂存后未生成报文的数据进行修改，在没有退出原界面时，可直接修改，修改后再点击暂存即可。若已退出原来的界面，则需用修改按钮来实现。

点击生成报文，即实现向海关申报。数据生成报文后，未收到海关“审批通过”或“退单”回执前，数据不能再修改。

变更申请录入及申报完成后，用户可通过查询菜单查询到该备案的明细数据、申报状态和回执内容。

**小贴士**

1. 在表头、料件、成品各部分内的各项目中，输入相应的数据，直接按 Enter 键，光标将自动跳入下一空格，以方便输入。

2. 表头、料件、成品之间可相互切换：同时按下 Ctrl 和 End 键实现前进，同时按下 Ctrl 和 Home 键实现后退。

3. 输入完所有项目，即可以点击生成报文，完成经营范围备案申请。

4. 栏中颜色提示：灰色，项目栏锁定，不可输入。蓝色，当前输入栏，提示操作员输入。红色，表示输入有错误。

5. 表体（料件、成品）部分包括录入框和列表框，录入框中必填项目录入完后，点击暂存，该项商品记录即自动进入列表框中。当选中列表框中某项时，录入框即显示该项的具体内容。

## 三、归并关系申报

### （一）什么是归并关系

小宁花了很长时间才弄明白归并关系的意思，对于企业内部而言，企业内部对货物管理的精确程度要求较高，企业必须区分全部不同种类、规格、功能、大小甚至颜色的货物，货物的生产管理都是按照料号进行的。而海关在进出口管理中，需要对不同货物进行区别管理，以提高管理效率，即对特殊的、敏感的、需重点监管的货物，应详细管理，而对一般货物，无须对其逐项区分和计算，也就是按照品名级进行的。为了体现企业料号级商品和品名级商品的对应关系，便于企业通关申报和核销，实行电子账册管理的企业需要进行归并关系备案。

商品归并关系，是指海关与联网企业根据监管的需要，按照商品名称、HS 编码、价格、贸易管制等条件，将联网企业内部管理的料号级商品与电子账册备案的项号级商品进行归并或拆分，建立一对多或多对一的对应关系。

商品归并关系应在归类完成后进行，归并体现了重要商品重点监管的要求，符合加工贸易核查与核销的需要，同时兼顾通关便利的要求。原则上，企业内部管理的料号级商品与电子账册项号级商品之间应建立一一对应关系。

### （二）归并关系管理的具体原则

为了搞清楚规定如何进行归并关系，小宁又加班学习了很多海关文件，其中小宁认为最重要的就是《加工贸易联网监管进出口商品归并规则（试行）》（海关总署公告 2010 年第 55 号）（附件 2），其中主要就是规定联网监管的归并规则。小宁对这个公告反复研究，最后对这个公告进行了自己的解读：

企业应在海关审核的商品归类的基础上，根据企业实际和海关监管需要，预先对生产管理的物料进行合并，建立合并对应关系。根据企业生产实际，商品归并管理可分料件归并管理和成品归并管理，各自适用以下不同的原则：

**1. 料件的归并原则**

（1）联网企业的计算机系统能够按照进口料件重要程度实施分类管理，并且经主管海关认定其进口料件可以区分主料与非主料实施监管的，主料建立一一对应关系，非主料可按要求建立多对一归并关系。

（2）企业运用加工贸易信息化管理辅助平台实现料号级核销核算的，可按要求建立多对一归并关系。

（3）对能同时符合下列条件的予以归并。

10 位商品编码相同的；

申报计量单位相同的；

中文商品名称相同的；

符合规范申报的要求的。

（4）如出现以下情况之一的不能作归并。

根据相关规定可予保税的消耗性物料与其他保税料件不得归并；

因管理需要，海关或企业认为需要单列的商品不得归并。

**2. 成品的归并原则**

（1）对能同时符合下列条件的予以归并。

10 位商品编码相同的；

申报计量单位相同的；

中文商品名称相同的；

符合规范申报要求的。

（2）如出现以下情况之一的不能作归并。

涉及单耗标准与不涉及单耗标准的料号级成品不得归并；

因管理需要，海关或企业认为需要单列的商品不得归并。

**案例**

某电子企业向海关申请联网监管，企业部分归并前的料号及料件如表，企业可以怎样进行料件归并。

**表 2-3 企业部分归并前的料号及料件表**

| 序号 | 品名 | 规格 | 商品编码 | 料号 | 单位 |
|---|---|---|---|---|---|
| 1 | 显示屏盖下 | 10×20 | 85299020 | 6104463R01 | 个 |
| 2 | 显示屏盖上 | 10×20 | 85299020 | 6104463R02 | 个 |
| 3 | 垫片 | φ26 | 40169310 | 0587986K01 | 个 |
| 4 | 电阻 | 0.25Ω | 85332900 | 0609591M49 | 个 |
| 5 | 电阻 | 0.6Ω | 85332900 | 0609591M50 | 千个 |
| 6 | 电阻 | 1.2Ω | 85332900 | 0609591M51 | 千个 |
| 7 | 电阻 | 2.8Ω | 85332900 | 0609591M52 | 千个 |
| 8 | 电阻 | 1.25Ω | 85332900 | 0609591M53 | 千个 |
| 9 | 电阻 | 0.30Ω | 85332900 | 0609591M54 | 千个 |
| 10 | 电阻 | 3Ω | 85332900 | 0609591M55 | 千个 |
| 11 | 电阻 | 1Ω | 85332900 | 0609591M56 | 千个 |

根据归并原则，对能同时符合 10 位商品编码相同的、申报计量单位相同的、中文商品名称相同的、符合规范申报的要求的可以进行归并。对于该电子厂的 11 项料号及料件可以进行以下归并。

表 2-4　该电子厂 11 项料号及料件归并表

| 归并前 | | | | | | 归并后 |
|---|---|---|---|---|---|---|
| 序号 | 品名 | 规格 | 商品编码 | 料号 | 单位 | 对应序号 |
| 1 | 显示屏盖下 | 10×20 | 85299020 | 6104463R01 | 个 | 1 |
| 2 | 显示屏盖上 | 10×20 | 85299020 | 6104463R02 | 个 | 1 |
| 3 | 垫片 | φ26 | 40169310 | 0587986K01 | 个 | 2 |
| 4 | 电阻 | 0.25Ω | 85332900 | 0609591M49 | 个 | 3 |
| 5 | 电阻 | 0.6Ω | 85332900 | 0609591M50 | 千个 | 4 |
| 6 | 电阻 | 1.2Ω | 85332900 | 0609591M51 | 千个 | 4 |
| 7 | 电阻 | 2.8Ω | 85332900 | 0609591M52 | 千个 | 4 |
| 8 | 电阻 | 1.25Ω | 85332900 | 0609591M53 | 千个 | 4 |
| 9 | 电阻 | 0.30Ω | 85332900 | 0609591M54 | 千个 | 4 |
| 10 | 电阻 | 3Ω | 85332900 | 0609591M55 | 千个 | 4 |
| 11 | 电阻 | 1Ω | 85332900 | 0609591M56 | 千个 | 4 |

表 2-5　归并后的料号及料件表

| 项号 | 品名 | 规格 | 商品编码 | 单位 |
|---|---|---|---|---|
| 1 | 显示屏盖 | 10×20 | 85299020 | 个 |
| 2 | 垫片 | φ26 | 40169310 | 个 |
| 3 | 电阻 | 0.25Ω | 85332900 | 个 |
| 4 | 电阻 | 0.3Ω-3Ω | 85332900 | 千个 |

按照归并关系将11个料号级商品进行归并以后，企业的申报品名级商品仅有4个，大大简化了企业的通关手续。

## 海关提醒

1. 归并关系还具有预归类的作用。企业在向海关申报归并关系备案前，应根据海关监管要求和自身实际情况，预先对进出口商品进行归类和归并。鉴于归并关系管理的复杂性，企业也可委托社会中介机构进行预先归类。

2. 企业对海关认为需重点监管的或企业因管理需要不易归并的商品，应不作归并处理。

3. 归并后的商品序号应根据商品的重要程度按照依次减弱的原则排列，以便于企业配合海关开展中后期的重点核查和核销。

4. 区分主料和非主料实施监管的目的在于合理利用监管资源，突出监管重点。各海关应以进口料件的贸易管制条件、价值、单耗等作为界定原则，按监管需要确定进口保税料件为主料与非主料，并在电子账册系统中加以标识。主要以下列条件确定主料：

（1）进口料件单价相对较高的；

（2）进口料件在出口成品中耗用较多或属关键部件的；

（3）进口料件属于国家贸易管制的；

（4）海关认为需要重点监管的。

5. 在归并原则确定后，每个企业只能生成一份企业物料表及归并关系数据。

### （三）如何申报归并关系

小宁和同事一起，做了大量的工作，最终将公司内部的料号全部按照归并规则完成了归并，下一步就是通过系统向海关申报归并关系。

在系统界面上方的功能菜单上，点击归并关系，进入“归并关系”菜单，再点击备案申请，进入“备案申请”界面：

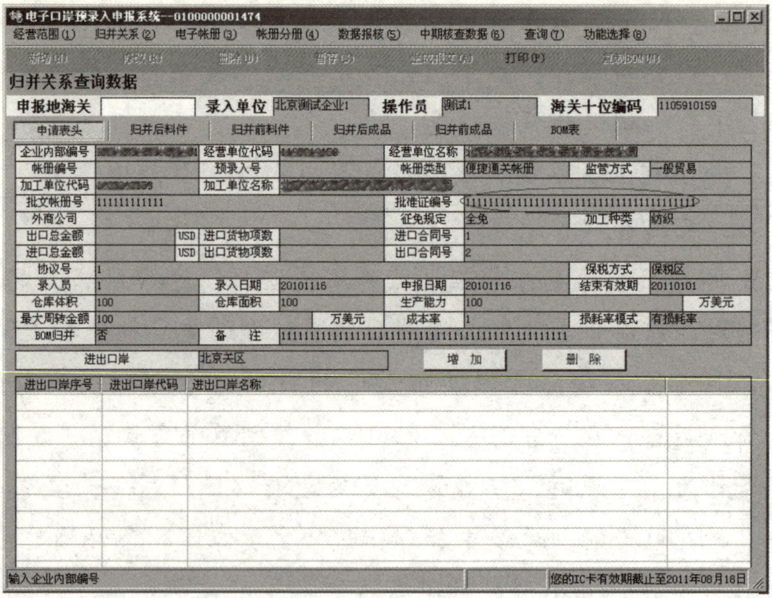


图 2-10　备案申请界面

归并关系录入界面包括申请表头、归并后料件、归并前料件、归并后成品、归并前成品、BOM 表六个表。

**1. 申请表头**

操作员需先录入申请表头的内容，申请表头没录完时，不能进入其他表进行录入。

申请表头录入企业的基本信息。企业一般先录入归并后料件，再录入归并前料件。归并后成品和归并前成品的录入次序同料件。BOM 表中的数据描述了最初料件→半成品→成品的消耗关系。

首先进入的是申请表头中的各项目。申请表头中：“企业内部编号”、“经营单位代码”、“加工单位代码”、“批文账册号”、“批准证编号”、“外商公司”、“进口合同号”、“出口合同号”、“协议号”、“录入员”、“结束有效期”、“仓库体积”、“仓库面积”、“生产能力”、“最大周转金额”、“成本率”、“备注”各项，当鼠标光标停留在各项时，界面底部有系统提示。“经营单位名称”在输入“经营单位代码”后由系统自动调出。“加工单位名称”在输入“加工单位代码”后由系统自动调出。“账册类型”、“录入日期”、“申报日期”由系统自动生成 。“监管方式”、“征免规定”、“加工种类”、“保税方式”、“损耗率模式”、“进出口岸”敲空格键即可调出相应代码，选中代码即可显示相关内容。其他底色为灰色的项目不可填。

申请表头填写规范：

申报地海关：进入页面，系统根据 IKEY 卡默认，但可以更改。敲空格键即可调出相应代码，选中代码即可显示相关内容。

录入单位：不可填。系统根据 IKEY 卡自动生成。

操作员：不可填。系统根据 IKEY 卡自动生成。

企业内部编号：必填项。最多 20 位字符。录入框默认系统自动生成的流水号，用户也可自行输入，由企业自行编号，但须保证在企业内部的唯一性。

经营单位代码：必填项。10 位数字，为企业在海关注册的 10 位编码。

经营单位名称：必填项。输入经营单位代码后由系统自动调出。

账册编号：首次备案时不填，变更时填写海关审批电子账册通过后给出的“账册编号”，12 位字符。

预录入号：不可填。

账册类型：不可填。默认为便捷通关账册。

监管方式：非必填项。敲空格键即可调出相应代码，选中代码即可显示相关内容。

加工单位代码：必填项。10 位数字，输入加工单位在海关备案的 10 位编码。

加工单位名称：必填项。输入加工单位代码后由系统自动调出。

批文账册号：必填项。为海关审批后给出的经营范围“批文账册号”，12 位字符。

批准证编号：必填项。为外经贸主管部门审批后给出的批准证编号，40 位字符。

外商公司：非必填项。

征免规定：必填项。敲空格键即可调出相应代码，选中代码即可显示相关内容。也可通过“工具”菜单中的“系统设置”子菜单对“默认征免规定”事先进行设置，各表中的“征免规定”或“征免方式”即默认为事先设置的征免规定。

加工种类：必填项。敲空格键即可调出相应代码，选中代码即可显示相关内容。

出口总金额：不可填。

进口货物项数：不可填。

进口合同号：非必填项。

进口总金额：不可填。

出口货物项数：不可填。

出口合同号：非必填项。

协议号：非必填项。

保税方式：非必填项。敲空格键即可调出相应代码，选中代码即可显示相关内容。

录入员：非必填项。

录入日期：非必填项。8 位数字，顺序为年 4 位，月、日各 2 位。

申报日期：非必填项。8 位数字，顺序为年 4 位，月、日各 2 位。

结束有效期：非必填项。8 位数字，顺序为年 4 位，月、日各 2 位。

仓库体积：非必填项。

仓库面积：非必填项。

生产能力：非必填项。最多18位数字，整数13位，小数5位。

最大周转金额：非必填项。最多18位数字，整数13位，小数5位。

成本率：非必填项。最多18位数字，整数13位，小数5位。

BOM归并：非必填项。敲空格键即可调出相应代码，选中代码即可显示相关内容。

损耗率模式：非必填项。敲空格键即可调出相应代码，选中代码即可显示相关内容。

备注：非必填项。最多50位字符，可填写表格内项目未竟事宜。

### 2. 归并后料件

申请表头填写完成，点击暂存，出现“保存成功”界面。点击确定后，自动进入归并后料件界面：

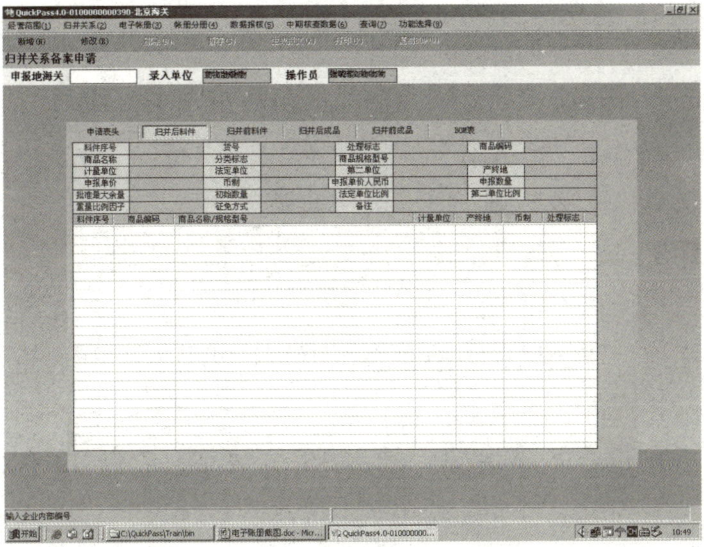


图2-11　归并后料件界面

归并后料件中“料件序号”、“处理标志”由系统自动生成。输入“货号”、“商品编码”、“商品规格型号”、“申报单价”、“申报单价人民币”、“申报数量”、“批准最大余量”、“初始数量”、“第二单位比例”、“重量比例因子”、“备注”。“商品名称”、“计量单位”、“法定单位”、“法定单位比例”在输入“商品编码”后由系统自动调出。也可先输入“商品名称”，调出相应的“商品编码”、“计量单位”、“法定单位”、“法定单位比例”。“第二单位”不可填。“产终地”、“币制”、“征免方式”各项敲空格键即可调出相应代码，选中代码即可显示相关内容。

归并后料件填写规范：

料件序号：必填项。由系统自动生成，最多9位数字（一般4位数字即可）。

货号：非必填项。最多30位字符。

处理标志：必填项。由系统自动调出。

商品编码：必填项。10位数字（8位商品编号+2位附加编号），根据“商品分类表”（COMPLEX）、“商品归类表”（CLASSIFY）填写。录入商品编码前4位即可调出相应信息进行选择。

商品名称：必填项。输入商品编码后由系统自动调出。

商品规格型号：非必填项。最多30位字符。

计量单位：必填项。由系统自动调出。

法定单位：必填项。由系统自动调出。

第二单位：不可填。

产终地：非必填项。敲空格键即可调出相应代码，选中代码即可显示相关内容。

申报单价：非必填项。最多18位数字，整数13位，小数5位。

币制：必填项。敲空格键即可调出相应代码，选中代码即可显示相关内容。

申报单价人民币：非必填项。

申报数量：非必填项。最多 18 位数字，整数 13 位，小数 5 位。

批准最大余量：非必填项。最多 18 位数字，整数 13 位，小数 5 位。

初始数量：非必填项。最多 18 位数字，整数 13 位，小数 5 位。

法定单位比例：必填项。由系统自动生成。

第二单位比例：非必填项。

重量比例因子：非必填项。

征免方式：必填项。敲空格键即可调出相应代码，选中代码即可显示相关内容。也可通过“工具”菜单中的“系统设置”子菜单对“默认征免规定”事先进行设置，各表中的“征免方式”即默认为事先设置的征免规定。

备注：非必填项。最多 10 位字符，可填写表格内项目未竟事宜。

**3. 归并前料件**

归并后料件填写完成后，可点击暂存，也可直接回车，数据都保存成功。

这时，同时按下 Ctrl 和 End 键或直接点击归并前料件，都可进入“归并前料件”界面：

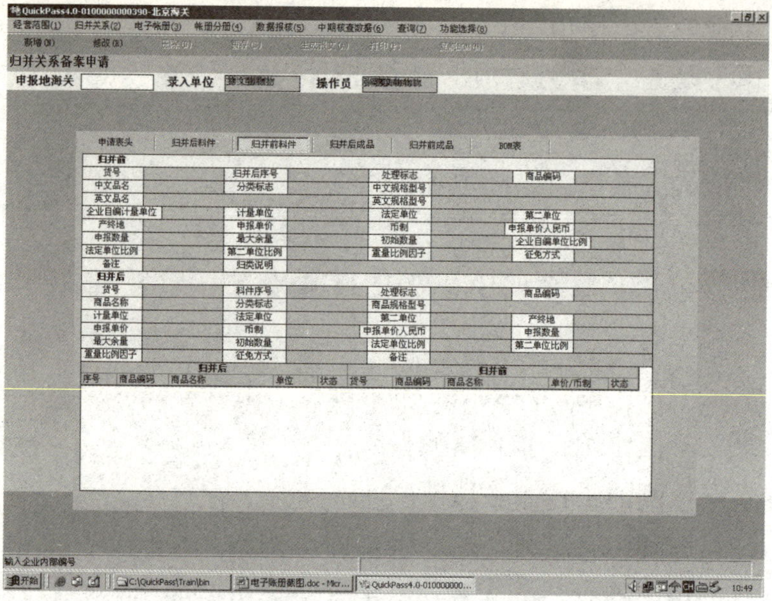

图 2－12　“归并前料件”界面

归并前料件又分为归并前和归并后两部分内容。归并前部分中：“处理标志”由系统自动生成。在“归并后序号”中输入归并后料件表中的“料件序号”之后，归并后料件表中已录入的内容将被调出，且自动填入归并前部分中的相应项目中。但不是调出所有录入数据，“申报单价”、“申报数量”等不调出，由用户自己录入。用户也可以修改调出的数据。“货号”、“归并后序号”、“商品编码”、“中文规格型号”、“英文品名”、“英文规格型号”、“企业自编计量单位”、“申报单价”、“申报单价人民币”、“申报数量”、“最大余量”、“初始数量”、“企业自编单位比例”、“第二单位比例”、“重量比例因子”、“备注”、“归类说明”各项当鼠标光标停留在各项时，界面底部有系统提示。“中文品名”、“计量单位”、“法定单位”、“法定单位比例”在输入“商品编码”后由系统自动调出。也可先输入“中文品名”，调出相应的“商品编码”、“计量单位”、“法定单位”、“法定单位比例”。“第二单位”不可填。“产终地”、“币制”、“征免方式”敲空格键即可调出相应代码，选中代码即可显示相关内容。

归并前部分中，在“归并后序号”后输入归并后料件表中的“料件序号”之后，归并后部分中的各项目由系统自动调出。

归并前料件填写规范：

货号：必填项。最多30位字符。

归并后序号：必填项。最多9位数字（一般4位数字即可），输入归并后料件序号，半成品输入0。该序号即为归并后料件表中的“料件序号”。

处理标志：必填项。由系统自动生成。

商品编码：必填项。10位数字（8位商品编号+2位附加编号），根据“商品分类表”（COMPLEX）、“商品归类表”（CLASSIFY）填写。录入商品编码前4位即可调出相应信息进行选择。

中文品名：必填项。输入商品编码后由系统自动调出。

中文规格型号：非必填项。最多30位字符。

英文品名：非必填项。最多50位字符。

英文规格型号：非必填项。最多30位字符。

企业自编计量单位：非必填项。最多16位字符。只有企业使用自己的ERP系统导入数据时，才填写此项。

计量单位：必填项。由系统自动调出。

法定单位：必填项。由系统自动调出。

第二单位：不可填。

产终地：非必填项。敲空格键即可调出相应代码，选中代码即可显示相关内容。

申报单价：非必填项。最多18位数字，整数13位，小数5位。

币制：必填项。敲空格键即可调出相应代码，选中代码即可显示相关内容。

申报单价人民币：非必填项。

申报数量：非必填项。最多18位数字，整数13位，小数5位。

最大余量：非必填项。最多18位数字，整数13位，小数5位。

初始数量：非必填项。最多18位数字，整数13位，小数5位。

企业自编单位比例：非必填项。最多19位数字，整数12位，小数7位。只有企业使用自己的ERP系统导入数据时，才填写此项。

法定单位比例：必填项。由系统自动生成。

第二单位比例：非必填项。

重量比例因子：非必填项。

征免方式：必填项。敲空格键即可调出相应代码，选中代码即可显示相关内容。也可通过“工具”菜单中的“系统设置”子菜单对“默认征免规定”事先进行设置，各表中的“征免方式”即默认为事先设置的征免规定。

备注：非必填项。最多50位字符，可填写表格内项目未竟事宜。

归类说明：非必填项。最多2000位字符，说明企业的归类依据等。

**4. 归并后成品**

归并前料件填写完成后，可点击暂存，也可直接回车，数据都保存成功。

这时，同时按下Ctrl和End键或直接点击归并后成品，都可进入“归并后成品”界面：

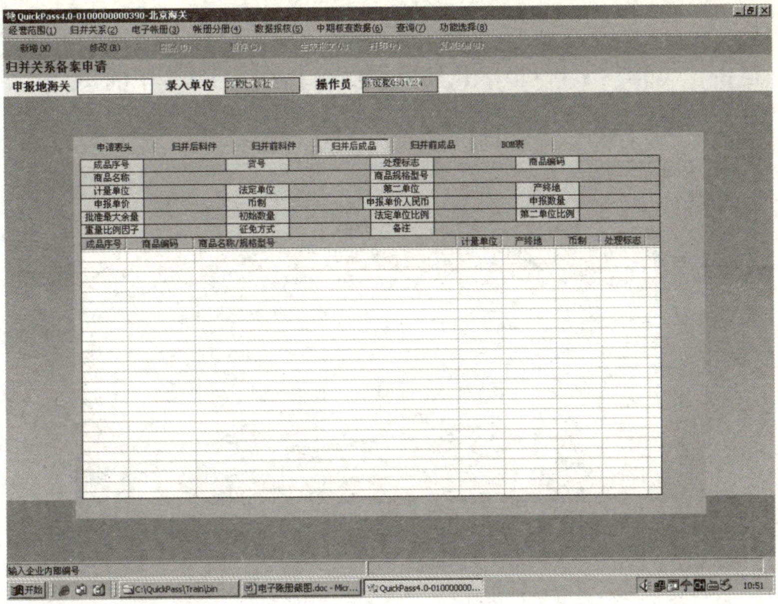

图 2－13　“归并后成品”界面

归并后成品中：“成品序号”、“处理标志”由系统自动生成。“货号”、“商品编码”、“商品规格型号”、“申报单价”、“申报单价人民币”、“申报数量”、“批准最大余量”、“初始数量”、“第二单位比例”、“重量比例因子”、“备注”各项当鼠标光标停留在各项时，界面底部有系统提示。“商品名称”、“计量单位”、“法定单位”、“法定单位比例”在输入“商品编码”后由系统自动调出。也可先输入“商品名称”，调出相应的“商品编码”、“计量单位”、“法定单位”、“法定单位比例”。“第二单位”不可填。“产终地”、“币制”、“征免方式”敲空格键即可调出相应代码，选中代码即可显示相关内容。

归并后成品各字段的填写规范同归并后料件中各字段的填写规范相同。

**5. 归并前成品**

归并后成品填写完成后，可点击暂存，也可直接回车，数据都保存成功。

这时，同时按下 Ctrl 和 End 键或直接点击归并前成品，都可进入“归并前成品”界面：

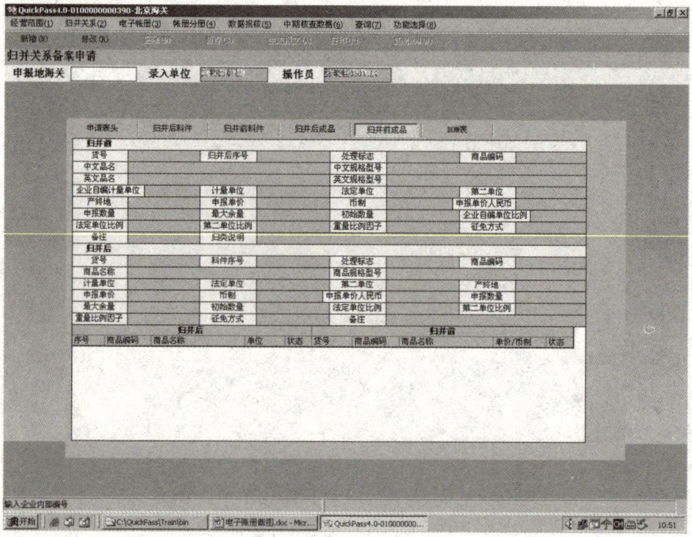


**图 2－14　“归并前成品”界面**

归并前成品又分为归并前和归并后两部分内容。归并前部分中：“处理标志”由系统自动生成。在“归并后序号”中输入归并后成品表中的“成品序号”之后，归并后成品表中已录入的内容将被调出，且自动填入归并前部分中的相应项目中。但不是调出所有录入数据，“申报单价”、“申报数量”等不调出，由用户自己录入。用户也可以修改调出的数据。“货号”、“归并后序号”、“商品编码”、“中文规格型号”、“英文品名”、“英文规格型号”、“企业自编计量单位”、“申报单价”、“申报单价人民币”、“申报数量”、“最大余量”、“初始数量”、“企业自编单位比例”、“第二单位比例”、“重量比例因子”、“备注”、“归类说明”各项当鼠标光标停留在各项时，界面底部有系统提示。“中文品名”、“计量单位”、“法定单位”、“法定单位比例”在输入

“商品编码”后由系统自动调出。也可先输入“中文品名”，调出相应的“商品编码”、“计量单位”、“法定单位”、“法定单位比例”。“第二单位”不可填。“产终地”、“币制”、“征免方式”可直接输入代码调出相应内容，或敲空格键调出相应代码，选中代码即可显示相关内容。

归并前部分中，在“归并后序号”后输入归并后成品表中的“成品序号”之后，归并后部分中的各项目由系统自动调出。

归并前成品填写完成后，可点击暂存，也可直接回车，数据都保存成功。

这时，同时按下 Ctrl 和 End 键或直接点击 BOM 表，都可进入“BOM 表”界面：

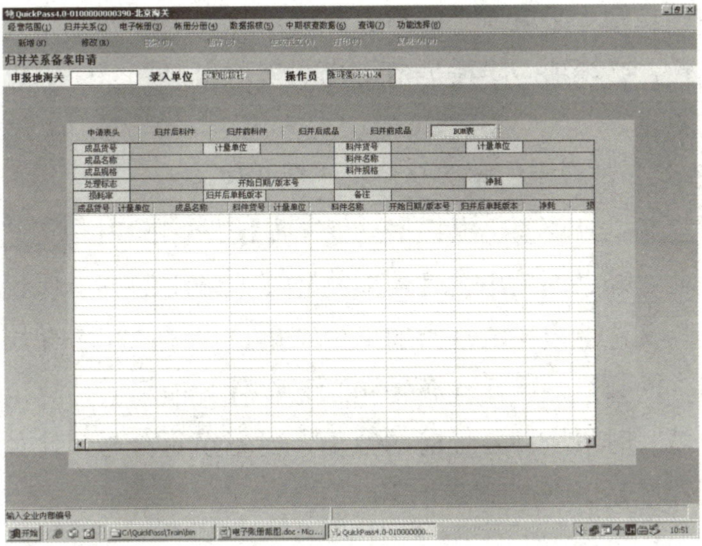


**图 2－15　“BOM 表”界面**

BOM 表中：输入“成品货号”、“料件货号”，即可调出相应数据。“开始日期”由系统自动调出。输入“结束日期”、“净耗”、“损耗率”、“备注”。

BOM 表填写规范：

成品货号：必填项。最多30位字符，录入的货号须存在于归并前成品表中。

计量单位：不可填。由系统自动调出。

料件货号：必填项。最多30位字符，录入的货号须存在于归并前料件表中。

计量单位：不可填。由系统自动调出。

成品名称：不可填。由系统自动调出。

料件名称：不可填。由系统自动调出。

成品规格：不可填。由系统自动调出。

料件规格：不可填。由系统自动调出。

处理标志：不可填。由系统自动调出。

开始日期：必填项。由系统自动调出。

净耗：必填项。净耗是指物化在单位出口产品中的进口保税料件的数量。

最多18位数字，整数9位，小数9位。

损耗率：必填项。损耗率 = 工艺损耗/单耗。其中工艺损耗是指除净耗之外必须耗用，且不能物化在成品中的进口保税料件数量。单耗又称单损耗，是指加工生产单位出口产品所耗用的进口保税料件的数量，单耗 = 净耗 + 工艺损耗。损耗率计算出来是百分数，填写时只填百分号前的数值，而不填百分号。比如，计算结果损耗率是10%，则只填10。

归并后单耗版本：

备注：非必填项。最多10位字符，可填写表格内项目未竟事宜。

BOM表填写完成后，可点击暂存，也可直接回车，数据都保存成功。

用户若想对暂存后未生成报文的数据进行修改，在没有退出原界面时，可直接修改，修改后再点击暂存即可。若已退出原来的界面，则需用修改按钮来实现（详见本章对修改按钮的介绍）。

BOM 表填写完成后，点击生成报文，即实现申报。

归并关系备案申请全流程完成。

备案申请录入及申报完成后，用户可通过查询菜单查询到该备案的明细数据、申报状态和回执内容。

### 海关提醒

企业在申报电子账册备案的归并关系账册时，在填报格式规范和内容上应注意以下几点：

1. 经营单位和加工单位的企业名称、企业编码，以及主管海关、管理对象等内容是否正确。

2. 商品编码归类是否正确。

3. 商品名称、规格型号是否规范。企业应以明确、具体、规范的学名或行业认可的商品中文名称申报，或者参考《税则》8位税号的中文品名，应能清楚地反映商品的属性、特征等内容；不得以不规范的俗称或商品的统称申报。如塑料胶粒、钢材、混纺布、服装辅料、照相机成套散件等，进口料件不能以“辅料一批”或“配件一套”等模糊表示的方式备案。

4. 计量单位是否符合海关监管要求。

5. 企业自编计量单位是否与企业生产管理实际情况一致。

6. BOM 表中的净耗和损耗率是否正常，是否超出国家已经发布的单耗标准。

7. 料件、成品归并关系是否符合归并原则的要求。

8. 填报的申报数据是否完整、是否符合海关规范性要求。

9. 必要时企业还应提供与归并关系账册备案有关的实物、图片、说明书等资料。

### （四）如何变更归并关系

归并关系变更是指企业因须对已申报的归并关系数据进行新增、修改或删除，向海关申请变更，海关予以审核的过程。

归并关系变更时，企业办理流程与归并关系申报操作基本一致，此次不再累述，详见上一部分内容。

## 四、攻略总结

小宁在完成电子账册设立后，正式开始了联网监管。但在第一周，就有报关公司反映电子账册通关时出现问题，小宁就像被当头一棒，半天没反应过来。经过详细了解，问题出在一项品名为“有衬背覆铜板”的料件，HS 编码为 7410 ××××，海关通关部门认为申报要素填写不规范。

小宁感到很奇怪，当时在归并关系申报时以及电子账册设立时，系统并没有提示啊。经过再次咨询关员小关，小宁明白了，企业在申报归并关系时，其中一栏是“归并后料件”的规格型号，内容就是跟料件有关的各种申报要素，报关时系统通过下载清单的方式，自动体现在报关单的申报要素栏位。而小宁在做归并工作时，花了大量的精力在料号级数据上，对于归并后的项号级数据则较为简略。海关通关部门发现，“有衬背覆铜板”这个料件缺少了“状态”、“成分含量”等多个申报要素，不符合申报要求，因此要求企业重新补全数据。

小宁赶紧重新列明各项申报要素，如品名、形状、材质、状态、成分含量、用途、品牌等，并重新申报归并关系，但是又发现由于系统对字符数有限制，无法导入。经过进一步与海关关员进行沟通，企业把部分申报要素放入了品名和备注栏位，及时解决了该问题。

另外，小宁发现，归并关系的数据必须在经营范围账册的范围内，如果归并关系超出经营范围账册，归并关系就会退单。当企业归并关系申报完成后，如果涉及申报要素修改的，需要企业将归并关系重新整理后发送系统，由关员进行审批。

## 第三节　通关电子账册设立

在第二关的各项准备工作中，小宁的工作越发熟练，对海关规定的理解也不断深化。一开始小宁还在吐槽联网前准备工作的复杂，后来小宁逐渐明白各个步骤各有各的作用，都是为了在正式联网后保障电子账册顺畅运行。现在，小宁每做一步都会提前学习攻略并提前做好各项准备工作。小宁完成技术准备、经营范围电子账册设立、归并关系申报等全部准备工作，已经过了一个月，等关员小关告诉小宁可以正式办理电子账册时，小宁已经很平静了。

### 一、什么是通关电子账册

对于通关电子账册的定义，小宁早都可以背下来了，指联网企业按照归并关系归并后的料件、成品和单耗，向海关申请备案，海关予以审核并建立的海关电子账册。

企业进行了归并关系备案后，海关会登录数据中心（外部网）对归并关系进行审核。但这只是海关在外网对企业的归并关系进行了审核，最终企业需在海关内网的数据库中备案，所以企业需将海关审批通过后的归并后数据录入电子账册中，再向海关做一次备案申请，向海关进行申报。电子账册中的数据即为海关审批通过的归并后数据，它记录着企业进出口商品的底账，即每种所经营的料件进口与耗用的余量及成品的可出口量等信息。

通关电子账册以企业为单元，每个联网企业只能建立一本通关电子账册。

通关电子账册实行分段备案，即电子账册备案时，须含有表头数据，表体的料件、成品和单耗数据可分开备案，料件须在料件进口前完成备案，成品和单耗须在成品出口前完成备案。

## 二、通关电子账册设立指南

### （一）设立基本流程

1. 企业通过系统进行数据申报。企业进行了归并关系备案后，海关会登录数据中心（外部网）对归并关系进行审核。但这只是海关在外网对企业的归并关系进行了审核，最终企业需在海关内网的数据库中备案，所以企业需将海关审批通过后的归并后数据录入电子账册中，再向海关做一次备案申请，向海关进行申报。电子账册中的数据即为海关审批通过的归并后数据，它记录着企业进出口商品的底账，即每种所经营的料件进口与耗用的余量及成品的可出口量等信息。

2. 海关在 H2000 系统对企业申报数据进行审核，并根据审核情况点击“通过”或“退单”。

3. 如联网监管企业存在以下情况之一的，海关将作出不予备案的决定：

（1）联网监管企业申请备案的进口料件或出口成品属于国家禁止进、出口的；

（2）联网监管企业申请备案的加工产品属于国家禁止在我国境内加工生产的；

（3）联网监管企业申请备案的进口料件属于海关无法实行保

税监管的；

（4）联网监管企业年生产加工能力与实际情况不相符的；

（5）联网监管企业申请备案进出口货物的归类、归并和 BOM 不符合海关管理要求的；

（6）法律、行政法规、规章规定不予备案的其他情形。

### （二）企业实务操作与技巧

在系统界面上方的功能菜单上，点击电子账册，进入“电子账册”菜单，再点击备案申请，进入“备案申请”界面：

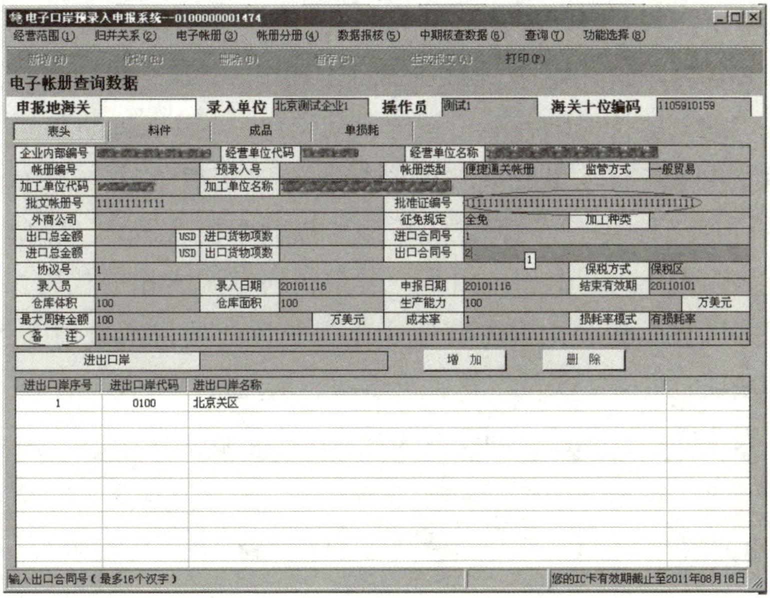


**图 2－16 “备案申请”界面**

电子账册录入界面分为表头、料件、成品、单损耗四个表。

**1. 表头**

操作员需先录入表头的内容，表头没录完时，不能进入其他表进行录入。

表头录入企业的基本信息。料件中的数据即为归并关系中的归并后料件数据。成品中的数据即为归并关系中的归并后成品数据。单损耗中的数据描述了最初料件（最终成品之间的关系，其数据可由归并关系中的 BOM 表数据计算得出。

首先进入的是表头中的各项目。表头中："企业内部编号"、"经营单位代码"、"加工单位代码"、"批文账册号"、"批准证编号"（必填项。为外经贸主管部门审批后给出的批准证编号，40 位字符。）、"外商公司"、"进口合同号"、"出口合同号"、"协议号"、"录入员"、"结束有效期"、"仓库体积"、"仓库面积"、"生产能力"、"最大周转金额"、"成本率"、"备注"各项当鼠标光标停留在各项时，界面底部有系统提示。"经营单位名称"在输入"经营单位代码"后由系统自动调出。"加工单位名称"在输入"加工单位代码"后由系统自动调出。"录入日期"、"申报日期"由系统自动生成 。"账册类型"、"监管方式"、"征免规定"、"加工种类"、"保税方式"、"损耗率模式"、"进出口岸"可直接输入代码调出相应内容，或敲空格键调出相应代码，选中代码即可显示相关内容。其他底色为灰色的项目不可填。备注：非必填项。最多 255 位字符，可填写表格内项目未竟事宜。

表头的填写规范：同归并关系备案申请表头。

## 小贴士

电子账册表头中的"企业内部编号"即为归并关系表头中的"企业内部编号"；电子账册表头中的"批文账册号"即为经营范围表头中的"批文账册号"；电子账册表头中的"账册编号"在海关审批通过后由系统自动返填，同时返填到归并关系表头的"账册编号"中。

## 2. 料件

表头填写完成，点击暂存，弹出“保存备案数据成功”的提示窗口。点击确定后，自动进入料件界面：

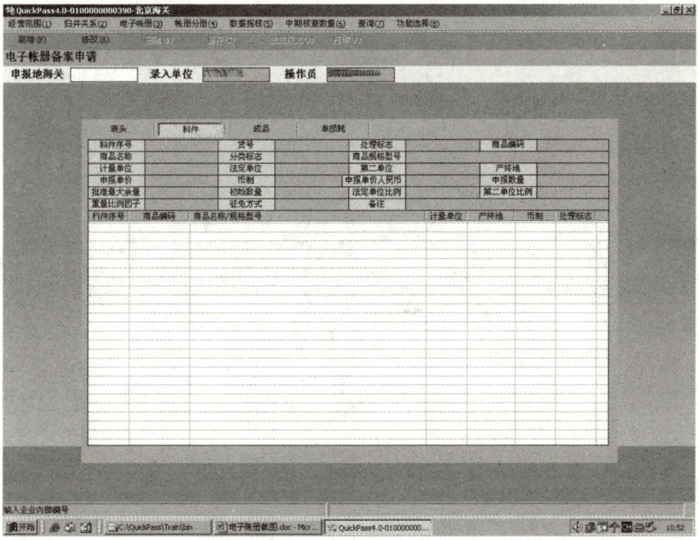


图 2－17　“料件”界面

料件中：“料件序号”、“处理标志”由系统自动生成。“货号”、“商品编码”、“商品规格型号”、“申报单价”、“申报单价人民币”、“申报数量”、“批准最大余量”、“初始数量”、“第二单位比例”、“重量比例因子”、“备注”各项当鼠标光标停留在各项时，界面底部有系统提示。“商品名称”、“计量单位”、“法定单位”、“法定单位比例”在输入“商品编码”后由系统自动调出。也可先输入“商品名称”，调出相应的“商品编码”、“计量单位”、“法定单位”、“法定单位比例”。“第二单位”不可填。“产终地”、“币制”、“征免方式”敲空格键即可调出相应代码，选中代码即可显示相关内容。

料件填写规范：同归并关系归并后料件表。

3. **成品**

料件填写完成后，可点击暂存，也可直接回车，数据都保存成功。

这时，同时按下 Ctrl 和 End 键或直接点击成品，都可进入“成品”界面：

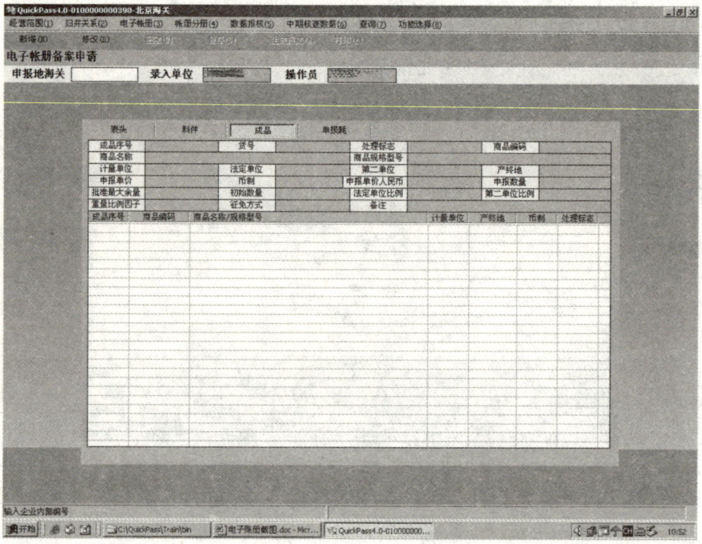


**图 2－18　“成品”界面**

成品中：“成品序号”、“处理标志”由系统自动生成。“货号”、“商品编码”、“商品规格型号”、“申报单价”、“申报单价人民币”、“申报数量”、“批准最大余量”、“初始数量”、“第二单位比例”、“重量比例因子”、“备注”各项当鼠标光标停留在各项时，界面底部有系统提示。“商品名称”、“计量单位”、“法定单位”、“法定单位比例”在输入“商品编码”后由系统自动调出。也可先输入“商品名称”，调出相应的“商品编码”、“计量单位”、“法定单位”、“法定单位比例”。“第二单位”不可填。“产终地”、“币制”、“征免方式”敲空格键即可调出相应代码，选中代码即可显示相关内容。

成品填写规范：同归并关系归并后成品表。

4. **单损耗**

成品填写完成后，可点击暂存，也可直接回车，数据都保存成功。

这时，同时按下 Ctrl 和 End 键或直接点击单损耗，都可进入“单损耗”界面：

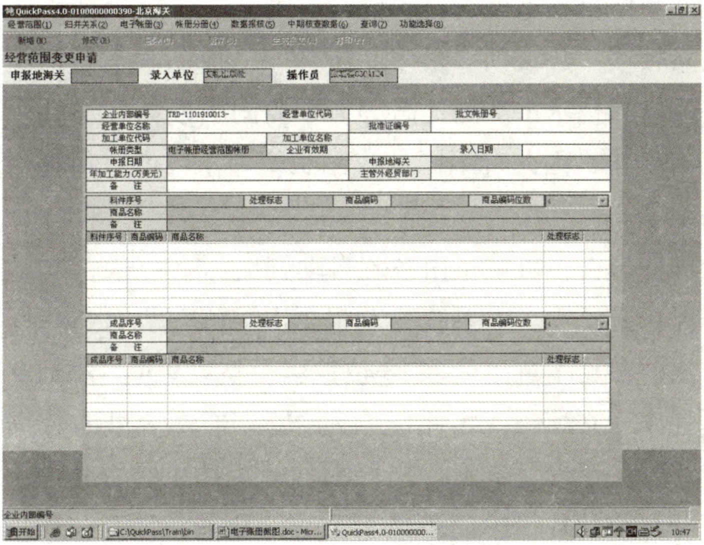


**图 2－19 “单损耗”界面**

单损耗中：输入“成品序号”、“料件序号”，即可调出相应数据。输入“成品版本”、“净耗”、“损耗率”、“备注”。“处理标志”由系统自动调出。

单损耗填写规范：

成品序号：必填项。最多9 位数字（一般4 位数字即可），录入的序号须存在于成品表中。

成品货号：不可填。由系统自动调出。

料件序号：必填项。最多9 位数字（一般4 位数字即可），录入的序号须存在于料件表中。

料件货号：不可填。由系统自动调出。

计量单位：指成品计量单位。不可填。由系统自动调出。

成品名称：不可填。由系统自动调出。

计量单位：指料件计量单位。不可填。由系统自动调出。

料件名称：不可填。由系统自动调出。

成品规格：不可填。由系统自动调出。

料件规格：不可填。由系统自动调出。

成品版本：必填项。最多9位数字。成品版本是指随着企业工艺的改进和技术水平的提高等，企业的单损耗（净耗+工艺损耗）会有变化，因此有不同的成品版本。不同的单损耗对应不同的成品版本。

处理标志：不可填。由系统自动调出。

净耗：必填项。由系统自动根据BOM表里的数据计算得出。计算方法请参见本章。最多18位数字，整数9位，小数9位。

损耗率：必填项。由系统自动根据BOM表里的数据计算得出。计算方法请参见本章。损耗率的计算结果是百分数，填写时只填百分号前的数值，而不填百分号。比如，计算结果损耗率是10%，则只填10。

最多可填9位数字，整数4位，小数5位。

备注：非必填项。最多10位字符，可填写表格内项目未竟事宜。

单损耗填写完成后，点击 暂存 或直接回车，数据都将保存成功。

用户若想对暂存后未生成报文的数据进行修改，在没有退出原界面时，可直接修改，修改后再点击 暂存 即可。若已退出原来的界面，则需用 修改 按钮来实现。

单损耗表的项目填写完成后，点击 生成报文 ，即实现电子账册的申报。

备案申请录入及申报完成后，用户可通过查询菜单查询到该备案的明细数据、申报状态和回执内容。

### （三）通关电子账册变更

通关电子账册变更是指联网企业由于生产经营的需要，向海关申请通关电子账册的变更，海关予以审核的过程。通关电子账册变更具体包括3种类型的变更：

1. 新增变更，即新增料件、成品或单耗等；

2. 修改变更，即修改通关电子账册表头内容，或者修改尚未进出口通关的料件、成品、单损耗等各项内容，以及已经进出口通关的料件、成品的商品编码；

3. 删除变更，即删除尚未进出口通关的料件、成品、单损耗版本等各项内容。通关电子账册的基本情况表内容、料件成品发生变化的，包括料件、成品品种、单损耗关系的增加等，只要未超出经营范围和加工能力的，企业不必报经商务部门审批，可通过网络直接向海关申请变更，海关予以审核通过。

企业相同序号下的成品出口前，如当批出口成品的单损耗关系与已备案的成品单耗版本不符的，应按当批出口成品的实际单损耗情况生成新的单耗版本，办理单耗变更手续。

通关电子账册变更时，企业办理流程与通关电子账册设立操作基本一致，此次不再累述，详见上一部分内容。

## 三、攻略总结

企业在申报便捷通关电子账册备案时，在填报格式规范和内容方面需要注意以下事项：

1. 经营单位名称及代码、加工企业名称及代码、批准证编号、经营范围账册编号、年加工生产能力、最大周转金额等是否与经营范围账册和“业务批准证”一致。

2. 核销周期长度是否合理。海关监管原则上核销周期在180天内；特殊情况因企业生产管理实际需大于180天的，企业应提供相应情况说明材料；企业申报核销周期最长不得超过一年。

3. 最大周转金额是否合理。海关监管原则上不超过年加工生产能力的20%；特殊情况因企业生产管理实际需大于年加工生产能力的20%的，企业应提供相应情况说明材料。（不提）

4. 结束有效期是否与企业的工商营业执照上的有效日期相符。

5. 进出口岸的内容是否符合进出口实际情况，如申请跨直属海关进出口的，是否具有合理性。

6. 料件、成品的商品名称、规格型号、商品编码、备案计量单位、币制、征免方式等内容是否规范、正确，是否与归并关系账册的内容相符。

7. 申报保税进口料件是否符合国家相关征免规定。

8. 单耗是否与归并关系账册的BOM表相符，是否在国家单耗标准范围内；对海关监管需要的，企业应该提交相应单耗说明材料。

9. 如海关监管需要的，企业应提供相应的说明报告、实物图片、说明书等资料。

10. 根据企业管理原则，企业申报核销周期最好与企业存货的清查盘点期一致。

企业在海关审批通过后，正式启用通关电子账册备案前，需要配合海关做好两项工作：

1. 配合主管海关做好库存盘点工作。为了将联网前企业使用的所有手册管理项下的余料比较准确地转入通关账册继续监管，一般在通关账册启用前，主管海关会要求企业进行一次停产盘点，并派员下厂监督盘点企业保税货物，确定企业保税料件的实际库存量（成品、半成品全部折成料件）。

2. 配合主管海关对库存盘点差异数做好解释或调整。一般情况下，企业盘点得到的保税料件库存量与纸面手册核算后的理论结余数会存在一定差异，企业可对差异产生的原因进行解释，情况合理的，经过调整处理后，海关将实存料件数量转入通关账册，作为通关账册的初始值继续进行监管。

对首次开展加工业务的联网企业无须进行库存盘点和调整。

企业如申报单耗超过国家单耗标准的，应删除有关单耗数据后重报，其他有关单耗情况应按海关有关规定报批。

## 四、相关担保规定

### （一）台账保证金

电子账册企业备案商品项涉及限制类商品时，根据企业管理类别、所属地区（东部或中西部）的不同采取不同的台账保证金政策。东部地区，A 类企业实行“空转”管理，B 类企业实行 50%“实转”管理，C 类企业实行 100%“实转”管理；中西部地区，A 类和 B 类企业实行“空转”管理，C 类企业实行 100%“实转”管理。

电子账册企业申请新的电子账册（或变更电子账册）涉及限制类商品且需按规定征收台账保证金的，主管海关将在办理电子账册备案或变更的同时，为企业开设专门用于计征保证金台账的手册（以下简称台账手册）。

若企业备案商品项涉及非深加工结转方式进出口限制类商品的，应根据批准证备案台账手册内容，对不论是否以深加工结转方式进出口的限制类料件和制成品均予单项备案并加以区分，其中，在台账手册中备案的非深加工结转限制类商品项应与批准证对应的商品项一致，其他非限制类料件、非限制类制成品则分别合并为一项料件、制成品金额予以备案。

对于实行50%“实转”管理，应缴纳台账保证金计征方法如下：

1.“限制进口类商品应缴纳台账保证金＝全部限制类进口商品应缴进口关税和进口环节增值税之和×50%”的计算公式中，以深加工结转方式转入的限制类料件不计入“全部限制类进口商品”。

2.“限制出口类商品应缴纳台账保证金＝保税进口料件备案总金额×（限制类商品出口备案金额/加工贸易出口商品备案总金额）×综合税率×50%”的计算公式中，以深加工结转方式转出的限制类制成品的备案金额不计入“限制类商品出口备案金额”；“加工贸易出口商品备案总金额”是指全部制成品的备案金额；综合税率暂定为22%。

3.“当进口料件为限制进口类商品，且加工制造成品为限制出口类商品时，只按限制进口类商品计征台账保证金，计征方法同第（一）项”，是指当商务主管部门出具的“加工贸易业务批准证”中进口料件包含非深加工结转转入的限制进口类商品且出口制成品包含非深加工结转转出的限制出口类商品时，企业在向海关申请备案（变更）时，只须缴纳按限制进口类料件计征的台账保证金，而不须再缴纳对限制出口类制成品计征的台账保证金。限制类进口料件台账保证金的计征方法同（一）项。

关于深加工结转限制类商品管理。企业应按照商务主管部门出具的“加工贸易业务批准证”的标注内容要求，在申请备案（变更）时将深加工结转的限制类进口料件及出口制成品予以单项备案，并在“商品名称”栏首字节起注明“[深]”（注：中括号为半角字符）字样。该部分加工贸易业务不得以来料加工和进料加工方式直接进、出口。

有关加工贸易限制类商品目录请参见商务部网站或海关总署网站。

中西部地区是指除东部地区以外的其他地区。东部地区包括北京市、天津市、上海市、辽宁省、河北省、山东省、江苏省、浙江省、福建省、广东省。

### （二）风险担保金

对于企业信誉良好、生产经营规模大、由于申请 A 类企业年限限制尚未取得 A 类企业资格等特殊情况，企业需采用电子账册模式实施联网监管且不实行保证金台账实转的，可向海关提出申请，在缴纳风险担保金或提供银行担保的基础上，由主管海关报直属海关做个案审批后采用电子账册联网监管模式。

联网企业管理类别下调的，应按调整后的企业管理类别确定联网监管模式或采取风险管理措施。联网企业能够缴纳风险担保金或提供银行担保的，主管海关可继续对其按电子账册模式实施联网监管；企业不能缴纳风险担保金或不能提供银行担保的，主管海关应将其电子账册模式调整为电子手册模式实施联网监管。风险担保金或银行担保的金额按照银行保证金台账“实转”的有关规定办理。

海关提醒：《中华人民共和国海关企业信用管理暂行办法》（海关总署令第 225 号，以下简称“《信用暂行办法》”）已于 2014 年 10 月 8 日对外公布，自 2014 年 12 月 1 日起正式施行。该办法是在《中华人民共和国海关企业分类管理办法》（海关总署令第 197 号，以下简称“《分类办法》”）基础上重新制定的。

按照《信用暂行办法》规定，今后在海关注册企业的管理类别不再分为 AA、A、B、C、D 类别，而是以企业信用状况为基础，分为认证企业、一般信用企业和失信企业。

《分类办法》中的AA类企业将直接过渡为高级认证企业，海关每3年对高级认证企业进行一次重新认证；A类企业将直接过渡为一般认证企业，海关将通过系统对企业的信用状况进行动态监控和评估，并实行不定期重新认证；B类企业将直接过渡到一般信用企业；C类和D类企业将由海关按照《信用暂行办法》重新审核并确定信用等级。

# 第三章　中期升级攻略

## 第一节　联网企业进出口报关单申报

### 一、了解报关单申报

当天下午，小宁根据货代邮件发出的到货通知，联系公司采购部取得出口商清关文件，准备好发票、箱单等资料，赶到报关公司录入报关单。

报关公司录入 MM 说话的内容让小宁傻了眼。“小宁，把清单统一编号写给我。”“什么清单编号？我把发票箱单都做好了呀！”“你不是电子账册吗？电子账册和电子化手册是不一样的。”

原来联网企业电子账册办理报关单申报与其他报关单申报（包括电子化手册的报关单申报）是不完全一样的，联网企业办理报关单申报的最大特点是其申报时包括清单录入申报和报关单录入申报两部分。

小宁回到公司，拿出关员小关的“超级攻略”，迅速开始知识补充。

原来，联网企业的报关单申报流程比较特殊，一般为：

1. 企业向电子口岸电子账册系统进行报关清单申报（注 1）；

2. 系统自动根据已经审批通过的归并关系转为相应的报关单数据；

3. 企业在电子口岸 QuickPass 预录入系统中下载相应报关单基本数据；

4. 补充报关单所需其他资料；

5. 进行报关单申报（见图 3－1），条件允许的情况下，企业也可以选用第三方软件公司提供的客户端进行清单数据申报。

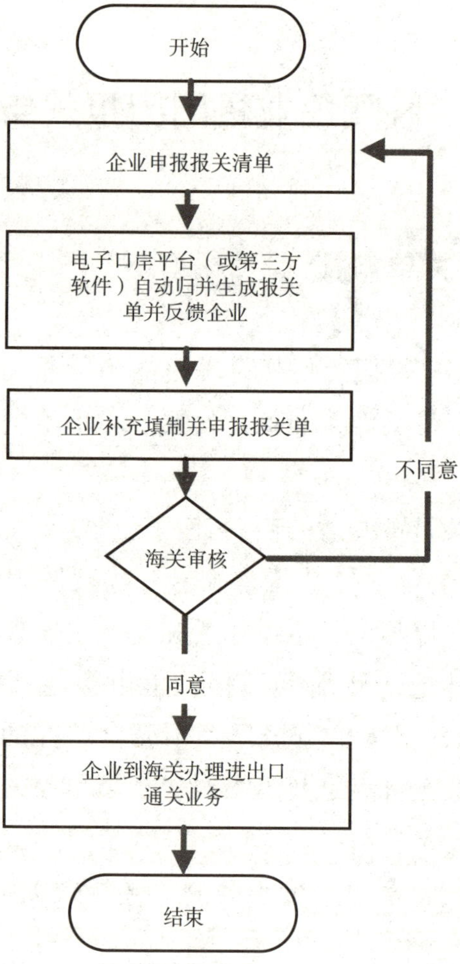


**图 3－1　联网企业报关单申报流程**

## 二、报关单申报准备事项

在报关行已经闹过一次笑话的小宁决定仔细研究好“超级攻略”后再去申报报关单，避免再跑冤枉路。根据“攻略”中的提示，对于申报前的准备工作，小宁总结了以下五点：

1. 清楚了解本次报关的贸易方式、申报口岸，以及是否属于无纸化报关的范围；

2. 根据本公司的部门设置，了解报关业务涉及的各种单证需要公司哪些部门的配合与合作，报关业务涉及公司的哪些系统操作；

3. 根据报关的需求，准备申报的基础数据，包括品名、料号、项号、数量及单价、净重、毛重等需在报关清单及报关单中填报的事项；

4. 准备发票、箱单及相关证件；

5. 检查申报的料件或成品是否已在账册中完成备案手续。

## 三、如何顺利完成报关单申报

这一次，为了争取时间尽快办完报关手续，小宁根据客户提供的资料准备好了报关清单和报关单的基础数据，为了避免报关出现问题，小宁把这些数据与账册备案信息进行了核对，又检查了一下相应证件情况，一切 OK 以后，小宁就开始准备录入报关清单了。

联网企业申报报关清单目前主要有一般模式和进阶模式两种。目前大部分海关的联网企业都是适用一般模式进行录入申报的。

## （一）企业申报报关清单（一般模式）

企业在进出口前，通过电子口岸 QP 系统的清单管理模块，首先进行报关清单各项的录入，然后向数据中心进行报关清单申报，数据中心将报关清单归并拆分成报关单后，企业再用报关单向海关进行报关单申报。

在系统界面上方的功能菜单上，点击清单，即进入“清单”菜单。再点击进口业务，进入“进口业务”界面，如图表3－2：

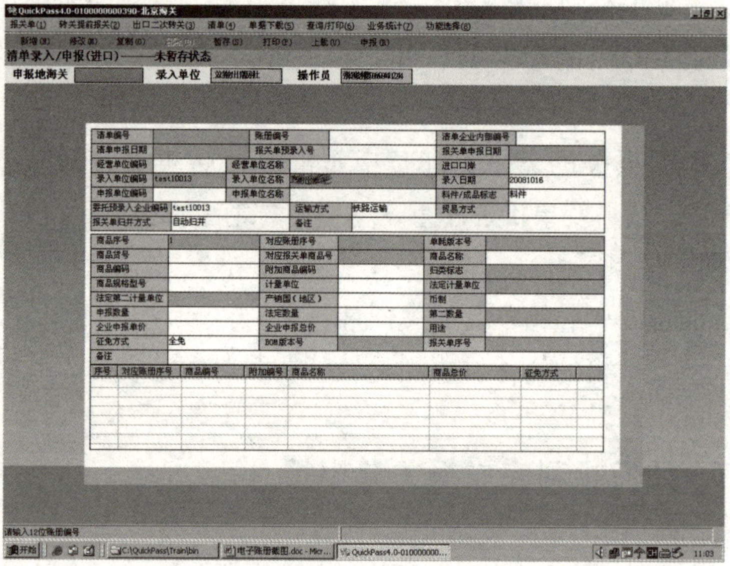


表3－2 “进口业务”界面

操作员需依次录入表头、表体部分。表头部分没录完时，不能进入表体部分进行录入。

1. **表头各字段的填写规范如下**

申报地海关：必填项。进入页面，系统有默认设置值，但可以更改。敲空格键即可调出相应代码，选中代码即可显示相关内容。

录入单位：不可填。系统根据 IKEY 卡自动生成。

操作员：不可填。系统根据 IKEY 卡自动生成。

清单编号：不可填。18 位字符，由系统自动返填。

清单企业内部编号：必填项。最多 20 位字符。用户可自行输入，前提是必须保证清单企业内部编号的唯一性。若用户没有自行输入，当清单暂存后，录入框默认系统自动生成的流水号。

账册编号：必填项。12 位字符，为电子账册系统中的电子账册编号。

清单申报日期：不可填。8 位数字，清单申报后，由系统自动返填。

报关单预录入号：根据录入的“申报地海关”来判断是否必填，因为有的海关要求必填，有的海关不要求必填。9 位或 18 位数字，填写规范可参见报关单操作手册。

报关单申报日期：不可填。8 位数字，报关单申报后，由系统自动返填。

经营单位编码：必填项。输入正确的账册编号后由系统自动调出。

经营单位名称：必填项。输入正确的账册编号后由系统自动调出。

进口口岸：必填项。敲空格键即可调出相应代码，选中代码即可显示相关内容。

录入单位编码：不可填。由系统自动调出。9 位数字，为录入单位的 9 位组织机构代码。

录入单位名称：不可填。由系统自动调出。

录入日期：必填项。8 位数字，默认为系统日期。

申报单位编码：必填项。10 位数字，为申报单位在海关注册的 10 位编码。

申报单位名称：必填项。输入申报单位编码后由系统自动调出。

料件/成品标志：必填项。进口默认为“料件”；出口默认为“成品”，可编辑修改。

运输方式：必填项。敲空格键即可调出相应代码，选中代码即可显示相关内容。

贸易方式：必填项。敲空格键即可调出相应代码，选中代码即可显示相关内容。

备注：非必填项。可填写表格内项目未竟事宜。

**2. 表体各字段的填写规范如下**

商品序号：必填项。由系统自动生成。

对应账册序号：不可填。最多30位字符，对应商品在电子账册表体中的序号。

单耗版本号：在料件清单（一般为进口清单）中不可填；在成品清单（一般为出口清单）中为必填项，最多9位数字。

商品货号：必填项。最多30位字符，应与归并前数据中的货号一致。

对应报关单商品号：不可填。最多9位数字，对应报关单表体中的商品序号。

商品名称：必填项。输入正确的商品货号后由系统自动调出，可修改。

商品编码：必填项。输入正确的商品货号后由系统自动调出，可修改。

附加商品编码：必填项。输入正确的商品货号后由系统自动调出，可修改。

归类标志：不可填。

商品规格型号：非必填项。

计量单位：必填项。输入正确的商品货号后由系统自动调出，可修改。

法定计量单位：必填项。输入正确的商品货号后由系统自动调出，不可直接修改。

法定第二计量单位：非必填项。输入正确的商品货号后由系统自动调出，不可直接修改。

产销国（地区）：必填项。敲空格键即可调出相应代码，选中代码即可显示相关内容。

币制：必填项。敲空格键即可调出相应代码，选中代码即可显示相关内容。

申报数量：必填项。最多18位数字，整数13位，小数5位。

法定数量：必填项。最多18位数字，整数13位，小数5位。

第二数量：非必填项。

企业申报单价：必填项。最多18位数字，整数13位，小数5位。

企业申报总价：必填项。最多18位数字，整数13位，小数5位。

用途：必填项。敲空格键即可调出相应代码，选中代码即可显示相关内容。

征免方式：必填项。敲空格键即可调出相应代码，选中代码即可显示相关内容。

备注：非必填项。可填写表格内项目未竟事宜。

点击上载，数据即上载到数据中心。

点击申报，即实现向海关申报。

清单录入/申报全流程完成。

**（二）企业申报报关清单（进阶模式）**

由于小宁公司所在关区适用报关“进阶模式”，小宁在报关清单的录入环节就相当轻松了。小宁将准备好的报关清单相关数据导入某第三方系统接口软件生成报关清单，点击进行申报，清单申报成功后，终于拿到了清单回执编号。

什么是进阶模式?

目前，部分海关的企业在录入报关清单时可以选择使用第三方的接口软件，在这种模式下，联网企业通过第三方接口软件录入或导入报关清单，发送至电子口岸，再委托报关行下载清单归并成报关单通过 QP 系统进行报关单申报。由于这种模式下企业可以通过导入的方式申报报关清单，并通过电子口岸的归并关系自动归并成报关单，生成报关单表体数据，极大地减少了企业的录入工作，并减少了差错。我们把这种模式称为进阶模式申报。

### （三）清单查询与修改

联网企业若想对以前暂存后未生成报文的数据或被退单的数据进行修改，可在清单录入/申报界面下点击修改，进入修改查询界面；输入查询条件后点击查询，所有符合查询条件的清单即显示在下方的列表框中；在列表框中选中欲修改的清单，再点击该界面下的修改，即可调出欲修改的明细数据，进行修改。

### （四）企业填制申报报关单

报关清单申报成功后，小宁赶紧打电话通知报关公司申报报关单。为了保证联网企业的报关单与报关清单数据的一致性，报关单申报要按照下载清单生成报关单的方式进行申报。

联网企业清单录入并申报后，数据中心按归并关系和其他合并条件（如“备案序号”、“商品编码”、“成品版本号”、“币制”、“征免规定”、“产终地”、“计量单位”都一致的可合并），将企业申报的大清单生成报关单，并向企业发出清单回执信息（包含统一编号）。联网企业根据“统一编号”，调出大清单生成的报关单信息，继续填写完报关单中的剩余各项后，生成完整的报关单，向海关进行申报。

属于无纸化通关范围的，企业按照无纸化报关的要求向通关现场办理申报手续，需要纸质报关的持纸质报关单等有关资料向通关现场递单申报。

**海关提醒**

报关单中的归类、数量、价格等数据均为海关审核的重点内容，申报前企业需要认真核对。内销补税报关单由于申报过程中涉及海关审价，企业还需提供相关价格的证明材料。

报关单申报商品项属于涉及机电证、配额许可证、内销批准证等证件的，在报关单申报前，还需提前办理相关证件。

同一电子账册的成品退换申报进出口监管方式应当对应，数量、金额应当一致。

由于该票报关单未被抽到查验，小宁联系报关公司安排车辆提货送厂，并通知仓库准备收货。

货物进厂后，细心的小宁将报关公司退回的报关数据与仓库入库数据进行了核对，并在公司系统中进行了数据维护。

### （五）异常数据处理秘笈

1. 清单表体录入商品时，该商品的“申报数量”和“法定数量”都必须填写，如商品项有对应的法定第二计量单位，则必须相应填报第二数量；如在报关单申报时，出现提示“毛净重错误”，则说明有商品项有法定第二计量单位，而漏输第二数量，可在输入第二数量后，再次申报。

2. 联网企业申报的报关单被海关退单需要修改的，涉及报关单表体商品项修改的，需复制原清单后，再次申报；如不涉及表体商品项的，可直接修改报关单后申报。

3. 报关完成后，企业需根据实际情况对申报的报关清单及报关单数据及时进行核对，发生差错及时申请删改报关单。

4. 报关单申报后需跟踪报关单的放行结关情况，未结关报关单不能纳入账册的正式报核。

5. 联网企业报关单的填制参照海关报关单的填制规范。联网企业进口报关清单填制的总金额不得超过电子账册最大周转金额的剩余值。

## 第二节 联网企业内销

日子一天一天过去了，小宁经手的报关单数量不断上升。这天一上班，小宁接到了经理的电话："小宁，上个月进口的那批原料客户订单取消了，销售部找到一家国内客户，现在成品已经做好了等着出给人家客户呢，你赶紧看看要哪些手续，别耽误了出货时间！"

趁着午休的时间，小宁拿出"攻略"仔细研究，"关员小关的这本攻略还真是个宝，真是什么都有讲到"！

### 一、了解联网企业内销

#### （一）了解内销集中申报

认真学习了一个中午的小宁发现，原来联网企业可以申请"内销集中申报"，实行内销集中申报的企业，享受"先销后税、集中申报"待遇，对企业争取国内市场、灵活应对市场风险有很大帮助，企业可以灵活把握内外销市场需求，最长的可以享受长达1个月的税款缴纳缓冲期，增强了企业的市场竞争力。小宁觉得这项政策特别适合自己公司。例如这次公司临时打算转为内销，如果公司已经取得了内销集中申报的资格，就可以先行内销保税料件或成品，然后在内销当月再集中办理纳税手续就可以啦。

小宁根据“攻略”的介绍，对联网企业申请内销集中申报做了知识点总结。

1. 内销集中申报资格是需要经主管海关批准的，需要提交申请。

2. 不是所有的联网企业都可以申请内销集中征税的，部分特殊情况下，已经批准的“资格”也有可能被取消，所以这些特殊情况必须牢记。

**海关提醒**

存在下列四种情形的企业不能享受或将被取消内销“先销后税、集中申报”资格：

1. 涉嫌走私、违规，已被海关立案调查、侦查，案件未审结的；

2. 因为管理混乱被海关要求整改，在整改期内的；

3. 企业有逾期未报核情况的；

4. 海关认为存在较大监管风险的。

3. 内销后，收发货登记要做好。

**（二）了解内销缓税利息的计征**

由于需要在内销前向财务申请准备税款，小宁在做测算时需要将缓税利息一并计算清楚，虽然缓税利息金额不大，但是如果漏算了，又得被经理念叨，所以还是得细致再细致。

通过学习，小宁了解到，实行电子账册管理的，缓税利息征收的起始日期为内销料件或制成品对应的电子账册最近一次核销之日。没有核销日期的，起始日期为内销料件或制成品对应的电子账册首批料件进口之日。而缴纳缓税利息的终止日期为海关签发税款缴款书之日。

缓税利息率参照中国人民银行公布的活期存款利率执行。缓税利息根据填发海关税款缴款书时海关总署调整的最新缓税利息率按日征收。计算公式如下：

应征缓税利息 = 应征税额 × 计息期限 × 缓税利息率/360

### （三）哪些情况需申请办理内销补税手续

根据“攻略”的提示，小宁发现需要办理补税的情况还是挺多的，并不是只有料件或成品转内销才要申请内销补税，生产中的报废、客户送样、试生产都可能产生需补税的情况，为了避免公司其他部门由于政策不熟悉，发生了需要内销的情况不及时通知自己的情况，小宁结合自己公司情况列出了需补税情况清单，上报给经理，分发至公司其他部门。

需申请内销补税清单如下：

1. 客户终止加工贸易合同，取消出口订单。

2. 向客户直接送样未报关。

3. 生产过程中保税料件产生的边角料、残次品、副产品不再复运出境，需要在国内进行处置（包括测试环节进行破坏性测试造成破损无法出口）。

4. 保税货物因不可抗力或其他原因被损毁，无法用于出口。

5. 盘点核销时，存在实际库存量少于电子底账核算结果情况的（包括海关下厂盘点和自盘两种情况）。

6. 呆滞料或无法复出口的不良料件（包括无法复出的来料不良）。

7. 保税货物被偷窃。

8. 申请销毁处置后有残值情形的。

9. 其他在账册执行期间内发生的保税货物短少情况。

小贴士

由于联网企业生产及管理千差万别，需办理内销的情况很难一一列举，小宁列举的清单只能作为参考使用，如果发生了自己不能确定是否需要内销的情况，一定要咨询海关加工贸易部门。

## 二、办理内销业务准备事项

小宁根据自己的经验及联网企业内销的特点，对于办理内销前的准备工作总结了五个关键：

### （一）选择适合的内销方式

做好两个确认：根据内销保税货物状态、内销的原因，确认应办理哪种内销及相应的手续；属于内销集中申报的，确认是否已取得内销集中申报资格。

通过分析，小宁觉得，由于保税货物状态比较多，在这一环节，最难的就是确定按哪种状态进行申请内销补税，所以必须牢记各大状态的定义，根据情况进行判别。

边角料，是指加工贸易企业从事加工复出口业务，在海关核定的单位耗料量内、加工过程中产生的、无法再用于加工该合同项下出口制成品的数量合理的废、碎料及下脚料。

残次品，是指加工贸易企业从事加工复出口业务，在生产过程中产生的有严重缺陷或者达不到出口合同标准，无法复出口的制品（包括完成品和未完成品）。

副产品，是指加工贸易企业从事加工复出口业务，在加工生产出口合同规定的制成品（即主产品）过程中同时产生的，且出口合同未规定应当复出口的一个或者一个以上的其他产品。

剩余料件，是指加工贸易企业在从事加工复出口业务过程中剩余的、可以继续用于加工制成品的加工贸易进口料件。

受灾保税货物，是指加工贸易企业从事加工出口业务中，因不可抗力原因或者其他经海关审核认可的正当理由造成灭失、短少、损毁等导致无法复出口的保税进口料件和制品。

**（二）准备内销的单证资料**

联网企业申请内销时，根据具体申请内销的保税货物归类、状态、贸易方式等情况选择适用的单证，此处仅列出了常用的一些单证进行提示。

1. 加工贸易内销批准证；

2. 加工贸易货物内销征税申报单；

3. 属于国家实行进口许可证及配额管理商品的须提供进口许可证件；

4. 申报内销货物的原进料加工进口报关单、进口发票、购销合同、运保费凭证、货物说明书、商品检验检疫证书、信用证、结付汇凭证、提单、装箱单、业务函电及其他相关资料等；

5. 申报内销与实施反倾销措施的被诉倾销产品（以下简称“被诉倾销产品”）相同的货物时，应向海关提交原产地证明。对于直接从被诉国家（或地区）的生产厂商进口被诉倾销商品的，还必须向海关提交原厂商发票。对于通过境外贸易商间接进口被诉倾销产品的，也应向海关提交原厂商发票，确实无法提交时，向海关提交的由境外贸易商制发的商业发票上必须包括生产厂商名称和原厂商发票的编号。

**（三）准备价格依据及资料**

内销保税货物的完税价格，由海关以该货物的成交价格为基础审查确定。联网企业在申请内销时，根据申请内销的具体情况按照

《中华人民共和国海关审定内销保税货物完税价格办法》（海关总署令第211号）的具体规定提供成交价格，准备价格资料。

**海关提醒**

由于联网企业报关单申报包括报关清单的申报和报关单清单的申报两部分，当报关单申报在审价环节调整价格时，不要忘记修改报关清单的价格，否则会造成清单与报关单价格的不一致。

### （四）了解时限要求

联网企业在申请内销时，需根据办理内销的时限要求，做好时间规划。涉证的内销必须了解办证所需时间，提前规划，避免影响内销手续的及时办理。

### （五）预估税款，并向财务部门申请

由于内销申请环节涉及海关审价，联网企业预估税款时可以申请预留空间，节约办理时间。

**小贴士**

由于加工贸易货物不同状态下的补税政策不同，下表中（表3－1、表3－2）从是否需要商务部门审批、是否按照报验状态申报、是否涉及许可证件、是否征收缓税利息等方面进行比较，帮助联网企业进行区分。

表 3－1　比较一（成品、剩余料件、残次品）

| 项目 \ 货物类型 | | 成品、半成品 | 剩余保税料件 | 残次品 |
|---|---|---|---|---|
| 是否需要商务部门审批 | 内销料件金额占该加工贸易合同项下实际进口料件总额 3%以内（含 3%）、且总值在人民币 1 万元以下（含 1 万元）的 | × | × | × |
| | 内销料件金额占该加工贸易合同项下实际进口料件总额 3%以上或者总值在人民币 1 万元以上的 | √ | √ | √ |
| 是否按照报验状态申报 | | × | × | × |
| 是否按照原进口料件品名申报 | | √ | √ | √ |
| 是否需要提交许可证件 | | √ | √ | √ |
| 是否需要计征缓税利息 | | √ | √ | √ |

表 3－2　比较二（边角料、副产品、受灾保税货物）

| 项目 \ 货物类型 | 边角料 | 副产品 | 受灾保税货物 | |
|---|---|---|---|---|
| | | | 除不可抗力因素外，加工贸易企业因其他经海关审核认可的正当理由导致的 | 除不可抗力因素外，加工贸易企业因其他经海关审核认可的正当理由导致的 |
| 是否需要商务部门审批 | × | √ | √ | √ |
| 是否按照报验状态申报 | √ | √ | × | × |
| 是否按照原进口料件品名申报 | × | × | √ | √ |
| 是否需要提交许可证件 | × | √× | √ | |
| 是否需要计征缓税利息 | × | √ | √ | √ |

## 三、如何顺利完成内销手续

研究完“攻略”后，小宁了解到公司本次申请内销的保税料件均已做完成品准备内销，并且出货时间比较紧。小宁向公司建议按照“内销集中申报”方式申报，该方式下公司可以在最短时间内办理出货。

小宁在取得公司同意后，首先向海关申请办理按月集中申报资格，为节约时间同时让同事小丽根据计划内销的成品数据折成料件向原出具“加工贸易业务批准证”的商务经理部门申请“加工贸易保税进口料件内销批准证”。

**海关提醒**

若内销商品涉及配额、许可证等特殊管理措施的，须按规定报省级商务经理部门或商务部审批。

### （一）按月集中征税资格申请

小宁根据本公司情况填写了“集中办理内销纳税手续情况表”（表3－3），由于小宁公司属于高级认证企业，不需缴纳保证金。由于时间比较紧，小宁下午一上班就把填好的表格交到了海关加贸部门，并且向关员小关提出了加急办理的需求。

由于小宁准备充分，关员小关考虑到小宁公司的实际情况，2个小时后，小宁就拿到了签署海关意见的“集中办理内销纳税手续情况表”，正式取得了内销集中申报资格。

**表3－3　集中办理内销纳税手续情况表**

主管海关编号：（　）关内销　　号

<table>
<tr><td>企业名称</td><td></td><td>海关编码</td><td></td></tr>
<tr><td>企业地址</td><td></td><td>企业类别</td><td></td></tr>
<tr><td>联系人</td><td></td><td>联系电话</td><td></td></tr>
<tr><td>每月计划内销额（美元）</td><td></td><td>保证金（保函）金额（元）</td><td></td></tr>
<tr><td>海关保证金收据号</td><td colspan="3"></td></tr>
<tr><td>保函开户机构</td><td></td><td>保函号</td><td></td></tr>
<tr><td colspan="4">企业承诺：<br>1. 本企业保证上述各项内容真实无讹。<br>2. 本企业保证月度内销纳税金额不超出申请的月计划内销纳税额度，如有变动，将主动变更保证金（保函）金额。<br>3. 本企业保证如实在“保税加工货物内销‘集中申报’发货记录表”上记录内销情况，并在内销当月底前可向海关集中办理内销纳税的申报手续。<br>4. 本企业保证自觉遵守海关的法律法规及对加工贸易内销的各项管理规定，承担履行的义务。<br>年　　月　　日　（企业盖章）</td></tr>
<tr><td colspan="4">以上由企业填写</td></tr>
<tr><td colspan="4">主管海关意见：<br><br>年　　月　　日</td></tr>
</table>

备注：

1.（1）B类企业保证金（保函）金额＝企业计划月内销税金额×50%（征收全额保金保函者除外）；（2）企业计划月内销纳税金额＝企业计划月内销货物金额×汇率×综合税率（22%）；（3）已在备案环节缴纳保证金的，无须重复缴纳。

2. 本表一式二份，主管海关一份，企业留存一份。

**海关提醒**

已适用内销集中征税的加工贸易企业，如果发生下列情形之一的，海关将终止其适用内销集中征税：

1. 企业涉嫌走私、违规，被海关立案调查、侦查，案件未审结，主管海关收到缉私部门书面通报的；

2. 企业一年内月实际内销征税金额超过月计划纳税金额两次及以上，未及时到海关办理相应手续的；

3. 企业内销加工贸易货物后，未经海关批准不在规定时间内向主管海关办理集中申报手续的；

4. 企业先行内销加工贸易货物后无法按规定提交商务经理部门“加工贸易保税进口料件内销批准证”及其他许可证件的；

5. 企业手册到期未及时办理报核手续的；

6. 因管理混乱被海关要求整改的；

7. 企业被降为 C、D 类的（失信企业）；

8. 企业自主申请终止资格的。

### （二）按月集中征税申请

三天后，小宁拿到了商务经理部门出具的加工贸易保税进口料件内销批准证，小宁通知仓库可以办理送货，并要求仓库将具体送货情况及时反馈给自己。

**海关提醒**

企业在加工贸易保税进口料件内销批准证范围内先行内销保税料件或其制成品，企业应控制内销保税料件的总量不能超出加工贸易保税进口料件内销批准证审批数量。

小宁在仓库送货后，根据仓库实际发货情况及时填写“保税加工货物内销‘集中申报’发货记录表”（表3－4），同时在月底前，将汇总的已发货的保税料件数量，通过QP系统录入“保税加工货物内销征税联系单”的电子数据，并发送至海关H2010系统。

电子数据发送成功的，小宁凭“加工贸易保税进口料件内销批准证”、内销料件清单、原进口报关单复印件等向海关申请内销征税。

**海关提醒**

海关归类审价部门，对数量、归类、价格有疑问的，会退回申报单或者联系申请企业补充资料；审核通过的，海关会通过H2010系统自动向企业发送审核通过的信息回执，生成“加工贸易货物内销征税联系单”一式两份，一份留存海关归档，一份交企业办理通关手续。

**表3－4　保税加工货物内销“集中申报”发货记录表**

企业名称：＿＿＿＿＿＿　企业编码：＿＿＿＿＿　企业类别：＿＿＿＿＿

内销时间段：＿＿年＿＿月　计划每月内销额（美元）：＿＿＿＿＿＿

| 发货日期 | 手册号 | 商品编码 | 商品名称 | 数量 | 单位 | 金额（美元） |
|---|---|---|---|---|---|---|
| | | | | | | |
| | | | | | | |
| | | | | | | |
| | | | | | | |
| | | | | | | |
| | | | | | | |

表 3－4　续表

| 发货日期 | 手册号 | 商品编码 | 商品名称 | 数量 | 单位 | 金额（美元） |
|---|---|---|---|---|---|---|
| | | | | | | |
| | | | | | | |
| | | | | | | |
| | | | | | | |
| | | | | | | |
| | | | | | | |
| | | | | | | |
| | | | | | | |
| | | | | | | |
| 总计 | | | | | | |

备注：企业应分月逐笔填写内销记录表，以备海关核查。

经过海关审价后，小宁根据取得的“加工贸易货物内销征税联系单”，按照联网企业报关单申报的要求进行报关。报关单随附单证栏填写对应的“加工贸易货物内销征税联系单”号码。

### 海关提醒

实施按月集中补税的企业，需关注集中补税完成的时限要求，在内销当月完成补税手续。

申请内销的货物不得属于我国法律、行政法规、规章规定禁止在我国境内销售的；内销货物涉及相关贸易管制的，应提交相关监管证件；内销商品属于进口涉证商品的，在“加工贸易保税进口料件内销批准证”备注栏中应由省级加工贸易经理部门注明进口许可证件名称及其号码。

### （三）涉及拍卖程序的边角料内销

小宁和同事们忙完了这批内销补税后，顿时感觉轻松了很多，小宁想起之前在“攻略”中看到的涉及拍卖的内容，感觉不太能理解，好学的小宁立刻打电话向关员小关咨询。

关员小关电话里的声音很嘈杂，感觉窗口很忙，不过小关还是很耐心地解答了小宁的咨询：“由于加工贸易的边角料种类多、成分杂、价值认定难，加上市场信息不对称，导致边角料的实物管理及价格审核存在各种疑难问题。针对这一现状，部分海关在边角料管理方面探索建立‘海关、市场、政府多方参与的共管机制’，通过设立废料交易平台，规范对加工贸易边角料的管理。”

**海关提醒**

根据《中华人民共和国海关审定内销保税货物完税价格办法》（总署令第 211 号）等规定，边角料、副产品和按照规定需要以残留价值征税的受灾保税货物经海关允许采用拍卖方式内销时，海关以其拍卖价格为基础审查确定完税价格。

拍卖价格，是指国家注册的拍卖机构对海关核准参与交易的保税货物履行合法有效的拍卖程序，竞买人依拍卖规定获得拍卖标的物的价格。

### （四）异常数据处理秘笈

1. 区分边角料与剩余料件：边角料与剩余料件在定义上是完全不同的，看起来是风马牛不相及的两种货物状态，但在复杂的企业生产中，对两种状态混淆不清的情况屡见不鲜。

企业生产产生的废、碎料及下脚料并不都是边角料。边角料的一大特征是“无法再用于加工该合同项下出口制成品”，而剩余料件也有一对应的特征“可以继续用于加工制成品”，两个概念结合来看，我们可以从是否能继续用于加工制成品来区分是边角料还是剩余料件，而不能仅从货物外在的状态来区分。

2. 区分边角料、残次品与非工艺损耗

许多加工贸易企业的运作管理中都存在这样一个误区，就是把“加工贸易废料”当作“边角料”，即只要是加工过的、发生损坏的、失去原使用价值的都按照“边角料”来管理。

实际上，加工贸易企业在生产加工过程中，会产生类似边角料状态的各种废料，有些属于边角料，有些属于残次品，还有些属于“非工艺损耗”。一般认为，区分边角料、残次品与非工艺损耗的关键在于产生原因及货物状态。

注：这里引申出的“非工艺损耗”，在加工贸易的文件规定中可能都找不出定义，其实，这是从工艺损耗引申出的概念。根据《中华人民共和国海关加工贸易单耗管理办法》（总署令第155号），文中明确定义了工艺损耗，同时列举了不列入工艺损耗的几种情形，但这些情形也会造成企业发生料件损耗，又不能列入工艺损耗，为了方便区分，引申出“非工艺损耗”的概念。

### 海关提醒

针对日常内销补税金额较大的企业，建议尽快办完核销手续，可以减少新周期中缓税利息计算的天数。

涉及电子账册核销周期切换月的按月集中补税，联网企业最好提前与主管海关加工贸易部门联系确定补税时间以及补税报关单的处理。

有内销集中申报需求的联网企业，应主动办理按月集中申报资格审批，并在实际内销前办理内销批准证等相关证件，在内销送货后做好相应登记手续。

# 第三节 联网企业外发加工

## 一、了解外发加工业务

周一上班，小宁刚来到自己的办公桌前，还没来得及开电脑，就接到了经理下达的新任务，由于进入生产旺季，近期订单比较多，公司计划将一部分工序申请外发加工，经理要求小宁尽快处理好海关的手续。

“时间又很紧？”小宁顾不上抱怨，赶紧翻出关员小关的“攻略”，有事找“攻略”，都快成本能了。不过事实证明，“攻略”还是很强大的，小宁很快就找到了工作的头绪。

原来，联网监管企业的外发加工实行主管海关备案制。外发加工是指经营企业因受自身生产特点和条件限制，经海关批准并办理有关手续，委托承揽企业对加工贸易货物进行加工，在规定期限内将加工后的产品运回本企业并最终复出口的行为。外发加工的电子申报主要包括外发加工备案申请和收发货登记两部分。而且，外发加工也是加工贸易很常见的一项业务。加工贸易外发加工是加工贸易发展到一定程度衍生出来的一种生产方式，是加工贸易不断深化、国际分工合作持续加强、产业集聚效应进一步显现的产物，是市场资源配置优化组合的需要。企业出于订单、技术、成本、产能及环保等因素的考虑，选择具有便捷性、灵活性特点的外发加工方式，最大限度地优化企业资源，降低了企业的生产成本。

**海关提醒**

根据《中华人民共和国海关加工贸易货物监管办法》（总署令第219号）的规定，外发加工，是指经营企业委托承揽者对加工贸易货物进行加工，在规定期限内将加工后的产品运回本企业并最终复出口的行为。

## 二、外发加工备案准备事项

小宁研究了“攻略”后，对办理外发加工备案有了整体的了解，对于公司本次外发加工业务的办理拟订了一个计划。

### （一）了解具体的外发加工需求

重点根据外发加工的需求对照文件，确定是否可以开展外发加工。

### （二）准备外发加工备案资料

主要资料包括：

1. 外发加工合同；
2. 外发工序说明，配有文字和图片说明，注明每步实际操作和零件加工数量；
3. 承揽企业营业执照复印件、经外发企业签章确认的承揽企业生产能力状况；
4. 税务登记证、营业执照、海关注册登记证书复印件；
5. 外发运回协议。

**海关提醒**

经营企业将全部工序外发加工的，应当在办理备案手续的同时向海关提供相当于外发加工货物应缴税款金额的保证金或银行、非银行金融机构保函。

如果申请外发加工的货物之前已向海关提供不低于应缴税款金额的保证金或银行保函的，经营企业无须再按照本条规定向海关提供保证金或者银行保函。

企业变更外发加工信息时，涉及企业应缴纳外发加工保证金数量增加的，应补缴保证金或者保函。

**（三）对承揽企业的加工行为进行必要的管理**

重点是避免存在承揽企业再次外发的情况及保税料件不被擅自移作他用。

**（四）建议公司建立相应的内部控制**

重点是在外发期间确保实际外发量不超过备案量，实际外发及运回情况可以及时进行收发货登记。

## 三、如何顺利完成外发加工备案

做好各项准备工作以后，小宁就开始正式办理外发加工备案的手续了。在具体的备案程序上，小宁了解到，外发加工现在都是采用电子备案的，外发期间的收发货登记也只需要通过系统向海关进行申报就可以了，相当的简单方便。

**（一）基本流程**

小宁根据“攻略”的提示，总结了外发加工的基本流程。（图3－3）

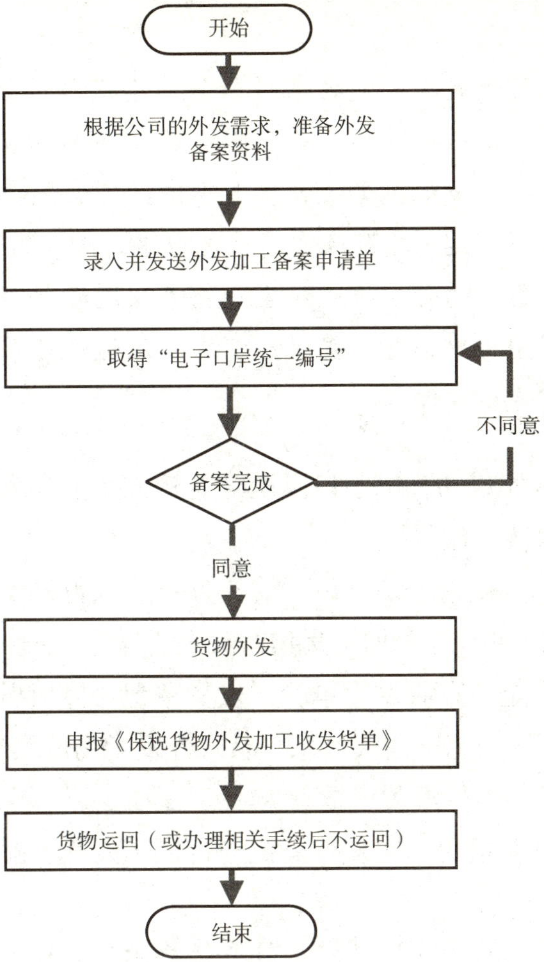


**图 3－3　外发加工基本流程**

企业通过 H2010 外发加工系统的预录入平台向海关提交外发加工备案申请和收发货单备案申请，预录入平台负责将企业申报的数据向海关传递并向企业反馈海关审批意见。该系统办理外发加工业务主要程序如下：

1. 外发企业在“外发加工申请表——备案申请”界面，录入的基本信息及商品明细数据，申报成功后入数据中心库。

### 海关提醒

企业应在货物首次外发之日起3个工作日内，向海关备案外发加工基本情况，并在货物外发之日起10日内申报实际收发货情况，同一账册、同一承揽者的收、发货情况可合并办理，对资信良好的企业可适当延长实际收发货情况申报时限。

同一承揽企业的营业执照和生产能力状况资料等已在海关备案的，企业不用每次都重复提供，将其与承揽企业签订的加工合同或者协议留底备查即可。

2. 数据入库成功，电子口岸返给委托方企业外发加工申请表的“电子口岸统一编号”。

3. 外发加工申请表建立后，委托方企业取得外发加工“申请表编号”，可以进行外发加工货物的收发货操作。

4. 委托方企业在收发货单的“发货登记”界面根据“申请表编号”调出外发加工申请表信息，录入外发货物的发货登记数据，并向海关申报，等待海关审批。

5. 企业可对最后一次发货登记进行撤销操作，撤销操作需经海关电子审核。

6. 承揽方企业加工完成该批外发货物后，委托方企业在收发货单的“收货登记”界面根据“申请表编号”调出外发加工申请表信息，录入收回货物的收货登记数据，并向海关申报。

7. 当委托方企业收货登记获“海关审批通过”后，委托方即可收回该批外发加工的货物。

### 小贴士

外发加工的成品、剩余料件及生产过程中产生的边角料、残次品、副产品等加工贸易货物，经营企业可以向主管海关申请办理不运回本企业的相关手续。

## （二）系统录入

1. 转出企业在录入外发加工申请表时需填写的基本信息。（见图 3－4）

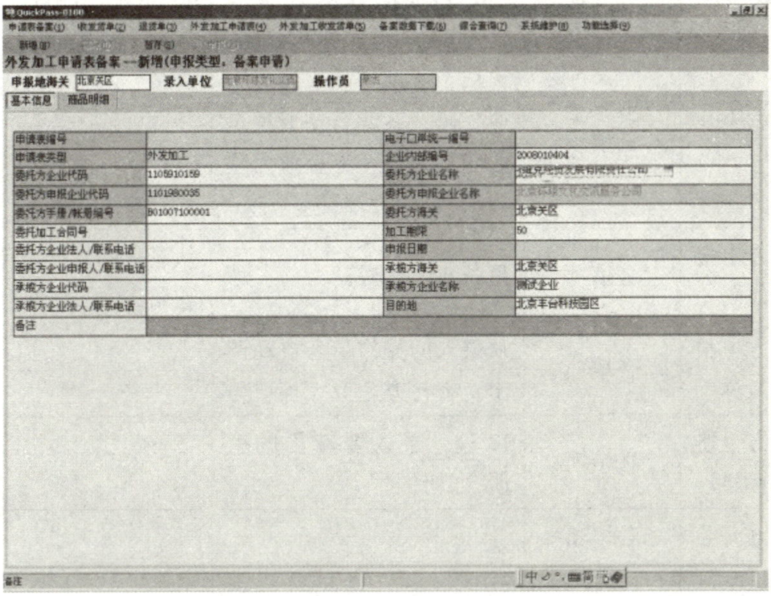


图 3－4　“外发加工申请表”录入界面

表 3－5　外发加工申请表填制规范表

| 字段名称 | 必填/非必填 | 其他说明 | 备注 |
| --- | --- | --- | --- |
| 申请表编号 | 自动生成 | 当海关审批通过后，返给企业申请表编号 | 外发加工申请表编号为 12 位 |
| 电子口岸统一编号 | 自动生成 | 当委托方企业申报的外发加工申请表入数据中心库成功，数据中心返给企业“电子口岸统一编号” | 电子口岸统一编号为 18 位数字，由系统自动返填，委托方企业无须填写 |
| 申请表类型 | 必填项 | 不允许录入，由系统自动返填 | |

表 3-5　续表 1

| 字段名称 | 必填/非必填 | 其他说明 | 备注 |
|---|---|---|---|
| 企业内部编号 | 必填项 | 委托方企业自定义编号，该编号在企业内部应具有唯一性 | |
| 委托方企业代码 | 必填项 | 填写海关 10 位代码 | |
| 委托方企业名称 | 必填项 | 根据企业填写的委托方企业代码，系统自动返填企业名称，委托方企业无须填写 | |
| 委托方申报企业代码 | 必填项 | 最长 30 个字符 | 从录入的操作员卡自动调出 |
| 委托方申报企业名称 | 必填项 | 从录入的操作员卡自动调出，委托方企业无须填写 | |
| 委托方手册/账册编号 | 必填项 | 12 位，录入要转出的手册/账册编号 | |
| 委托方海关 | 必填项 | | |
| 委托加工合同号 | 非必填项 | 32 位 | |
| 加工期限 | 必填项 | | |
| 委托方企业法人及其联系电话 | 非必填项 | | |
| 申报日期 | 必填项 | 当企业进行“申报”操作时，由系统返填，企业无须填写 | |
| 委托方企业申报人及其联系电话 | 非必填项 | | |
| 承揽方海关 | 非必填项 | | |

表 3－5　续表 2

| 字段名称 | 必填/非必填 | 其他说明 | 备注 |
|---|---|---|---|
| 承揽方企业代码 | 非必填项 | | |
| 承揽方企业名称 | 必填项 | | |
| 承揽方企业法人及其联系电话 | 非必填项 | | |
| 目的地 | 必填项 | 5 位地区代码，可从地区代码表中调出 | |
| 备注 | 非必填项 | 最多 128 位字符，可填写表格内项目未竟事宜，可为空 | |

2. 转出企业在录入外发加工申请表应填写的商品明细信息。（见图 3－5）

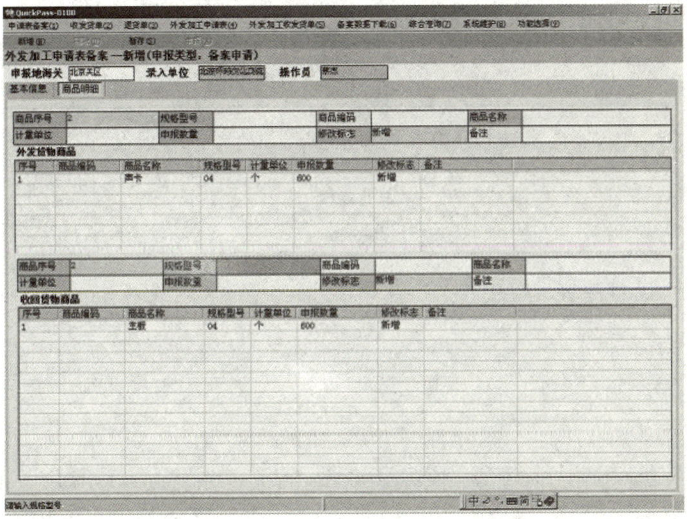


图 3－5　外发加工申请表商品明细信息界面

表3－6　外发加工申请表商品明细填制规范表

| 字段名称 | 必填/非必填 | 其他说明 | 备注 |
|---|---|---|---|
| 商品序号 | 必填项 | 由系统自动调出 | |
| 规格型号 | 必填项 | | |
| 商品编码 | 非必填项 | | |
| 商品名称 | 必填项 | | |
| 计量单位 | 必填项 | | |
| 申报数量 | 必填项 | | |
| 修改标志 | 必填项 | 委托方企业无须填写 | |
| 备注 | 非必填项 | 最多128位字符，可填写表格内项目未竟事宜 | |

3. 发货登记表头各项信息内容的填制。(见图3－6)

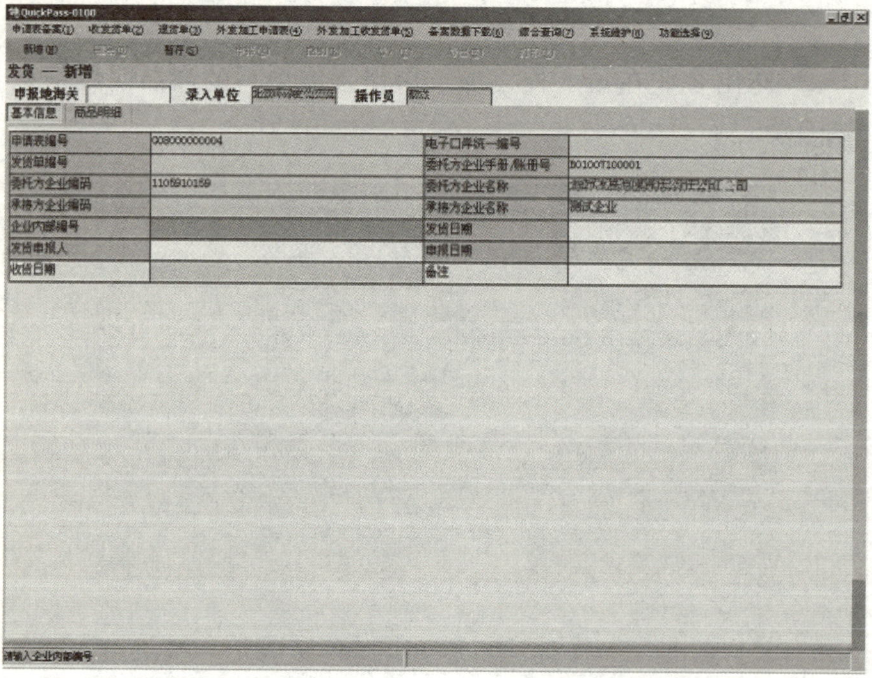


图3－6　发货登记表头各项信息内容填制界面

表3-7 发货登记表各项信息内容填制规范

| 字段名称 | 必填/非必填 | 其他说明 | 备注 |
| --- | --- | --- | --- |
| 申请表编号 | 必填项 | 由委托方企业录入，录入后调出相关信息 | |
| 电子口岸统一编号 | 必填项 | 由系统返填，收发货企业无须填写 | 当委托方企业申报的收发货单发货登记入数据中心库成功，数据中心返给企业“电子口岸统一编号”，电子口岸统一编号为18位数字 |
| 发货单编号 | 必填项 | 由系统自动返填 | |
| 委托方企业手册/账册号 | 必填项 | 由系统根据申请表编号自动调出，企业无须填写 | |
| 委托方企业编码 | 必填项 | 由系统根据申请表编号自动调出，企业无须填写 | |
| 委托方企业名称 | 必填项 | 由系统根据申请表编号自动调出，企业无须填写 | |
| 承揽方企业编码 | 必填项 | 由系统根据申请表编号自动调出，企业无须填写 | |
| 承揽方企业名称 | 必填项 | 由系统根据申请表编号自动调出，企业无须填写 | |
| 企业内部编号 | 必填项 | 20位字符内，录入本票发货单的企业自定义编号，该编号在企业内部应具有唯一性 | |
| 发货日期 | 必填项 | 8位 | 格式为年（4位）月（2位）日（2位） |
| 发货申请人 | 必填项 | 10位 | |

表 3－7　续表

| 字段名称 | 必填/非必填 | 其他说明 | 备注 |
|---|---|---|---|
| 申报日期 | 必填项 | 当企业进行“申报”操作时，由系统返填，企业无须填写 | |
| 收货日期 | 必填项 | | |
| 备注 | 非必填项 | 最多128位字符，可填写表格内项目未竟事宜 | |

4. 发货登记商品明细各项信息内容的填制。（见图 3－7）

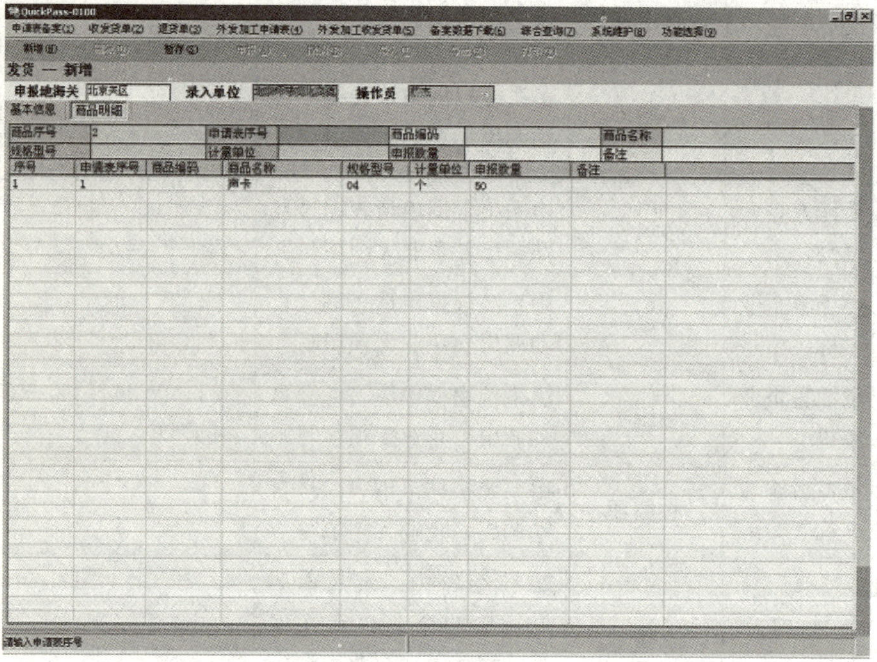


图 3－7　“发货登记商品明细”填制界面

**表 3－8　发货登记商品明细填制规范表**

| 字段名称 | 必填/非必填 | 其他说明 | 备注 |
|---|---|---|---|
| 商品序号 | 必填项 | 由系统自动调出，按顺序排列 | |
| 申请表序号 | 必填项 | 填写该商品在外发加工申请表表体中备案的序号；录入该项后，系统会自动从外发加工申请表中调出商品编码、商品名称、规格型号、计量单位等数据 | |
| 商品编码 | 非必填项 | 不允许企业填写及修改，从外发加工申请表中调出 | |
| 商品名称 | 必填项 | 不允许企业填写及修改，从外发加工申请表中调出 | |
| 规格型号 | 必填项 | 不允许企业填写及修改，从外发加工申请表中调出 | |
| 计量单位 | 必填项 | 不允许企业填写及修改，从外发加工申请表中调出 | |
| 申报数量 | 必填项 | | |
| 备注 | 非必填项 | 最多 128 位字符，可填写表格内项目未竟事宜 | |

5. 收货登记表头各项信息内容的填制。（见图 3－8）

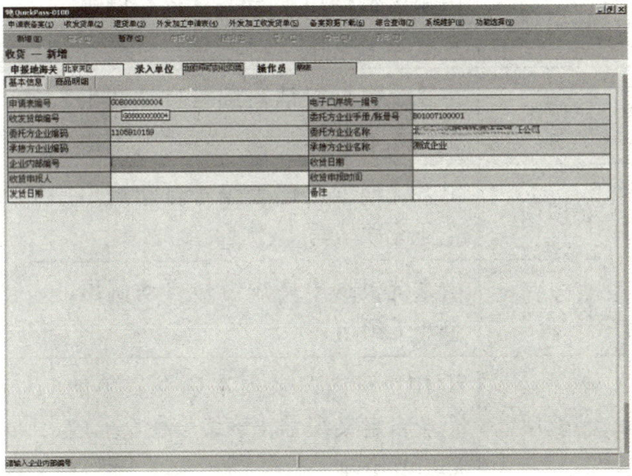

**图 3－8　“收货登记表头信息”填制界面**

表3－9　收货登记表头信息填制规范表

| 字段名称 | 必填/非必填 | 其他说明 | 备注 |
|---|---|---|---|
| 申请表编号 | 必填项 | 由委托方企业录入，录入后调出相关信息 | |
| 电子口岸统一编号 | 必填项 | 由系统返填，收发货企业无须填写 | 当委托方企业申报的收发货单发货登记入数据中心库成功，数据中心返给企业"电子口岸统一编号"，电子口岸统一编号为18位数字 |
| 收货单编号 | 必填项 | 由系统自动返填 | |
| 委托方企业手册/账册号 | 必填项 | 由系统根据申请表编号自动调出，企业无须填写 | |
| 委托方企业编号 | 必填项 | 由系统根据申请表编号自动调出，企业无须填写 | |
| 委托方企业名称 | 必填项 | 由系统根据申请表编号自动调出，企业无须填写 | |
| 承揽方企业编号 | 必填项 | 由系统根据申请表编号自动调出，企业无须填写 | |
| 承揽方企业名称 | 必填项 | 由系统根据申请表编号自动调出，企业无须填写 | |
| 企业内部编号 | 必填项 | 20位字符内，录入本票发货单的企业自定义编号，该编号在企业内部应具有唯一性 | |

表 3-9　续表

| 字段名称 | 必填/非必填 | 其他说明 | 备注 |
|---|---|---|---|
| 收货日期 | 必填项 | 8 位 | 格式为年（4 位）月（2 位）日（2 位） |
| 收货申请人 | 必填项 | 10 位企业代码 | |
| 收货申报日期 | 必填项 | 当企业进行“申报”操作时，由系统返填，企业无须填写 | |
| 发货日期 | 非必填项 | | |
| 备注 | 非必填项 | 最多 128 位字符，可填写表格内项目未竟事宜 | |

6. 收货登记商品各项信息内容的填制。（见图 3-9）

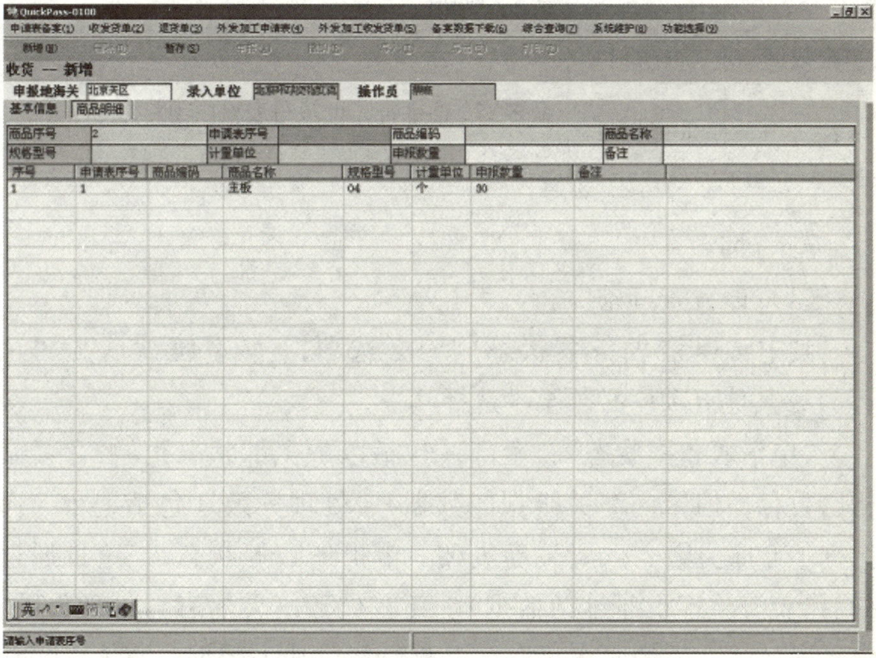


图 3-9　“收货登记商品信息”填制界面

表 3-10　收货登记商品信息填制规范表

| 字段名称 | 必填/非必填 | 其他说明 | 备注 |
|---|---|---|---|
| 商品序号 | 必填项 | 由系统自动调出，按顺序排列 | |
| 申请表序号 | 必填项 | 填写该商品在外发加工申请表表体中备案的序号；录入该项后，系统会自动从外发加工申请表中调出商品编码、商品名称、规格型号、计量单位等数据 | |
| 商品编码 | 非必填项 | 不允许企业填写及修改，从外发加工申请表中调出 | |
| 商品名称 | 必填项 | 不允许企业填写及修改，从外发加工申请表中调出 | |
| 规格型号 | 必填项 | 不允许企业填写及修改，从外发加工申请表中调出 | |
| 计量单位 | 必填项 | 不允许企业填写及修改，从外发加工申请表中调出 | |
| 申报数量 | 必填项 | | |
| 备注 | 非必填项 | 最多128位字符，可填写表格内项目未竟事宜 | |

7. 查询。

(1) 设置查询条件。

其中“申请表备案状态”为必选项，（系统默认为“全部”），其他五项中必须至少选择其一。

“申请表备案状态”：全部（包括以下全部状态）、暂存（是指已暂存，但未向海关申报的数据）、处理失败（包括退单、入数据中心库失败、入海关库失败、申报失败等状态）、审批通过（是指获海关审批通过的数据）、正在处理（除暂存、处理失败、审批通过状态外的所有状态，主要包括成功入数据中心库、成功发往海关、成功入海关库等状态）。

“企业内部编号”：可选项。

“电子口岸统一编号”：可选项。

“入/申报日期”：可选项。为时间段，开始日期与结束日期均默认为当天。

“申请表编号”：可选项。

“全部数据”：可选项。

（2）开始查询。（见图3－10）

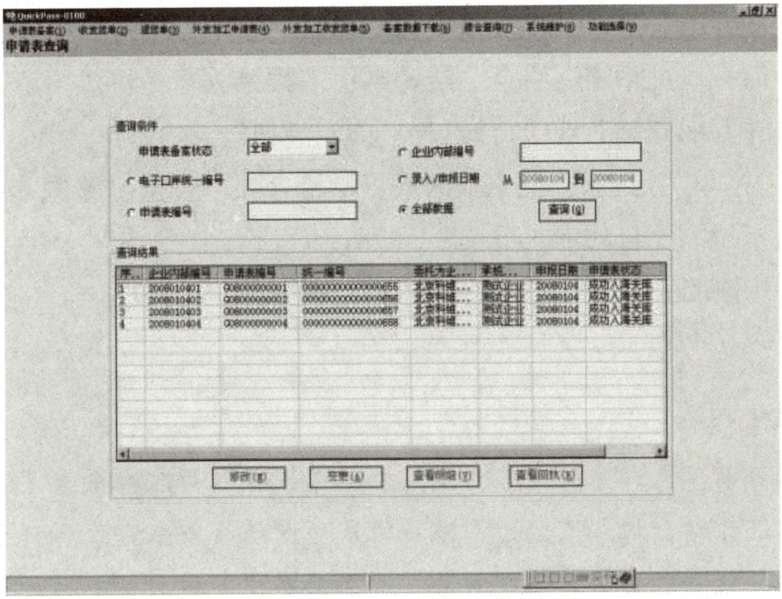


图3－10　开始查询界面

设置好查询条件后，单击“查询”按钮，查询结果即显示在查询结果列表框中。

（3）查看查询结果。

企业可根据数据的状态来进行相应的操作，状态说明的具体内容如下：

“暂存”：数据暂存在企业端，并没有向海关申报。

“数据申报成功”：是指数据向海关申报，并没有向数据中心发送。

“入数据中心库失败”：是指企业申报的数据被数据中心退单。

“成功入数据中心库”：是指企业申报的数据成功发往数据中心，入数据中心库成功，生成电子口岸统一编号。

“成功发往海关”：是指企业申报的数据，数据中心向海关审批系统转发成功。

“成功入海关库”：是指企业申报的数据入海关审批系统成功，海关审批系统返给企业结转申报表预录入号，在“申请表编号”中显示，请企业等待海关关员审批数据。

“退单”：是指企业申报的数据不符合要求，被海关退单或被海关审批系统自动审核退单。

“审批通过”：是指企业申报的数据海关审批通过。

**小贴士**

目前，大部分海关均已使用外发加工系统办理相关外发加工的海关手续，但如果因为系统故障或暂时还未安装系统等原因造成无法使用外发加工系统对外发加工业务进行管理的，可以采用纸质作业方式进行处理，等外发加工系统故障恢复正常运作后，企业再按照规定进行补录入，所以遇到系统故障不能录入时，企业不用着急，联系主管海关后即可妥善解决。

## 四、案例分析

周一一上班小宁就接到经理的电话，由于进入生产旺季，公司订单较多，公司周日下午临时将一部分注塑工序外发至××精密制造有限公司进行注塑加工，相应的加工合同和外发清单在生产部，由于适逢周末，生产部门周一才通知关务部门，经理询问小宁补办手续是否有问题。

电话里经理的语气比较着急，小宁向经理解释，目前海关外发加工的政策规定，货物首次外发之日起3个工作日内，向海关备案外发加工基本情况就可以了，所以现在立刻办理是不会有问题的。

向海关办理外发备案前，小宁认真准备了各项外发加工的相关资料，包括：

1. 外发加工合同（一式三份，其中标注违约金）。

根据向海关的咨询情况，小宁特别叮嘱了签订合同的同事，在合同中应有明确的合同号、签订日期、有效期、双方企业签章、外发工序、外发货物和准备回收货物的状态及外发数量和加工费用等内容。

2. 外发工序说明，注明单耗情况。

3. 双方生产能力证明材料。

4. 承揽企业的税务登记证，营业执照复印件，需加盖正本公章。

5. 外发运回协议，明确加工后是否运回本企业。

**小贴士**

目前，外发加工是通过外发加工系统进行电子备案的，以上材料需留存备查。

由于小宁公司的外发不属于全工序外发，因此，小宁不需要向公司申请保证金或者保函。

小宁通过外发加工系统录入“外发加工申请表”向海关申请备案。

外发备案完成后，小宁记录返回的申报表编号，同时根据实际外发发货及收回情况，小宁在外发加工系统中填报“保税货物外发加工收发货单”。

最后，小宁将外发备案情况反馈至生产部门，并提醒生产部门几个关键点不可以出错，如果发生问题及时告知关务部门：

1. 承揽企业不得将加工贸易货物再次外发至其他企业进行加工；

2. 由于电子备案的协议中是列明加工后全部运回，生产部门需确认运回情况；

3. 实际外发量不允许超过备案量。

## 第四节　联网企业深加工结转

### 一、了解深加工结转业务

外发加工业务终于也有条不紊地开展了，小宁在办公桌上的笔记本里，又备注了“外发加工注意点”，提醒自己别忘记了时间。

小宁打算到茶水间去倒杯咖啡，给自己提提神，正巧碰到资材部门的小丽：

“小宁，听说公司打算将一些材料改成国内采购，你们关务部门就可以喘口气啦！”

“是吗？我没听说啊，是什么材料啊？”

“好像还在谈呢，听说对方也有手册的，具体我也不清楚。”

“对方也有手册？不会是要改做深加工结转吧！”没想到下午一上班，小宁就真的接到了经理的通知，为降低成本及缩短收货时间，公司近期拟将部分料件的采购由国外直接进口转至从本地某企业采购，由于该料件为对方公司加工贸易电子化手册项下的保税成品，小宁建议公司按照深加工结转的方式报关进口。

加工贸易保税货物深加工结转，是指加工贸易企业将进口保税料件加工成成品或半成品后不直接出口，而是结转至另一加工贸易企业继续进行保税加工的经营活动。深加工结转是加工贸易企业之间进行上下游产业配套的重要进出口方式，越来越多的加工贸易企业通过深加工结转的方式从国内其他相关的加工贸易企业采购所需的生产原料、零件、配套部件。深加工结转手续简单，有效降低了企业生产、物流成本，更好地适应了企业发展的需求。

目前，深加工结转根据办理深加工结转申请手续的方式不同可以分为纸本作业模式和电子化作业模式。纸本作业模式是指申请企业持书面材料到海关申请办理深加工结转业务。电子化作业模式是加工贸易企业通过深加工结转管理系统办理深加工结转业务。但无论哪种模式，都要求结转的双方企业在进行保税货物结转前先向主管海关进行备案申请，经海关批准后才可以进行保税货物深加工结转。

### 小贴士

深加工结转系统与外发加工系统的整体流程类似，其主要区别为外发加工系统更为简单，只需要委托外发加工的经营单位完成申报，承揽企业无须使用系统办理业务，并且不涉及报关单申报。而深加工结转系统需要转入转出企业共同进行系统申报，且需要最终申报成对应的报关单。

## 二、深加工结转准备事项

根据“攻略”的提示，小宁把办理深加工结转业务的准备工作分为四部分。

### （一）了解本企业申请深加工结转的具体情况

小宁在本子上把这部分的关键词总结为：对方企业名称、对方企业手册号、结转商品、对方企业联系人。

### （二）了解是否符合深加工结转的基本要求

对于存在下列五种情形之一的加工贸易企业，海关将不予受理其深加工结转申请：

1. 不符合海关监管要求，被海关责令限期整改，在整改期内的。
2. 有逾期未报核加工贸易手册的。
3. 未按照规定填制结转货物收发货单的。
4. 涉嫌走私已被海关立案调查，尚未结案的。
5. 转出或转入企业为D类企业的（失信企业）。

加工贸易企业未按照海关规定进行收发货的，不得再次办理深加工结转手续。

### （三）了解是否需要提供担保

如果企业涉嫌违规已被海关立案调查，尚未结案的，企业可能需要提供风险担保金或保函后，才可以办理深加工结转。

## 三、如何顺利完成深加工结转申报（电子化结转模式）

电子化作业模式是转入转出加工贸易企业各自通过深加工结转管理系统申报结转备案，经双方主管海关备案后，办理实际收发货和报关手续的深加工结转业务。该业务模式下，主管海关通过计算机系统对企业申报的数据实行网上备案、审核。

小宁准备好资料后，就开始办理深加工结转的网上备案手续。小宁把整个手续简单梳理了一下制作了个流程图：（图3－11）

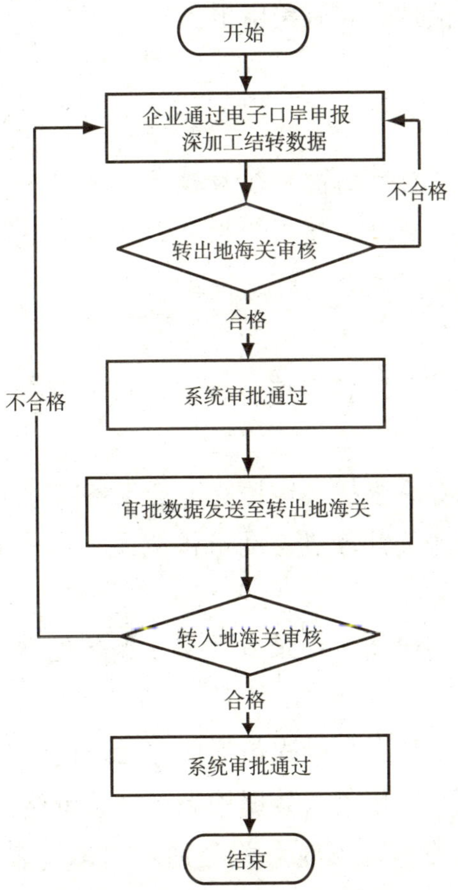


图3－11 电子化作业流程图

### （一）办理结转申请表

转出、转入企业结转时应向各自主管海关申请“中华人民共和国海关加工贸易保税货物深加工结转申请表”（以下简称“申请表”）电子数据备案。

1. 转出企业通过电子口岸预录入系统录入结转申请表电子数据后向海关申报，并将该份结转申请表的预录入号通知转入企业，转入企业通过电子口岸预录入系统调取相应结转“申请表”继续录入相关电子数据，并检查双方企业所录数据是否统一、合理，转入企业录入并检查后向海关申报。

**海关提醒**

结转货物的商品编码前8位应保持一致，如出现结转货物商品编码前8位不一致时，转出、转入企业需积极协调解决。结转商品数量、计量单位应当一致或折算一致。

2. 申报企业修改结转申请表备案预录入数据，必须符合以下条件：

（1）数据保存后未提交申报，即处于备案预录入状态；

（2）申报后海关计算机自动审核或人工审核退单，即处于备案退单状态。

3. 企业对结转申请表预录入数据作删除处理，必须符合以下条件：

（1）保税货物转出预录入数据保存后未提交申报；

（2）结转双方的预录入数据均未经海关审核通过。

4. 转出地海关与转入地海关分别对“申请表”审核通过后，转入、转出企业即可办理结转收发货登记及报关手续。

**海关提醒**

企业深加工结转收发货登记的申报时限：

（1）转出、转入企业应当分别在每批实际发货及收货后10天内通过预录入系统向海关申报“保税货物深加工结转收发货单”或“保税货物深加工结转退货单”。

（2）因技术原因导致无法在规定时限内申报“保税货物深加工结转收发货单”及“保税货物深加工结转退货单”的，经主管海关同意可适当延长申报时限，但最长不超过20天。

### （二）结转报关手续

转入、转出企业应当在实际收发货的次月底前办结该批货物的报关手续，但不得超过手册有效期或核销截止日期。

1. 结转进口、出口报关的申报价格为结转货物的实际成交价格。

2. 结转申请表编号应填入结转进口、出口报关单的“随附单证”栏内。报关单所填写的关联手册号及关联报关单号应相互对应。

3. 随附单证代码：输入“K”（深加工结转代码）。

### （三）系统录入介绍

以目前应用较为广泛的电子口岸预录入端为例，企业应按照以下填制规范进行填写，用其他预录入端的，可作参照。

1. 录入转出申请表

（1）转出企业在录入转出申请表时需填写的基本信息。（图3－12）

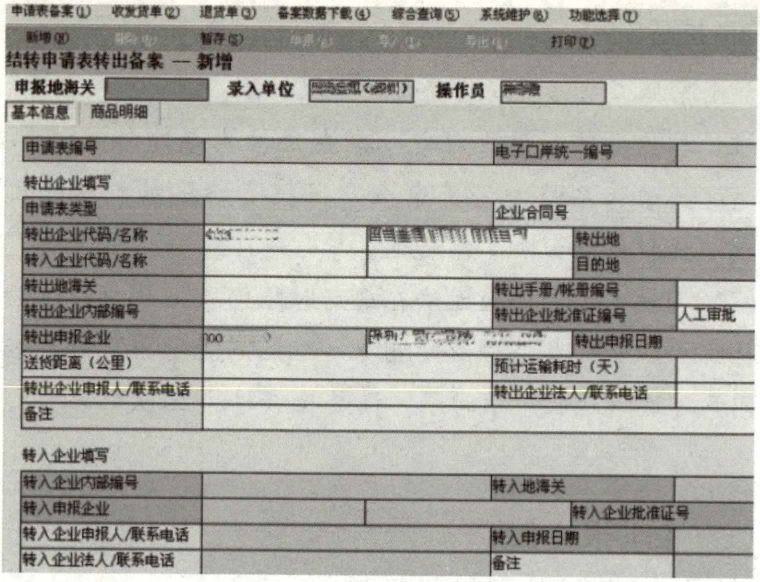


**图 3－12　“转出企业录入申请表”填制界面**

**表 3－11　转出企业录入申请表填制规范表**

| 字段名称 | 必填/非必填 | 其他说明 | 备注 |
|---|---|---|---|
| 申报地海关 | 填写 4 位关区代码 | | 预录入时可为空 |
| 申请表编号 | 填写 12 位编号 | 预录入时显示为空，备案通过后由系统自动生成 | 编号规则 |
| 电子口岸统一编号 | 填写 18 位编号 | 申请表转出数据预录入完毕并成功发送至电子口岸后自动生成 | 该编号必须由转出企业告知转入企业 |
| 申请表类型 | 必填项 | 分为两种，即“保税货物深加工结转”和“出口加工区货物深加工结转” | |
| 企业合同号 | 非必填项 | 由转出企业按实际情况填写，最长 20 个字符结转双方合同号应相同 | 可为空 |

表 3－11　续表 1

| 字段名称 | 必填/非必填 | 其他说明 | 备注 |
|---|---|---|---|
| 转出企业代码/名称 | 必填项 | 填写 10 位企业代码 | 预录入时系统自动检索中文名称 |
| 转出地 | 必填项 | 填写 5 位地区代码 | 预录入时系统自动检索中文名称 |
| 转入企业代码/名称 | 必填项 | 填写 10 位企业代码 | 预录入时系统自动检索中文名称 |
| 目的地 | 必填项 | 填写 5 位地区代码 | 必填项 |
| 转出地海关 | 必填项 | 填写 4 位关区代码 | |
| 转出手册/账册编号 | 必填项 | 填写 12 位加工贸易手册、电子手册或电子账册编号，须为 B、C 类手册，E 型电子账册或出口加工区 H 型账册 | 出口加工区 H 型账册编号第 6 位不得为 D |
| 转出企业内部编号 | 必填项 | 转出企业内部自行编号，最长 20 个字符，但同一企业内部编号不得重复 | |
| 转出企业批准证编号 | 必填项 | 商务部门批准证编号，最长 20 个字符 | 预录入时默认显示“人工审批”，可按实际编号填写 |
| 转出申报企业 | 必填项 | 填写 10 位企业代码，为转出申请表数据预录入并向海关申报的单位 | 预录入时系统自动检索中文名称 |
| 转出申报日期 | 非必填项 | 自动置入预录入数据申报后成功进入电子口岸数据库的当天日期 | 预录入时显示为空，不可手工更改 |
| 送货距离（千米） | 非必填项 | 预计送货距离 | 可为空 |
| 预计运输耗时（天） | 非必填项 | 预计运输所需天数 | 可为空 |

表 3 – 11 续表 2

| 字段名称 | 必填/非必填 | 其他说明 | 备注 |
|---|---|---|---|
| 转出企业申报人及联系电话 | 非必填项 | 申报人姓名及联系电话 | 最长 20 个字符，可为空 |
| 转出企业法人及联系电话 | 非必填项 | 企业法人代表姓名及联系电话 | 最长 64 个字符，可为空 |
| 备注 | 非必填项 | 其他需要向海关说明的事项 | 最长 128 个字符（64 个汉字），可为空 |

（2）转出企业在录入转出申请表时填写商品明细信息。（图 3 – 13）

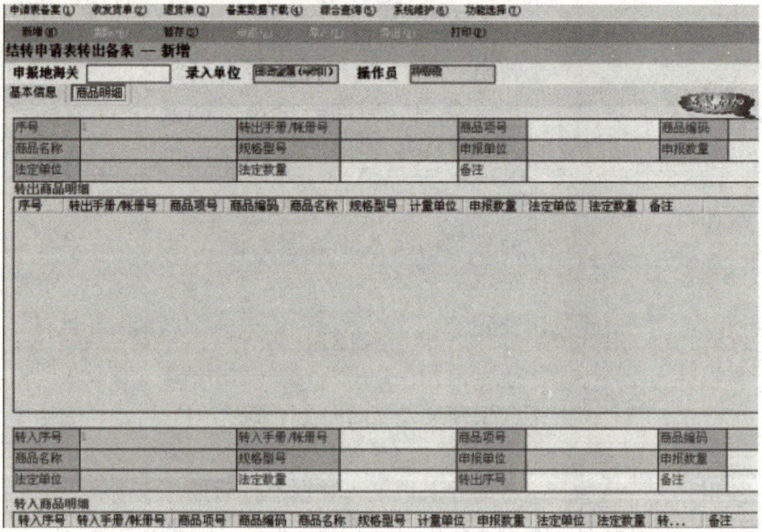


图 3 – 13 “转出企业录入转出申请”填写界面

表 3 - 12　转出企业录入转出申请填写规范表

| 字段名称 | 必填/非必填 | 其他说明 | 备注 |
|---|---|---|---|
| 序　号 | 必填项（自动生成） | 自动按自然数从 1 开始编号，商品数不限 | 当申请表数据处于未申报或退单修改状态时，可手工删除整项数据记录，并自动重新按顺序编号 |
| 转出手册号/账册号 | 必填项 | 系统默认与基本信息的“转出手册/账册号”相同 | |
| 商品项号 | 必填项 | 转出手册/账册中的商品项号 | 转出与转入商品数可以不一致，同一商品项号在申请表中允许重复录入 |
| 商品编码 | 必填项（自动生成） | 在填写商品项号后，自动从转出手册/账册中读取商品编码，不允许更改 | |
| 商品名称 | 必填项（自动生成） | 在填写商品项号后，自动从转出手册/账册中读取商品名称，不允许更改 | |
| 规格型号 | 必填项（自动生成） | 在填写商品项号后，自动从转出手册/账册中读取规格型号，不允许更改 | |
| 申报计量单位 | 必填项（自动生成） | 在填写商品项号后，自动从转出手册/账册中读取申报计量单位，不允许更改 | |
| 申报数量 | 非必填项 | 转出商品备案数量，不允许为 0 | 当预录入数据处于未申报或退单修改状态时，可手工更改 |

表 3－12　续表

| 字段名称 | 必填/非必填 | 其他说明 | 备注 |
|---|---|---|---|
| 法定计量单位 | 必填项（自动生成） | 根据商品编码，自动读取综合分类表中的法定计量单位，以中文显示，不可手工更改 | |
| 法定数量 | 非必填项 | | 可为空 |
| 备注 | 非必填项 | 其他需要向海关说明的事项 | 可为空，最长128个字符（64个汉字） |

2. 录入转入申请表

（1）转入企业在录入转出申请表时填写的基本信息。（图 3－14）

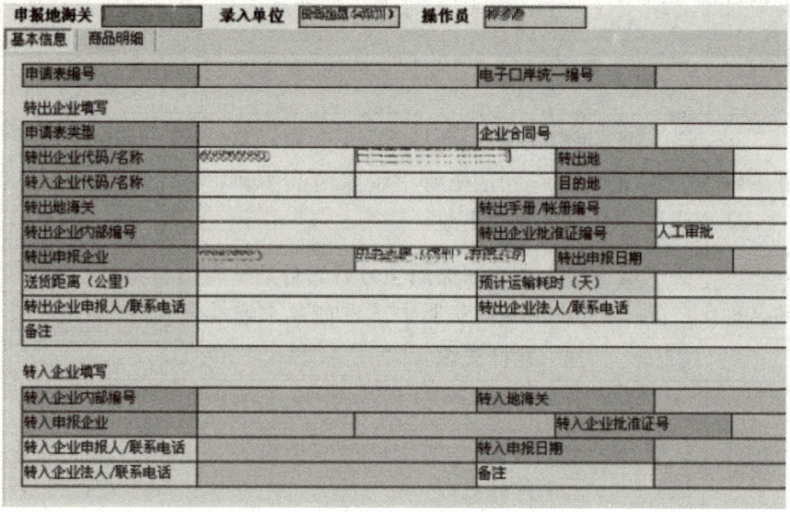


图 3－14　录入“转入申请表界面”

①至电子口岸后自动生成。转入企业必须录入该编号调阅转出数据并录入转入数据。

②其他项目包括：转入企业内部编号、转入地海关、转入申报企业、转入企业批准证编号、转入企业申报人及联系电话、转

入申报日期、转入企业法人及联系电话、备注等。

③填制规范参照转出申请表。

（2）转入企业在录入转入申请表时填写商品明细信息。

①转入手册/账册号：必填项。必须为B、C类手册或E型电子账册。可填写多本转入手册/账册。

②转出序号：必填项。申请表转出商品明细中对应的商品“序号”。申请表结转双方商品项，必须相互都有关联，不允许出现无关联转出项的转入项或无关联转入项的转出项。

③其他项目包括：转入序号、商品项号、商品编码、商品名称、规格型号、申报单位、申报数量、法定单位、法定数量、备注等。

④填制规范参照转出申请表。

**海关提醒**

一份申请表对应一份转出手册（包括联网监管电子账册、电子化手册、纸质手册等电子底账，下同）和一份转入手册。

申请表从转入地海关审核通过之日起生效，申请表有效期不得超过手册有效期或核销截止日期，且最长不得超过一年，逾期不能收发货和退货。

备案申请表时，联网企业申请表无须报备数量。

3. 录入结转收发货单

（1）结转收发货单基本信息的填制。（图3-15）

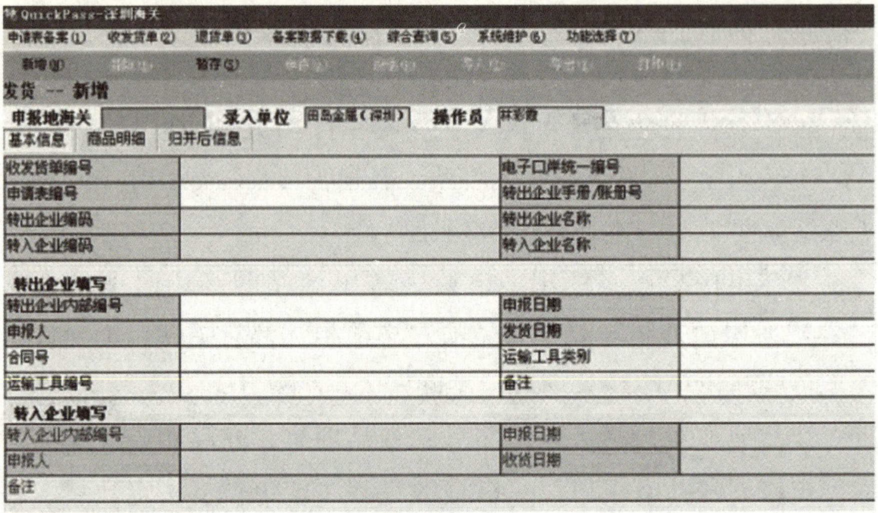


图 3－15 “结转收发货单”填制界面

表 3－13 结转收发货单填制规范表

| 字段名称 | 必填/非必填 | 其他说明 | 备注 |
|---|---|---|---|
| 收发货单编号 | 必填项（自动生成） | 由系统返填，发货企业无须填写 | 当海关审批通过后，返回企业收发货单编号 |
| 电子口岸统一编号 | 必填项（自动生成） | 由系统返填，发（收）货企业无须填写 | 当发货企业申报的收发货单发货登记入数据中心库成功后，数据中心返回给企业“电子口岸统一编号”，电子口岸统一编号为 18 位数字 |
| 申请表编号 | 必填项（人工填写） | 由发货企业录入，录入后调出相关信息 | |
| 转出企业手册/账册号 | 必填项（自动生成） | 由系统根据申请表编号自动调出，企业无须填写 | |

表 3－13　续表

| 字段名称 | 必填/非必填 | 其他说明 | 备注 |
|---|---|---|---|
| 转出企业编码 | 必填项（自动生成） | 由系统根据申请表编号自动调出，企业无须填写 | |
| 转出企业名称 | 必填项（自动生成） | 由系统根据申请表编号自动调出，企业无须填写 | |
| 转入企业编码 | 必填项（自动生成） | 由系统根据申请表编号自动调出，企业无须填写 | |
| 转入企业名称 | 必填项（自动生成） | 由系统根据申请表编号自动调出，企业无须填写 | |

（2）发货登记表头各项信息内容的填制规范。

表 3－14　发货登记表头填制规范表

| 字段名称 | 必填/非必填 | 其他说明 | 备注 |
|---|---|---|---|
| 转出企业内部编号 | 必填项（人工填写） | 20 位字符内，录入本票收发货单的企业自定义编号，该编号在企业内部应具有唯一性 | |
| 申报日期 | 必填项（自动生成） | 当企业进行“申报” | 操作时，由系统返填，企业无须填写 |
| 申报人 | 必填项（人工填写） | 10 位字符内 | |
| 发货日期 | 必填项（人工填写） | 8 位字符，格式为年（4 位）月（2 位）日（2 位） | |
| 合同号 | 非必填项 | 20 位字符内 | |
| 运输工具类别 | 非必填项 | 2 位字符 | |
| 运输工具编号 | 非必填项 | 32 位字符内 | |
| 备注 | 非必填项 | 128 位字符（64 个汉字）内，可填写表格内项目未竟事宜 | |

（3）发货登记商品明细各项信息内容的填制规范。

**表3－15 发货登记商品明细填制规范表**

| 字段名称 | 必填/非必填 | 其他说明 | 备注 |
|---|---|---|---|
| 序号 | 必填项（自动生成） | 由系统自动调出，按顺序排列 | |
| 申请表序号 | 必填项（人工填写） | 填写将发货的商品信息在结转申请表表体的序号；录入该项后，系统会自动从结转申请表中调出项号、商品编码、商品名称、规格型号、申报单位等数据 | |
| 料号 | 必填项（人工填写） | 根据企业的手册/账册信息，如果是有料号级数据的手册/账册，该项被激活 | 企业可根据当地主管海关的要求，按料号或HS编码申报收发货明细数据，如按HS编码申报，该项可不填 |
| 归并前商品名称 | 必填项（自动生成） | 不允许企业填写及修改，从手册/账册中调出 | |
| 归并前规格型号 | 必填项（自动生成） | 不允许企业填写及修改，从手册/账册中调出 | |
| 项号 | 必填项（自动生成） | 不允许企业填写及修改，从结转申请表中调出 | |
| 商品编码 | 必填项（自动生成） | 不允许企业填写及修改，从结转申请表中调出 | |
| 商品名称 | 必填项（自动生成） | 不允许企业填写及修改，从结转申请表中调出 | |
| 规格型号 | 必填项（自动生成） | 不允许企业填写及修改，从结转申请表中调出 | |

表 3-15　续表

| 字段名称 | 必填/非必填 | 其他说明 | 备注 |
|---|---|---|---|
| 交易单位 | 必填项（人工填写） | 为企业实际成交计量单位 | 可直接录入单位代码或从单位代码表中选择 |
| 交易数量 | 必填项（人工填写） | | |
| 申报单位 | 必填项（自动生成） | 不允许企业填写及修改，从结转申请表中调出 | |
| 申报数量 | 必填项（人工填写） | | |
| 备注 | 非必填项 | 128 位字符（64 个汉字）内，可填写表格内项目未竟事宜 | |

（4）收货登记表头各项信息内容的填制规范。

表 3-16　收货登记表头填制规范表

| 字段名称 | 必填/非必填 | 其他说明 | 备注 |
|---|---|---|---|
| 转入企业内部编号 | 必填项（人工填写） | 20 位字符内，录入本票收发货单的企业自定义编号，该编号在企业内部应具有唯一性 | |
| 申报日期 | 必填项（自动生成） | 当企业进行“申报” | 操作时，由系统返填，企业无须填写 |
| 申报人 | 必填项（人工填写） | 10 位字符内 | |
| 收货日期 | 必填项（人工填写） | 8 位字符，格式为 | 年（4 位） |
| 备注 | 非必填项 | 128 位字符（64 个汉字）内，可填写表格内项目未竟事宜 | |

（5）收货登记商品明细各项信息内容的填制规范。

**表3－17　收货登记商品明细填制规范表**

| 字段名称 | 必填/非必填 | 其他说明 | 备注 |
|---|---|---|---|
| 序　号 | 必填项（自动生成） | 由系统自动调出，按顺序排列 | |
| 申请表序号 | 必填项（人工填写） | 填写收货的商品信息在结转申请表表体的序号；录入该项后，系统会自动从结转申请表中调出项号、商品编码、商品名称、规格型号、申报单位等数据 | |
| 手册/账册号 | 必填项（自动生成） | 不允许企业填写及修改，从结转申请表中调出 | |
| 料　号 | 必填项（人工填写） | 根据企业的手册/账册信息，如果是有料号级数据的手册/账册，该项被激活 | 企业可根据当地主管海关的要求，按料号或HS编码申报收发货明细数据，如按HS编码申报，该项可不录入 |
| 归并前商品名称 | 必填项（自动生成） | 不允许企业填写及修改，从手册/账册中调出 | |
| 归并前规格型号 | 必填项（自动生成） | 不允许企业填写及修改，从手册/账册中调出 | |
| 收货序号 | 必填项（人工填写） | 填写该项商品在收货登记表体中对应的序号 | |
| 项号 | 必填项（自动生成） | 不允许企业填写及修改，从结转申请表中调出 | |
| 商品编码 | 必填项（自动生成） | 不允许企业填写及修改，从结转申请表中调出 | |
| 商品名称 | 必填项（自动生成） | 不允许企业填写及修改，从结转申请表中调出 | |

表 3－17　续表

| 字段名称 | 必填/非必填 | 其他说明 | 备注 |
| --- | --- | --- | --- |
| 规格型号 | 必填项（自动生成） | 不允许企业填写及修改，从结转申请表中调出 | |
| 交易单位 | 必填项（人工填写） | 为企业实际成交计量单位 | 必须与发货企业申报的交易单位一致 |
| 交易数量 | 必填项（人工填写） | | |
| 申报单位 | 必填项（自动生成） | 不允许企业填写及修改，从结转申请表中调出 | |
| 申报数量 | 必填项（人工填写） | | |
| 备注 | 非必填项 | 128 位字符（64 个汉字）内，可填写表格内项目未竟事宜 | |

4. 填制结转退货单

（1）结转退货单基本信息的填制规范。

表 3－18　结转退货单填制规范表

| 字段名称 | 必填/非必填 | 其他说明 | 备注 |
| --- | --- | --- | --- |
| 退货单编号 | 必填项（人工填写） | 由系统返填，退货企业无须填写 | 海关审批通过后，返给企业退货单编号 |

表 3－18　续表

| 字段名称 | 必填/非必填 | 其他说明 | 备注 |
|---|---|---|---|
| 电子口岸统一编号 | 必填项（自动生成） | 由系统返填，退货企业无须填写 | 当退货企业申报的退货单退货登记入数据中心库成功后，数据中心返给企业“电子口岸统一编号”，电子口岸统一编号为 18 位数字 |
| 申请表编号 | 必填项（人工填写） | 由退货企业录入，录入后调出相关信息 | |
| 转出企业手册/账册号 | 必填项（自动生成） | 由系统根据申请表编号自动调出，企业无须填写 | |
| 转出企业编码 | 必填项（自动生成） | 由系统根据申请表编号自动调出，企业无须填写 | |
| 转出企业名称 | 必填项（自动生成） | 由系统根据申请表编号自动调出，企业无须填写 | |
| 转入企业编码 | 必填项（自动生成） | 由系统根据申请表编号自动调出，企业无须填写 | |
| 转入企业名称 | 必填项（自动生成） | 由系统根据申请表编号自动调出，企业无须填写 | |

（2）退货登记表头各项信息内容的填制规范。

表 3－19　退货登记表头填制规范表

| 字段名称 | 必填/非必填 | 其他说明 | 备注 |
|---|---|---|---|
| 退货企业内部编号 | 必填项（人工填写） | 20 位字符内，录入本票收发货单的企业自定义编号，该编号在企业内部应具有唯一性 | |

表 3－19　续表

| 字段名称 | 必填/非必填 | 其他说明 | 备注 |
| --- | --- | --- | --- |
| 申报日期 | 必填项（自动生成） | 当企业进行“申报” | 操作时，由系统返填，企业无须填写 |
| 申报人 | 必填项（人工填写） | 10 位字符内 | |
| 退货日期 | 必填项（人工填写） | 8 位字符，格式为年（4 位）月（2 位）日（2 位） | |
| 合同号 | 非必填项 | 20 位字符内 | |
| 运输工具类别 | 非必填项 | 2 位字符 | |
| 运输工具编号 | 非必填项 | 32 位字符内 | |
| 备注 | 非必填项 | 128 位字符（64 个汉字）内，可填写表格内项目未竟事宜 | |

（3）退货登记商品明细各项信息内容的填制规范。

表 3－20　退货登记商品明细填制规范表

| 字段名称 | 必填/非必填 | 其他说明 | 备注 |
| --- | --- | --- | --- |
| 序号 | 必填项（自动生成） | 由系统自动调出，按顺序排列 | |
| 申请表序号 | 必填项（人工填写） | 填写退货的商品信息在结转申请表表体的序号；录入该项后，系统会自动从结转申请表中调出项号、商品编码、商品名称、规格型号、申报单位等数据 | |
| 手册/账册号 | 必填项（自动生成） | 不允许企业填写及修改，从结转申请表中调出 | |

表 3 - 20　续表 1

| 字段名称 | 必填/非必填 | 其他说明 | 备注 |
|---|---|---|---|
| 料号 | 必填项（人工填写） | 根据企业的手册/账册信息，如果是有料号级数据的手册/账册，该项被激活 | 企业可根据当地主管海关的要求，按料号或 HS 编码申报退货明细数据，如按 HS 编码申报，该项可不录入 |
| 归并前商品名称 | 必填项（自动生成） | 不允许企业填写及修改，从手册/账册中调出 | |
| 归并前规格型号 | 必填项（自动生成） | 不允许企业填写及修改，从手册/账册中调出 | |
| 项号 | 必填项（自动生成） | 不允许企业填写及修改，从结转申请表中调出 | |
| 商品编码 | 必填项（自动生成） | 不允许企业填写及修改，从结转申请表中调出 | |
| 商品名称 | 必填项（自动生成） | 不允许企业填写及修改，从结转申请表中调出 | |
| 规格型号 | 必填项（自动生成） | 不允许企业填写及修改，从结转申请表中调出 | |
| 交易单位 | 必填项（人工填写） | 为企业实际成交计量单位 | 可直接录入单位代码或从单位代码表中选择 |
| 交易数量 | 必填项（人工填写） | | |
| 申报单位 | 必填项（自动生成） | 不允许企业填写及修改，从结转申请表中调出 | |

表 3－20　续表 2

| 字段名称 | 必填/非必填 | 其他说明 | 备注 |
|---|---|---|---|
| 申报数量 | 必填项（人工填写） | | |
| 备注 | 非必填项 | 128 位字符（64 个汉字）内，可填写表格内项目未竟事宜 | |

（4）收退货单基本信息内容的填制规范。

表 3－21　收退货单填制规范表

| 字段名称 | 必填/非必填 | 其他说明 | 备注 |
|---|---|---|---|
| 收退货单编号 | 必填项（人工填写） | 收退货企业录入退货企业告知的“退货单编号”，调出退货企业的退货登记信息 | |
| 电子口岸统一编号 | 必填项（自动生成） | 由系统返填 | |
| 申请表编号 | 必填项（人工填写） | 由收退货企业录入，录入后调出相关信息 | |
| 转出企业手册/账册号 | 必填项（自动生成） | 由系统根据申请表编号自动调出，企业无须填写 | |
| 转出企业编号 | 必填项（自动生成） | 由系统根据申请表编号自动调出，企业无须填写 | |
| 转出企业名称 | 必填项（自动生成） | 由系统根据申请表编号自动调出，企业无须填写 | |
| 转入企业编号 | 必填项（自动生成） | 由系统根据申请表编号自动调出，企业无须填写 | |
| 转入企业名称 | 必填项（自动生成） | 由系统根据申请表编号自动调出，企业无须填写 | |

（5）收退货登记表头各项信息内容的填制。

表 3-22　收退货登记表填制规范表

| 字段名称 | 必填/非必填 | 其他说明 | 备注 |
|---|---|---|---|
| 收退货企业内部编号 | 必填项（人工填写） | 20 位字符内，录入本票收退货单的企业自定义编号，该编号在企业内部应具有唯一性 | |
| 申报日期 | 必填项（自动生成） | 当企业进行“申报” | 操作时，由系统返填，企业无须填写 |
| 申报人 | 必填项（人工填写） | 10 位字符内 | |
| 收退货日期 | 必填项（人工填写） | 8 位字符，格式为 | 年（4 位） |
| 备注 | 非必填项 | 128 位字符（64 个汉字）内，可填写表格内项目未竟事宜 | |

（6）收退货登记商品明细各项信息内容的填制规范。

表 3-23　收退货登记商品明细填制规范表

| 字段名称 | 必填/非必填 | 其他说明 | 备注 |
|---|---|---|---|
| 序号 | 必填项（自动生成） | 由系统自动调出，按顺序排列 | |
| 申请表序号 | 必填项（人工填写） | 填写收退货的商品信息在结转申请表表体的序号；录入该项后，系统会自动从结转申请表中调出项号、商品编码、商品名称、规格型号、申报单位等数据 | |
| 料号 | 必填项（人工填写） | 根据企业的手册/账册信息，如果是有料号级数据的手册/账册，该项被激活 | 企业可根据当地主管海关的要求，按料号或 HS 编码申报收发货明细数据，如按 HS 编码申报，该项可不录入 |

表 3-23　续表

| 字段名称 | 必填/非必填 | 其他说明 | 备注 |
| --- | --- | --- | --- |
| 归并前商品名称 | 必填项（自动生成） | 不允许企业填写及修改，从手册/账册中调出 | |
| 归并前规格型号 | 必填项（自动生成） | 不允许企业填写及修改，从手册/账册中调出 | |
| 收退货序号 | 必填项（人工填写） | 填写该项商品在收退货登记表体中对应的序号，如果该项商品在退货登记中只对应一条记录，那么该序号自动返填，如果该项商品在退货登记中对应多条记录，那么企业需从退货序号列表中选择 | |
| 项号 | 必填项（自动生成） | 不允许企业填写及修改，从结转申请表中调出 | |
| 商品编码 | 必填项（自动生成） | 不允许企业填写及修改，从结转申请表中调出 | |
| 商品名称 | 必填项（自动生成） | 不允许企业填写及修改，从结转申请表中调出 | |
| 规格型号 | 必填项（自动生成） | 不允许企业填写及修改，从结转申请表中调出 | |
| 交易单位 | 必填项（人工填写） | 为企业实际成交计量单位 | 必须与退货企业申报的交易单位一致 |
| 交易数量 | 必填项（人工填写） | | |
| 申报单位 | 必填项（自动生成） | 不允许企业填写及修改，从结转申请表中调出 | |
| 申报数量 | 必填项（人工填写） | | |
| 备注 | 非必填项 | 128 位字符（64 个汉字）内，可填写表格内项目未竟事宜 | |

### （四）异常数据处理小诀窍

1. 如出现结转货物商品编码前8位不一致，且转出、转入企业无法协调情况的，转出、转入企业应及时反馈各自主管海关，由转出、转入地主管海关按规定协调解决。

2. 海关对“申请表”及其具体内容进行暂停处理的，在暂停期间企业不能进行收发货。

3. 结转货物报关后企业申请退货的，由转入地海关通知转出地海关按照《中华人民共和国海关进出口货物报关单修改和撤销管理办法》（海关总署令第220号）先修改或撤销有关出口报关单，转入地海关再修改或撤销对应的进口报关单。

4. 联网监管企业未能在周期到期后30天完成预报核的，深加工结转电子化作业模式下，深加工结转管理系统会对账册报核情况进行自动识别，如果未能进行正常系统操作的，企业可以联系主管海关解决。

## 第五节　联网企业销毁处置

### 一、了解销毁处置

接到报关公司深加工结转报关完成的通知，小宁下班回到家，懒懒地猫在沙发里，刷着朋友圈。总体来说，现在的小宁，可比刚工作那会儿从容多了，按照小宁的话来说，就是“学到的知识多了，感觉人就有底气多了”。

朋友圈一路点赞回复完成，小宁习惯性地拿出“攻略”打算再研究研究，忽然其中的“销毁业务”四个字让小宁眼前一亮，

“公司好像打算处理一批残次品，财务部一直在说补税税款太高，销毁处置是不是可以帮公司省下不少银子呢，只是这销毁处置别像传说中的放弃那么难就好了”！

原来销毁业务是近期新增的一项加工贸易处置业务，根据《中华人民共和国海关关于加工贸易边角料、剩余料件、残次品、副产品和受灾保税货物的管理办法》（海关总署令第111号，218号修改）的规定“加工贸易企业因故无法内销或者退运的边角料、剩余料件、残次品、副产品或者受灾保税货物，由加工贸易企业委托具有法定资质的单位进行销毁处置，海关凭相关单证、处置单位出具的接收单据和处置证明等资料办理核销手续”。

根据《关于加工贸易货物销毁处置有关问题的公告》（海关总署公告2014年第33号）的要求，加工贸易货物销毁处置，是指加工贸易企业对因故无法内销或者退运的边角料、剩余料件、残次品、副产品或者受灾保税货物，向海关申报，委托具有法定资质的单位，采取焚烧、填埋和用其他无害化方式，改变货物物理、化学和生物等特性的处置活动。

看完销毁业务的基本概述，小宁觉得公司处理这批卖也卖不出去的残次品如果能走销毁处置的方式，肯定能省不少税款，便决定第二天一上班就去向公司建议。

## 二、办理销毁业务准备事项

公司综合考虑后，同意小宁向海关申请销毁处置，小宁开始积极准备申请销毁处置工作。

### （一）了解加工贸易销毁处置的基本规定

### （二）了解本企业计划申请销毁处置的具体需求

小宁公司该批残次品为液晶面板的残次品，总公司不希望该批残次品流入市场，企业初步决定采用“焚烧”的销毁处置方式，公司联系了具备销毁处置资质的某销毁处置公司，拿到了该公司的资质证明，签订了委托销毁意向。

### （三）分析本公司计划申请销毁处置的加工贸易保税货物可能存在的问题

1. 计划申请销毁处置的货物是否符合相关规定。

小宁将公司的销毁处置意向与海关加工贸易监管部门进行了沟通咨询。

**海关提醒**

企业存在下列情形之一的，企业不能申请办理保税货物的销毁处置：

1. 保税货物销毁处置方式不符合海关规定的；

2. 销毁处置单位的资质证明不符合海关要求的；

3. 企业申报销毁处置的保税货物涉嫌走私、违规，已被海关立案调查、侦查，且案件未审结的；

4. 法律、行政法规、规章的规定有其他要求的。

2. 根据实际情况，选择合适的销毁处置方式，注意分析是否可能产生残值。

3. 销毁处置中可能发生的税、费用支出。

4. 销毁处置单位是否具备相关资质。

5. 根据账册周期情况，分析是否能及时完成销毁处置手续。

**海关提醒**

根据企业提出的销毁申请，海关可能会开展下厂实地核查，企业应在提交申请前做好相应的准备工作，配合核查的开展。

**（四）准备申请销毁处置的相关资料**

1. 根据处置后是否有收入选择填报“海关加工贸易货物销毁处置申报表（销毁处置后有收入）”（表3－24）或“海关加工贸易货物销毁处置申报表（销毁处置后无收入）”（表3－25）。小宁公司由于拟采用的是“焚毁”的方式，不会产生收入，因此小宁本次填写的是“海关加工贸易货物销毁处置申报表（销毁处置后无收入）”。

**表 3－24　海关加工贸易货物销毁处置申报表**

**（销毁处置后有收入）**

海关编号：

<table>
<tr><td colspan="2">加工贸易企业名称</td><td colspan="2"></td><td colspan="2">海关注册编码</td><td>地址</td><td></td><td>联系电话</td><td></td></tr>
<tr><td colspan="2">销毁处置单位名称</td><td colspan="2"></td><td colspan="2">资质文号</td><td>地址</td><td></td><td>联系电话</td><td></td></tr>
<tr><td colspan="2">手(账)册号</td><td colspan="2"></td><td colspan="6">有效期(核销周期)　　年　　月　　日至　　年　　月　　日</td></tr>
<tr><td colspan="2">销毁处置货物类型(勾选)<br>及各类货物总值(人民币)</td><td colspan="8">□ 边角料　(￥　　　)；□ 副产品(￥　　　)；<br>□ 剩余料件(￥　　　)；□ 残次品(￥　　　)。</td></tr>
<tr><td colspan="10">销毁处置方式：□焚烧　□填埋　□粉碎　　(勾选)<br>其他：</td></tr>
<tr><td colspan="5">实施销毁时间：</td><td colspan="5">实施销毁地点：</td></tr>
<tr><td colspan="10">申报销毁处置边角料清单</td></tr>
<tr><td>序号</td><td>商品编号</td><td>商品名称</td><td>规格型号</td><td>数量</td><td>计量单位</td><td>金额</td><td>币制</td><td>销毁处置方式</td><td>备注</td></tr>
<tr><td>1</td><td></td><td></td><td></td><td></td><td></td><td></td><td></td><td></td><td></td></tr>
<tr><td>2</td><td></td><td></td><td></td><td></td><td></td><td></td><td></td><td></td><td></td></tr>
<tr><td>3</td><td></td><td></td><td></td><td></td><td></td><td></td><td></td><td></td><td></td></tr>
<tr><td colspan="10">可附页</td></tr>
<tr><td colspan="10">申报销毁处置副产品清单</td></tr>
<tr><td>序号</td><td>商品编号</td><td>商品名称</td><td>规格型号</td><td>数量</td><td>计量单位</td><td>金额</td><td>币制</td><td>销毁处置方式</td><td>备注</td></tr>
<tr><td>1</td><td></td><td></td><td></td><td></td><td></td><td></td><td></td><td></td><td></td></tr>
<tr><td>2</td><td></td><td></td><td></td><td></td><td></td><td></td><td></td><td></td><td></td></tr>
<tr><td>3</td><td></td><td></td><td></td><td></td><td></td><td></td><td></td><td></td><td></td></tr>
<tr><td colspan="10">可附页</td></tr>
</table>

表 3－24　续表

| 申报销毁处置剩余料件清单 | | | | | | | | | | | |
|---|---|---|---|---|---|---|---|---|---|---|---|
| 序号 | 商品货号 | 手(账)册料件项号 | 商品编号 | 商品名称 | 规格型号 | 数量 | 计量单位 | 金额 | 币制 | 销毁处置方式 | 备注 |
| 1 | | | | | | | | | | | |
| 2 | | | | | | | | | | | |
| 3 | | | | | | | | | | | |
| 可附页 | | | | | | | | | | | |

| 申报销毁处置残次品清单 | | | | | | | | | | |
|---|---|---|---|---|---|---|---|---|---|---|
| 序号 | 商品货号 | 商品编号 | 商品名称 | 规格型号 | 数量 | 计量单位 | 金额 | 币制 | 销毁处置方式 | 备注 |
| 1 | | | | | | | | | | |
| 2 | | | | | | | | | | |
| 3 | | | | | | | | | | |
| 可附页 | | | | | | | | | | |

| | |
|---|---|
| 兹声明以上申报无讹，并承担法律责任。<br>企业负责人签名：<br>加工贸易企业（签章）<br>年　月　日 | 海关签章<br>年　月　日 |

填表说明：1. 海关编号由海关填写，编码规则为关区代码＋【年份】＋销＋(顺序)号。2.（账）册号栏仅限填入 1 本或 1 份手（账）册号。3. 申报清单中销毁处置方式填写使用代码：A：焚烧；B：填埋；C：粉碎；D：其他。4. 销毁处置剩余料件、残次品的，手册管理企业免填商品货号。5. 货物清单可附页。6. 本表填写一式三联，企业凭海关签章的申报表办理相关业务，第一联企业申报（海关留存）联，第二联通关申报（海关留存）联，第三联留存（企业留存）联。

**表 3－25　海关加工贸易货物销毁处置申报表**

**（销毁处置后无收入）**

海关编号：

<table>
<tr><td colspan="2">加工贸易企业名称</td><td colspan="2"></td><td colspan="2">海关注册编码</td><td></td><td>地址</td><td></td><td>联系电话</td><td></td></tr>
<tr><td colspan="2">销毁处置单位名称</td><td colspan="2"></td><td colspan="2">资质文号</td><td></td><td>地址</td><td></td><td>联系电话</td><td></td></tr>
<tr><td colspan="2">手（账）册号</td><td colspan="2"></td><td colspan="7">有效期（核销周期）　　年　　月　　日至　　年　　月　　日</td></tr>
<tr><td colspan="2">销毁处置货物类型（勾选）<br>及各类货物总值（人民币）</td><td colspan="9">□ 边角料　（￥　　　）；□ 副产品（￥　　　）；<br>□ 剩余料件（￥　　　）；□ 残次品（￥　　　）。</td></tr>
<tr><td colspan="11">销毁处置方式：□焚烧　□填埋　□粉碎　（勾选）<br>其他：</td></tr>
<tr><td colspan="5">实施销毁时间：</td><td colspan="6">实施销毁地点：</td></tr>
<tr><td colspan="11">申报销毁处置边角料清单</td></tr>
<tr><td>序号</td><td>商品编号</td><td>商品名称</td><td>规格型号</td><td>数量</td><td>计量单位</td><td>金额</td><td>币制</td><td>销毁处置方式</td><td colspan="2">备注</td></tr>
<tr><td>1</td><td></td><td></td><td></td><td></td><td></td><td></td><td></td><td></td><td colspan="2"></td></tr>
<tr><td>2</td><td></td><td></td><td></td><td></td><td></td><td></td><td></td><td></td><td colspan="2"></td></tr>
<tr><td>3</td><td></td><td></td><td></td><td></td><td></td><td></td><td></td><td></td><td colspan="2"></td></tr>
<tr><td colspan="11">可附页</td></tr>
<tr><td colspan="11">申报销毁处置副产品清单</td></tr>
<tr><td>序号</td><td>商品编号</td><td>商品名称</td><td>规格型号</td><td>数量</td><td>计量单位</td><td>金额</td><td>币制</td><td>销毁处置方式</td><td colspan="2">备注</td></tr>
<tr><td>1</td><td></td><td></td><td></td><td></td><td></td><td></td><td></td><td></td><td colspan="2"></td></tr>
<tr><td>2</td><td></td><td></td><td></td><td></td><td></td><td></td><td></td><td></td><td colspan="2"></td></tr>
<tr><td>3</td><td></td><td></td><td></td><td></td><td></td><td></td><td></td><td></td><td colspan="2"></td></tr>
<tr><td colspan="11">可附页</td></tr>
</table>

表 3－25　续表

**申报销毁处置剩余料件清单**

| 序号 | 商品货号 | 手(账)册料件项号 | 商品编号 | 商品名称 | 规格型号 | 数量 | 计量单位 | 金额 | 币制 | 销毁处置方式 | 备注 |
|---|---|---|---|---|---|---|---|---|---|---|---|
| 1 | | | | | | | | | | | |
| 2 | | | | | | | | | | | |
| 3 | | | | | | | | | | | |
| 可附页 | | | | | | | | | | | |

**申报销毁处置残次品清单**

| 序号 | 商品货号 | 商品编号 | 商品名称 | 规格型号 | 数量 | 计量单位 | 金额 | 币制 | 销毁处置方式 | 备注 |
|---|---|---|---|---|---|---|---|---|---|---|
| 1 | | | | | | | | | | |
| 2 | | | | | | | | | | |
| 3 | | | | | | | | | | |
| 可附页 | | | | | | | | | | |

| | |
|---|---|
| 兹声明以上申报无讹,并承担法律责任。<br>企业负责人签名:<br>加工贸易企业(签章)<br>年　月　日 | 海关签章<br>年　月　日 |

填表说明:1. 海关编号由海关填写,编码规则为关区代码 +【年份】+ 销 +(顺序)号。2.(账)册号栏仅限填入 1 本或 1 份手(账)册号。3. 申报清单中销毁处置方式填写使用代码:A:焚烧;B:填埋;C:粉碎;D:其他。4. 销毁处置剩余料件、残次品的,手册管理企业免填商品货号。5. 货物清单可附页。6. 本表填写一式三联,企业凭海关签章的申报表办理相关业务,第一联企业申报(海关留存)联,第二联通关申报(海关留存)联,第三联留存(企业留存)联。

2. 销毁处置方案（含销毁处置时限）。

**海关提醒**

企业应明确销毁处置时限，及时完成货物销毁处置，并在手册有效期或电子账册核销周期内办理报关手续。

3. 申报销毁处置的加工贸易货物无法内销或退运的说明。

4. 销毁处置单位的资质证明，及企业与该单位签订的委托合同。

小宁公司与具体的处置公司签订了正式的委托销毁合同，合同中约定了具体销毁的方式为“焚毁”、预计销毁需要时间、无回收收入、违约责任、免责责任（因相关政府部门政策变动等原因）等内容。

**海关提醒**

加工贸易企业应委托工商营业执照的经营范围中列明废物处理的单位进行销毁处置；法律、行政法规对废物处置资质有特殊规定的，从其规定。

5. 残次品单耗资料以及根据单耗折算的残次品所耗用的原进口料件清单。

**海关提醒**

来料加工货物申请销毁的，还需要提供货物所有人的销毁声明。

小宁准备的资料为申请销毁业务的基本资料，主管海关可能会根据具体销毁的复杂情况增加必要的说明内容。

## 三、如何顺利完成销毁处置申报

### （一）提交销毁处置申请

小宁按照“攻略”的提示准备好申请销毁处置的整套资料来到海关，发现居然是本地区第一家申请销毁处置的企业，心里不禁有些担心，负责受理业务的关员小关耐心地解释说：“销毁处置业务是一项新的业务，这项业务具体办理的环节比较多，很多企业是因为时间比较紧，所以暂时没有来申请这项业务。”“那具体有哪些环节呢？我们的核销周期还有2个月就到了，还来不来得及呀？”

关员小关为了小宁更清楚地了解销毁处置的整个业务流程，给小宁画了一个图（图3-16），小宁打算回公司后更细致地规划一下各环节的操作。

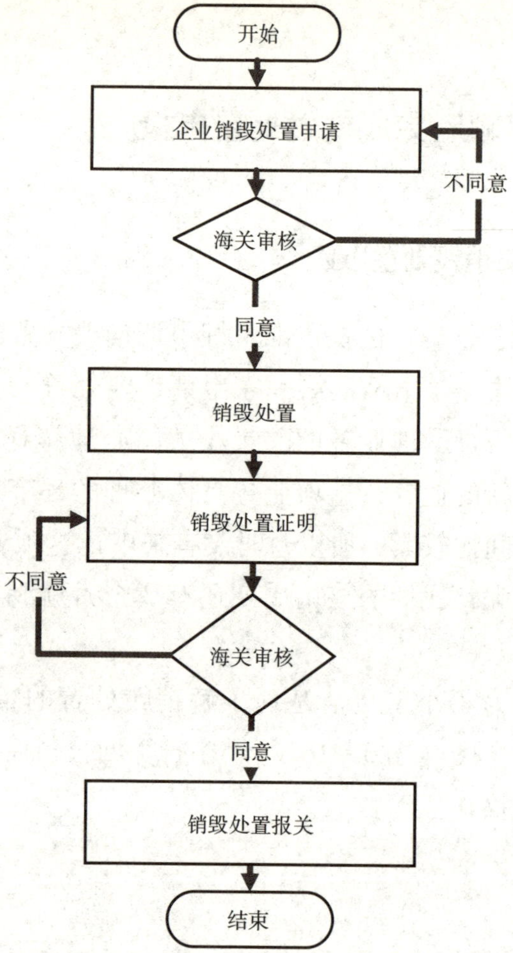


**图 3－16　销毁处置业务流程**

## （二）具体的销毁处置

两天后，小宁接到关员小关的电话，海关将对小宁申请销毁的这批残次品开展下厂核查。小宁在申请销毁前已通知仓库对该批残次品按照盘点的要求，进行清点、整理、打包，接到海关下厂通知后又联系仓库进行了复核，并再次检查了折料的数据。

由于小宁公司申请的是残次品的销毁处置，海关下厂核查过程中，海关不仅对该批残次品的数量状态进行了实地核查，还对小宁公司提供的残次品折料数据进行了核查。小宁提供了该批残次品的生产记录，并详细解释了提供“残次品所耗用的原进口料件清单”中数据的计算逻辑。由于仓库管理规范、生产记录完整，半天时间整个核查工作就基本完成了。

核查结束后，小宁很快接到了海关同意该批残次品开展销毁处置但将派员监督销毁的通知，小宁第一时间与该销毁处置公司联系确定了运送货物以及具体实施销毁的时间安排，并提前通知关员小关。

**海关提醒**

企业根据向海关提供的销毁处置合同开展销毁处置活动，海关可以派员监督销毁处置加工贸易货物，企业及销毁处置单位应当给予配合。为确保该批货物“焚毁”，不流入市场，小宁公司也派员对该销毁处置公司进行了监督销毁（并录像）。

销毁完成后，小宁取得了该销毁处置公司出具的接收单据、“加工贸易货物销毁处置证明”（图 3－17）。

**海关提醒**

由于销毁处置要求在手册有效期或电子账册核销周期内办理报关手续，申请销毁处置的企业需要与委托的销毁企业约定好具体销毁的时间。

### 加工贸易货物销毁处置证明

我单位于××××年××月××日接收×××××企业“海关加工贸易货物处置申报表”（海关编号________）所列海关监管货物，并依《×××××》（合同号 ）约定于××××年××月××日完成对该批货物的销毁处置。具体销毁处置结果如下：

一、销毁处置起止时间

年　　月　　日开始至　　年　　月　　日结束

二、销毁处置方式

□焚烧　□填埋　□粉碎

其他：

三、销毁处置后货物状态

□灭失　□未灭失

情况说明：

四、销毁处置后货物去向

□返回企业　□未返回企业

情况说明：

五、其他需要说明的情况

以上情况属实。

特此证明。

销毁处置单位（签章）

年　　月　　日

图 3－17　加工贸易货物销毁处置证明

## （三）销毁处置报关

取得“加工贸易货物销毁处置证明”后，由于小宁公司本次申请销毁为“焚毁”，未获得收入，小宁根据相应资料对残次品按照单耗关系折成的料件按料件销毁（代码 0200）的监管方式申报报关，并取得报关单。

销毁处置基本报关原则为：

1. 企业销毁处置加工贸易货物未获得收入，销毁处置货物为料件、残次品的，报关适用监管方式为“料件销毁（代码 0200）”（残次品按照单耗关系折成料件，以料件进行申报）；销毁处置货物为边角料、副产品的，报关适用监管方式为“边角料销毁（代码 0400）”。

2. 企业销毁处置加工贸易货物获得收入的，按销毁处置后的货物报验状态向海关申报，报关适用的监管方式为“进料边角料内销（代码0844）”或“来料边角料内销（代码0845）”。海关比照边角料内销征税的管理规定办理征税手续。

**小贴士**

报关单备注栏内应注明“海关加工贸易货物销毁处置申报表编号”。

**（四）销毁处置核算**

报关结束后，小宁联系了负责核销的关员小关，了解核销时需注意的环节。小宁总结了销毁处置的具体核算原则：

1. 销毁处置未获得收入的边角料、副产品，报关监管方式为“边角料件销毁（代码0400）”的，不参与计算。

2. 销毁处置未获得收入的料件、残次品，报关监管方式为“料件销毁（代码0200）”的，以报关清单中对应商品货号（料号）为依据，完成平衡表计算。

3. 销毁处置获得收入的边角料、副产品，报关监管方式为“进料边角料内销（代码0844）”或“来料边角料内销（代码0845）的，不参与计算。

4. 销毁处置获得收入的料件、残次品，报关监管方式为“进料边角料内销（代码0844）”或“来料边角料内销（代码0845）的，通过销毁处置申报表完成平衡表计算。具体分应用“销毁处置剩余料件清单”和“销毁处置残次品耗料清单”进行计算。在海关平台上增加报关单备注栏和申报表编号的一致性校验功能提醒关员，未通过校验的申报表不纳入计算。

**海关提醒**

加工贸易企业报核时应当向海关提交“海关加工贸易货物销毁处置申报表”、处置单位出具的接收单据、“加工贸易货物销毁处置证明”及报关单等单证，海关按照规定办理核销手续。

## 四、攻略总结

**1. 熟悉业务办理流程，做好时间规划**

在每一关的具体介绍中，都列出了业务的基本流程图，关务同志们可以像小宁一样，将流程图保留下来，在各个关键点预留好时间，避免忙中出错。

**2. 做好前期准备工作**

所谓“磨刀不误砍柴工”，在业务办理前，做好各项准备工作，是顺利办成业务的前提。

**3. 多咨询、多总结**

由于各企业的情况都不一样，关务同志们在遇到新的业务或者特殊情况时，可以及时咨询关员小关，避免产生额外的损失。同时，对于自己或其他关务遇到的各种疑难情况，多做笔记、多总结，做个有心人。

**4. 建议企业内部建立相应的内部控制**

企业关务作为企业和海关之间的桥梁，承担了重要的责任，为了避免企业失误违反海关政策，企业关务人员可以根据自己掌握的海关政策规定，协调企业内部建立相应的内部控制，将报关单申报、内销、深加工结转、外发加工等业务的海关要求嵌入企业的内部管理环节。

# 第四章　后期核销应对

掌握了账册日常管理的相关技能后，小宁感觉对联网监管已经具备冲刺最后一关的本领，于是她打开攻略翻到了后期核销这一段，细细研读起来……

后期核销是指企业针对保税账册一定期间内的进出口数据、剩余库存数据和实际生产耗用进行平衡计算，将其真实情况向海关申报，海关对其进行实物核对、数据核查的过程。后期核销的步骤包括盘点核查、预报核、正式报核三大步，是整个保税账册管理中最为重要的一环，最主要的工作内容包括企业实存货物的清查盘点，整理盘点清册报表，框定保税账册当期核销的报关单范围，申报单耗并进行预报核，制作平衡核算表，查找理论剩余与实际库存的差异，对差异原因进行分析，针对盘亏盘盈分别进行对应处理，最后完成正式报核实施账册结案操作。

本攻略将对盘点核查、预报核、正式报核三大步进行剖析，并以实际的情景举例形式介绍后期核销阶段容易出错、违规的情况。

# 第一节　盘点核查

## 一、了解盘点核查

### （一）什么是盘点核查

保税货物盘点核查，就是对保税加工企业在海关监管期限内保税货物的实际库存情况进行实物核对和数据检查，实物核对海关主要通过抽查的方式进行，数据检查则通过人工和计算机辅助进行。盘点核查的主要目的是为了计算和确认保税货物的实际库存明细数据，为核销平衡计算盘盈盘亏奠定基础。

**海关提醒**

《中华人民共和国海关加工贸易企业联网监管办法》（海关总署令第150号）第十一条和第十七条分别规定："海关可以采取数据核对和下厂核查等方式对联网企业进行核查，海关下厂核查包括专项核查和盘点核查两种。""海关在联网企业盘点时，对一定期间内的保税货物进行实物核对、数据核查，这种监管方式称为盘点核查。"

### （二）盘点核查的类型

海关根据企业信用等级及管理情况来确定其盘点核查的类型，一般分为海关盘点核查和企业自盘两种类型，其中穿插委托第三方中介机构盘点。

### （三）盘点核查的内容

盘点核查的内容包括：企业截至盘点日所有保税料件、完成品、半成品及其他未完成品、残次品、边角料、在途货物、外发加工货物、副产品等的库存情况。

### （四）盘点核查的频率

联网监管企业电子账册核销周期截止日即为盘点核查现场验核的实施日期。一般情况海关盘点核查每年至少进行一次。企业如果属于海关诚信管理企业的，可向主管海关申请调整电子账册的盘核频率，主管海关视情处置。

### （五）盘点核查的模式

由于盘点核查的内容非常多，数据量庞大，一般情况海关盘点核查主要通过抽查核对的方式进行，抽查比率不低于库存货物金额25%。

## 二、盘点核查准备事项

### （一）确定盘点时间

1. 确定时间：根据企业账册运行时间及生产计划，由关务部门牵头与生产制造部门、财务部门、物流仓储部门等进行沟通，确认库存盘点的时间（该时间必须具体到某一天的上午或下午的几点钟），明确是否停线盘点及是否委托第三方中介机构参与盘点，确定外设厂房、外设仓库和外发加工货物的盘点模式，如果申请不运回时，则应同时提交存放在外设厂房、外设仓库及承揽方的货物清册，以及其企业名称和具体地址等信息。

**小贴士**

是否停产停线盘点应以企业与海关沟通确定为准。外发加工物料、外仓物料可根据企业需求确定是否回厂参与盘点。

2. 提交申请：根据企业内部协调确定的时间，提前一个月向海关递交盘点申请表，待海关确认盘点时间后申请调整账册周期截止日。

**表4-1　盘点申请参考样表（仅供参考）**

| 加工贸易联网盘点申请表 | | | |
|---|---|---|---|
| 企业名称 | | 企业地址 | |
| 账册编号 | | 盘点时间 | |
| 联系人 | | 联系人电话 | |
| 参加人员 | | 是否外仓 | |
| 账册起止时间 | | | |
| 其他内容： | | | |
| 我已对海关联网账册盘点注意事项明确知晓。<br>注意事项：1. 申请表、核查表各一式两份，递交海关<br>2. 联系电话必须填写手机 | | | |
| 申请单位盖章 | | 海关确认盖章（或签字） | |

## （二）企业预盘准备

1. 制订盘点计划：根据海关盘点核查要求，制订详细的盘点计划，明确关务、生产、仓库和财务等各部门的职责分工及协调机制。

2. 控制在途货物：协调境内外客户和供应商、境内深加工结转客户和供应商、货代及报关行，尽量避免盘点当日发生报关行为。控制进口货物在途数据，对盘点前已经完成报关的，要求必须入库参与本次核销盘点；对货物来不及入库参加盘点的，协调报关行待盘点完成后再行报关；对已经报关确实无法及时入厂参与盘点的向海关申报在途货物（已报关未入库）。控制出口货物在途数据，对深加工结转已报关货物和已内销的货物必须及时移出保税仓库，避免虚增库存数据。

3. 统计残次品库存：在盘点前对确认不复出的残次品按照BOM折成料件向海关申请办理内销补税手续，并及时将货物移出保税库位。

4. 从企业内部管理系统（例如ERP系统）导出全部料号级库存数据，制作保税库存预盘清册报表。对比保税料号与非保税料号清单，剔除预盘清册中非保税料号数据，避免误盘非保税货物导致虚增库存数据。

5. 在海关正式盘点前1~2天停线并停止收发货（外发厂房、外设仓库同时停线停收发），关务部门、生产管理及仓储管理部门联合开展企业预盘，盘点后汇总差异数据，查找差异原因并及时修正盘点清册。关务部门、生产管理、仓储管理、财务部门负责对修正后的盘点清册数据进行抽查复盘，根据结果进一步完善盘点清册。关务部门以企业最终盘点清册数据向海关提交作为海关正式盘点的保税库存底账数据。

## 小贴士

企业应特别注意“尾数”及“低价”资材的盘点准确性。“尾数”一般为海关盘点核查的重点，应特别予以关注，建议进行实物清点，并进行复盘。“低价”资材容易成为企业忽视的环节，特别是一些不易清点的料件，如果金额不大，企业可从顺利完成盘点核查的全局出发，提前申请补税处理并从库存盘点清册中剔除。

**表4－2　盘点库存清册数据样表**

| 保税料件盘点清册 | | | | | | | | | | | | | | | | |
|---|---|---|---|---|---|---|---|---|---|---|---|---|---|---|---|---|
| 序号 | 账册项号 | 中文品名 | 企业料号 | 仓库类别 | 仓库号 | 库位号 | 盘点数量 | 计量单位 | 实物盘点数量 | 实物盘点计量单位 | 实盘情况 | 单价 | 金额 | 比率 | 备注 |
| | | | | | | | | | | | | | | | |
| | | | | | | | | | | | | | | | |
| | | | | | | | | | | | | | | | |

| 保税成品盘点清册 | | | | | | | | | | | | | | | |
|---|---|---|---|---|---|---|---|---|---|---|---|---|---|---|---|
| 序号 | 账册项号 | 中文品名 | 企业料号 | 仓库类别 | 仓库号 | 库位号 | 盘点数量 | 计量单位 | 实物盘点数量 | 实物盘点计量单位 | 实盘情况 | 单价 | 金额 | 比率 | 备注 |
| | | | | | | | | | | | | | | | |
| | | | | | | | | | | | | | | | |
| | | | | | | | | | | | | | | | |

表4-2 续表

| 进口在途货物-已报关未入库 | | | | | | | | | | |
|---|---|---|---|---|---|---|---|---|---|---|
| 序号 | 账册项号 | 企业料号 | 中文品名 | 报关单号 | 数量 | 单价 | 币种 | 金额 | 属性（料件/成品） | 版本号 |
| | | | | | | | | | | |
| | | | | | | | | | | |
| | | | | | | | | | | |

| 出口在途货物-已出库未报关 | | | | | | | | |
|---|---|---|---|---|---|---|---|---|
| 序号 | 账册项号 | 企业料号 | 中文品名 | 数量 | 单价 | 金额 | 属性（料件/成品） | 版本号 |
| | | | | | | | | |
| | | | | | | | | |
| | | | | | | | | |

### （三）海关正式盘点

1. 企业需要提前与第三方中介机构会计事务所进行沟通确认，确保与海关同时进行盘点。

2. 企业关务人员提前准备好加盖企业公章及骑缝章的纸质盘点清册，待海关核查人员到达现场后直接提交。

3. 为加快盘点工作进度，建议企业根据厂区、库区分为几个组，每区每组由熟悉该区域的工作人员负责货物的查找和清点，以保证能轻松快速地完成抽查盘点工作。同时，建议每个海关核查小组指定一个全程陪同工作人员，便于协调突发状况的处理。

4. 按照海关要求配合开展库存盘点，对盘点过程中出现的问题及时作出说明解释。陪同人员要记载确认海关抽盘过程发现的差异数据，以便后期整改。

5. 待海关确认库存盘点结束后，关务部门通知生产管理部门开机恢复生产。

### （四）盘后数据整理

1. 以海关确认的库存盘点清册为基础，对成品、半成品 BOM 及其版本予以匹配并作验核。

2. 整理核对进出口在途数据，匹配对应 BOM 计算折料数据。

3. 按照料号序列，向海关提交盘点库存折料汇总数据，并接受海关对库存盘点成品、半成品 BOM 的抽查验核。

## 三、如何顺利完成盘点任务

### （一）盘前准备工作

1. 了解海关实施盘点核查的范围和目的

盘点核查时，企业应高度重视，了解通过核查可以真实反映企业经营管理水平的意义，企业关务人员必须清楚了解此次盘点核查的范围，涉及的厂区和仓库区域等。保税物料的实物盘点核查是为了完成电子账册后期的正常核销，为核销平衡表的盘亏盘盈提供数据支撑。

2. 了解海关盘点核查工作的基本程序和基本方法

在海关实施盘点核查工作时，其基本流程和使用到的基本方法关务人员需要提前了解，如果条件和时间上允许，关务人员也可以在企业提前进行一次模拟盘点核查，以便于了解每一个步骤的细节，确保盘点核查顺利完成。

### （二）盘点过程实施

1. 盘点清册整理

（1）盘点清册数据的整理：包括保税料件盘点数据、保税成品盘点数据、半成品及其他未完成品盘点数据、不良品盘点数据、残次品盘点数据，副产品盘点数据、边角料盘点数据。

（2）在途数据分为以下 4 种：已报关未入库数据、已报关未出库数据、已入库未报关数据、已出库未报关数据等。

**小贴士**

盘点核查对象包括全部保税货物，实物料号标识应与库存盘点清册保持一致。库存盘点清册需按照实物存放“库位”排序，列明数量、金额及占比，便于海关依据料号、库位抽查清点。

2. 盘点核查时企业具体应配合做好哪些工作

（1）建议企业关务人员提前与海关沟通确定盘点核查时间及模式，按照海关要求提供盘点申请，详细列明盘点时间安排、企业联系人及联系方式等内容。

（2）提前向海关提供盘点的厂区、仓库分布图，便于海关合理安排参加盘点核查的人员。提前与海关核查关员进行充分沟通，就盘点方法如清点、称重过磅、测量等，以及是否有无尘车间、液体存放车间等情况进行说明。

（3）保税货物库存清册具体列明到料号级明细，包括库位和货架位等信息。

（4）配合海关实施盘点货物的查找和清点，协同工作人员尽量配置到位。

（5）配合海关对盘点的结果予以确认并加盖公章。

**（三）盘后数据整理**

1. 库存货物 BOM 数据（即单耗数据）整理：包括保税成品 BOM、半成品及其他未完成品 BOM、不良品 BOM，残次品 BOM、在途货物 BOM 等。

2. 保税料件折料汇总数据整理：按照真实准确的 BOM 对保税成品、半成品等进行折料，与料件库存数据进行汇总向海关提交最终库存盘点折料汇总数据。

### 海关提醒

1. 以上模式适用一般通行的海关盘点核查流程，如主管海关另有要求以主管海关确认要求为准。

2. 库存货物包装尽量整洁，堆放整齐有序。包装上的料号标记应和实物标记及库存盘点清册料号一致，实物库存包装尽量做到标记“清晰、统一、唯一、可溯”。同一包装盒内尽量避免混料包装（即指不同料号混装）。

3. 为了提高盘点通过率，条件允许的情况下，企业可以按照25%比率对库存数据提前进行模拟盘点。事先进行模拟盘点可以缩短海关盘点核查的时间，提高盘点核查的效率，达到事半功倍的效果。

4. 企业如为新上联网账册，应注意将旧电子化手册库存数据以余料结转方式结转到新电子账册。

### 小贴士

盘点常见错误示例

1. 盘点清册数据遗漏及错报。盘点核查时需要企业全部的保税物料数据，而企业因为存在外设厂房、外设仓库及外发加工货物、深加工结转货物等各种业务类型，较容易发生数据统计遗漏的错误。同时，企业可能因为仓库管理不规范、系统统计错误等原因导致将非保税货物计入盘点清册或一批保税货物重复计算导致盘点清册数据虚增。

2. 仓库货物或库位标识不准确或不清楚。因为盘点清册数据都由系统自动提取出来，但实际货物的存放不一定与系统一致，或是存放在不同的仓别、不同的库位上，影响实物的清点和盘点的进度，企业仓库管理部门需要提前做好这一部分工作。

3. 在最后的折料环节，BOM 的匹配是一项非常精细化的工作，企业关务人员需要理清 BOM 与物料的一一对应关系，进行精确计算。

企业在整个盘点核查过程中，按上述流程规范提前准备，注意易出错的地方重点进行确认，就可以顺利地完成企业的盘点核查工作了。

### （四）异常事务解决秘笈

1. 企业现场盘点核查无法继续或差异太大导致盘点结果无法被海关确认该如何处理？

解决途径：

（1）企业应立刻查找盘点核查差异原因，并对照检查整改，确保不再出现相同问题。

（2）企业在整改基础上，向海关提交盘点核查差异较大原因分析和整改报告。经海关认可后，确定二次盘点核查时间并提交核查申请。同时，提交账册周期变更申请。

（3）按照海关要求，积极配合完成二次盘点核查工作。

2. 企业在途数据出现漏报、多报如何处理？

解决途径：

（1）企业发现在途数据存在漏报、多报问题应及时查找原因，并及时向海关报备。

（2）根据海关要求提供在途数据漏报、多报相关证明资料，经海关审核同意后对在途数据进行调整。

## 四、盘点流程图

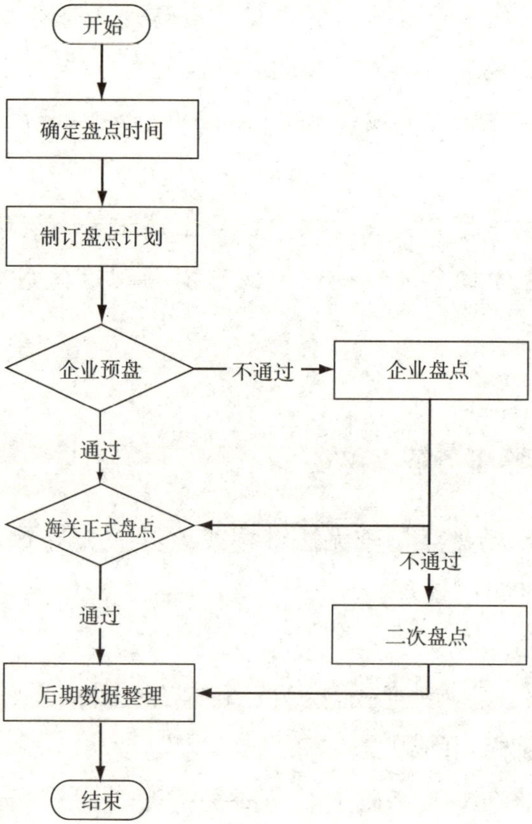


图 4－1　盘点流程图

# 第二节　预 报 核

刚刚通过了海关现场盘库验核，还没来得及喘口气，小宁掰指一算已经到了账册报核截止期限了，赶紧打开攻略看了起来。

## 一、什么是预报核

### （一）预报核内容目的

预报核的目的主要是框定电子账册周期范围，明确纳入本周期核算核销范围的报关单，确认 BOM 数据的上传，实现基础数据的锁定。

预报核内容主要包括：报关单范围框定，清单数据完整性检查，报关单与清单数据一致性检查，BOM 数据整理上传，H2010 系统报核数据上传。

### （二）预报核时限要求

正常情况下，企业应当在核销期结束之日起 30 日内完成报核。如企业因数据量较大或个别报关单因系统异常等原因可以向主管海关申请延期，但延长期限不得超过 60 日。

**海关提醒**

《中华人民共和国海关加工贸易企业联网监管办法》（海关总署令第 150 号）第十四条明确："联网企业应当在海关确定的核销期结束之日起 30 日内完成报核。确有正当理由不能按期报核的，经主管海关批准可以延期，但延长期限不得超过 60 日。"

小宁的公司由于刚刚成为海关实施计算机联网监管的加工贸易企业，而小宁又是第一次接手联网监管企业的核销工作，对海关的相关规定不是十分了解，最终导致未能在规定时间内完成预报核操作。小宁与主管海关沟通确定 2014 年 12 月 31 日作为账册周期盘点时间，因此其账册以 2014 年 6 月 1 日至 2014 年 12 月 31

日作为核销周期起止时间。2015 年 1 月 31 日，小宁未能按期向海关完成预报核，也未向海关办理预报核延期手续，最终仍未能在规定期限内完成报核手续。经海关核实，小宁的公司由于内部人员调动及管理等原因，造成账册管理部门工作进展较为混乱，延误了账册正常报核业务。主管海关依据相关规定，要求企业进行整改，并提供相应的保证金作为担保，至企业完成整改并且账册正常核销完毕，方可办理担保退还手续。最终，小宁根据攻略指引顺利完成了报核手续，并按照流程办理了担保退还手续。

**海关提醒**

联网企业应当在海关确定的核销期限内完成报核。确有正当理由不能按期报核的，经主管海关批准可以延期。对于未按照规定时间向海关办理报核手续的，海关可以要求其提供保证金或者银行保函作为担保。

## 二、预报核准备事项

### （一）预报核准备（一般模式）

**1. 整理正常纳入周期参与核销报关单（主要类型）**

（1）进料（来料）加工料件进口报关单。

（2）进料（来料）加工成品出口报关单。

（3）进料（来料）加工料件复出报关单。

（4）进料（来料）加工料件退换进出口报关单。

（5）进料（来料）加工成品退换进出口报关单。

（6）进料（来料）加工料件内销报关单。

（7）进料（来料）加工成品折料内销报关单。

(8) 进料（来料）加工残次品折料内销报关单。

(9) 进料（来料）深加工结转报关单。

(10) 进料（来料）加工余料结转报关单。

(11) 进料（来料）加工料件销毁处置申报报关单。

(12) 进料（来料）加工残次品销毁处置申报报关单。

(13) 进料（来料）加工边角料内销报关单。

(14) 进料（来料）加工边角料复出报关单。

**2. 整理核销期外纳入本期核销的报关单**

(1) 货物已计入库存参与盘点，但货物报关时间在盘点日期之后的报关单。

(2) 成品已经出库，且报关时间为盘点日期之后的报关单。

例如，部分深加工结转报关单及享受内销集中申报的内销报关单等。

**3. 整理核销期内剔除本期核销的报关单**

(1) 进口报关单已经申报但货物尚未入库，无法参与库存盘点。

(2) 出口报关单已经申报但货物仍未出库并参与了库存盘点。

例如，盘点当日进口报关单已经形成，但实际货物尚未进入厂区或未能计入企业预盘库存清册情况。

**4. BOM 数据上传**

(1) 企业为备案或出口前申报单耗的，在预报核时无须再上传 BOM 数。

(2) 企业经海关同意为报核前申报单耗的，在预报核时上传 BOM 数据。

### (二) 预报核准备（进阶模式）

进阶模式主要针对主管海关已经开发联网监管账册核算核销

辅助系统的企业，在上述基本操作的基础上，主要增加了运用辅助系统进行清单数据完整性检查、报关单和清单数据一致性检查等操作。

**小贴士**

加工贸易联网监管辅助管理系统

受技术资源及手段限制，现行全国海关通用的信息化管理系统（H2010 通关管理系统）中，对于联网监管电子账册实施的仍然是项号级数据的备案、通关和核销，而且系统中的单耗数据目前只能在账册设立环节予以备案。可以说，H2010 系统无法准确体现料件耗用情况，更无法容纳并核算庞大的料号级数据。为此，海关总署积极开展后续系统的开发建设，以期将所有料号级数据纳入系统实现统一管理。与此同时，各直属海关根据关区实际，在海关总署统一的平台技术标准要求下，逐渐建立起联网监管的辅助管理系统，以料号级进出口清单数据与企业报核前申报的单耗数据为基础实现对料号级核销数据的存储、核算和比对。辅助平台能接受企业料号级报关清单、料号级单耗的申报，具备报关清单与报关单的绑定功能，具备报关单完整性检查、清单一致性检查、进出口汇总比对、正式报核数据比对、补税数量校验等功能。对于采用辅助管理系统管理进行核销的电子账册，其账册的备案、变更及进出口通关仍在 H2010 系统中进行。海关通过总署 H2010 系统标准版 E 账册、电子口岸归并关系审核系统以及联网监管辅助管理系统这三个系统实现了对联网企业的全方位多维管理。而对于企业保税管理来说，企业关务人员只需面对一个联网监管企业客户端，即可实现与三个系统的对接，实现数据的一点接入、一次录入和单一窗口管理。

在统一应用 H2010 系统电子账册模块基础上，目前采用联网监管辅助管理系统的直属海关包括南京海关、青岛海关、天津海关等。联网监管辅助管理系统作为对 H2010 系统的有益补充，有效提升了海关联网监管效能。下面以南京海关加工贸易联网监管辅助管理系统（以下简称辅助平台）为例，对辅助平台功能、流程予以介绍：

1. **企业进入辅助系统进行基础数据上传**

（1）进入主界面，见图 4－2 所示。

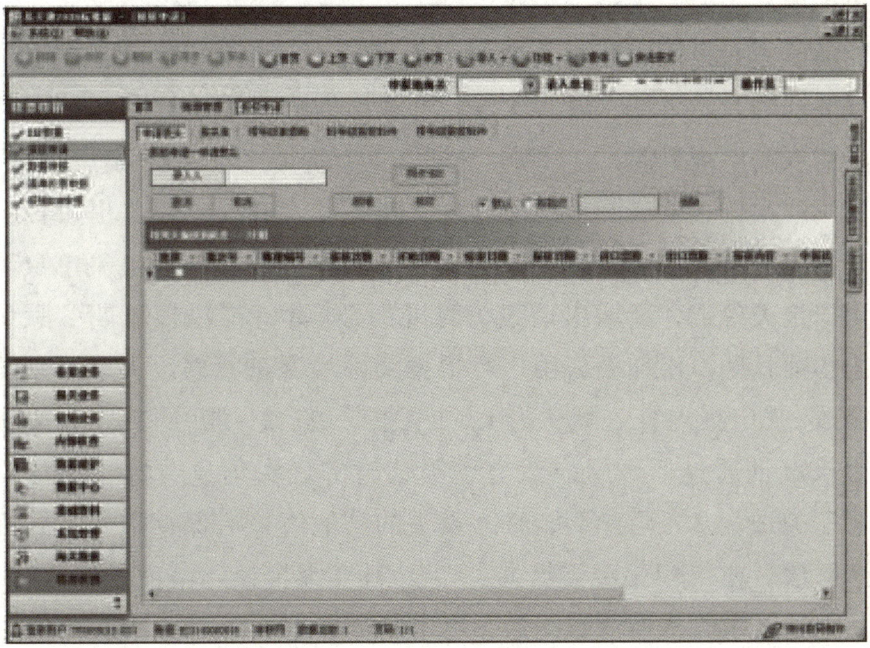

**图 4－2　辅助系统主界面**

（2）在“申请表头”选项卡下点击“新增”，界面如图 4－3 所示。

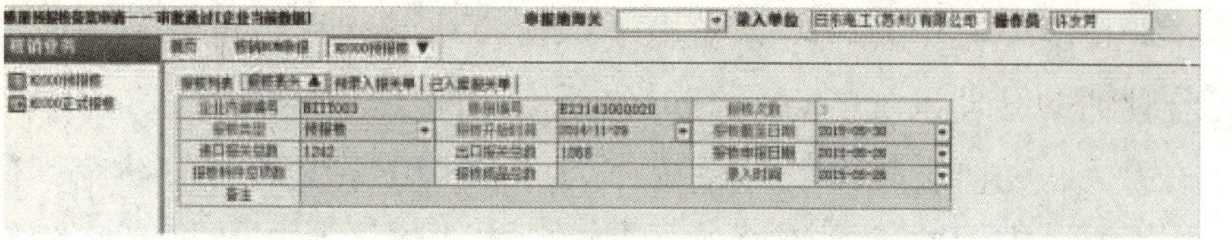

图 4－3 预报核表头申报界面

其中，“企业账册号”为本次报核的电子账册编号。“报核次数”是指用户所在企业的此本账册是第几次报核，用户根据实际情况填写，第一次必须填 1，且在此本账册此次报核完成之前不能随意添加报核次数为其他的表头信息。“开始日期”是指本次核销期的开始日期，第一次报核可默认为账册开始日期（取电子账册表头申报日期），“结束日期”是指本次核销期的结束日期，由用户根据企业实际情况填写。“进口报关单数”和“出口报关单数”系统可以根据报关单导入数据自动计算出进口报关单数和出口报关单数，新增申请表头时可不必填写。“报核日期”默认为当前日期，添加表头用户可根据实际情况进行修改，以后不能修改。“申报内容”默认为 1（1－报关单；2－报核料件），当预报核审批通过后，用户双击预报核时的表头信息，将“报核内容”修改为 2（用户不能修改表头的其他值）后保存进入正式报核阶段。在“申报类型”栏指定是料号级报核还是项号级报核。按上述要求输入所需数据后，点击确定。

（3）输入报关单

申请表头填写完毕后，点击“报关单”选项卡，然后可按自动提取或导入数据的方法，输入本次核销的报关单数据。操作界面如图 4－4 所示。

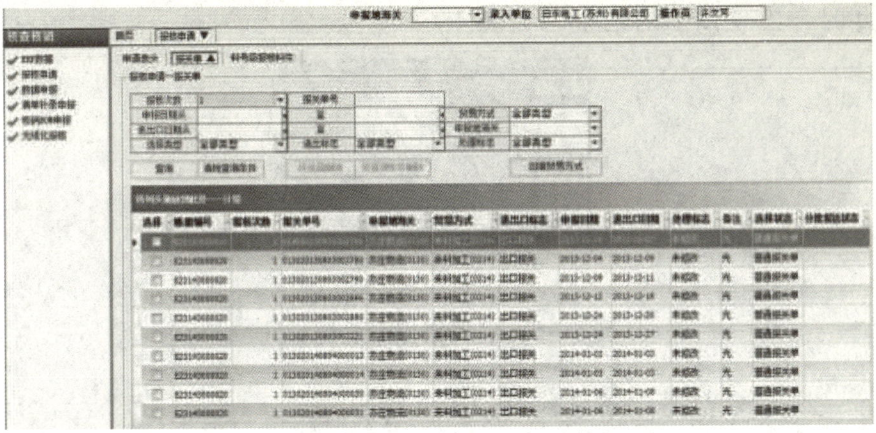

图4－4　预报核报关单输入界面

自动提取从电子账册中提取已经申报成功的报关清单返回的报关单信息。在导入数据时要严格按照申报规范的规定字段填写，其中账册编号和报核次数同报核表头；报关单号：填写18位编号，“申报地海关编号＋年份＋进出口标志（1为进口，0为出口）＋9位报关单预录入号”；贸易方式代码：填写海关标准代码；进出口标志：进口填I，出口填E；申报日期：填报进/出口报关单的申报日期，格式必须是yyyy－mm－dd（否则检查数据时系统报错）；进出日期填报进/出口报关单的进出日期，格式必须是yyyy－mm－dd（否则检查数据时系统报错）；修改标志：必须填写3；备注：可空。

**海关提醒**

对“调进本期，剔出本期”的报关单可以用调整数据功能模块进行。

（4）发送报文

报关单数据输入完毕后，点击申请表头，再点击发送报文。

此时会出现以下对话框，见图4－5所示：

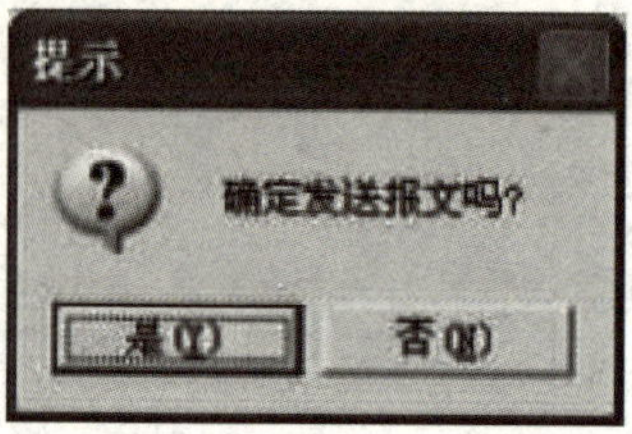


图4－5　预报核报文发送界面

2. 清单数据完整性检查

以企业报核框定报关单范围为准，辅助系统自动查找是否存在报关单无清单数据对应情况，并根据差异情况予以调整报关单或补录清单。

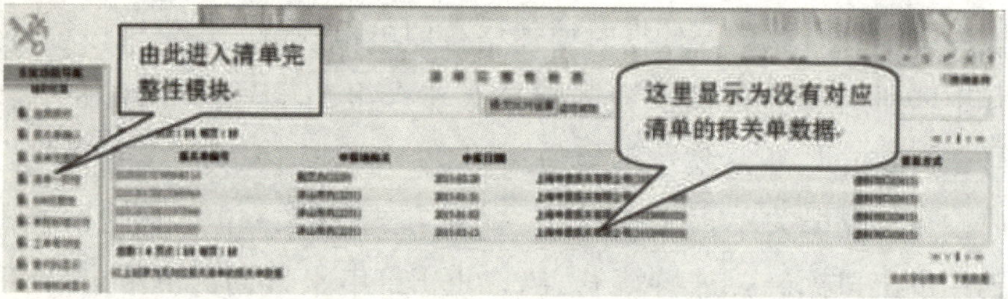


图4－6　清单数据完整性系统比对界面

3. 报关单与清单数据一致性检查

报关单与清单数据一致性检查主要目的是确保电子账册项下报关单与清单数据完全对应，为下一步平衡核算奠定基础。

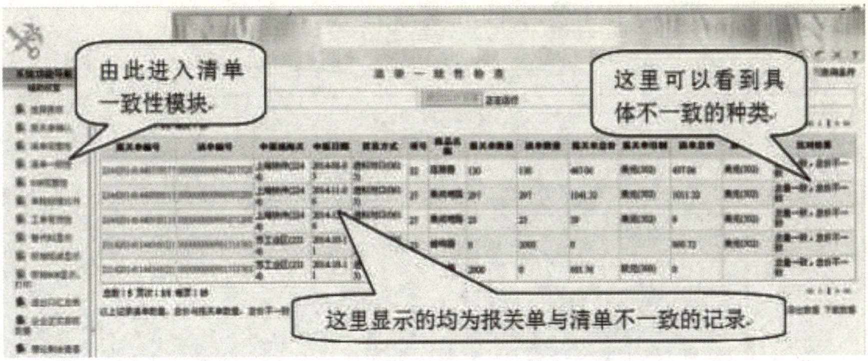


图4－7　报关单与清单数据一致性检查比对界面

## 海关提醒

该项检查过程中常见问题主要有：一是企业未按照规范申报清单，导致清单汇总数据与报关单数据存在差异；二是报关行在报关单录入时擅自修改报关数据或清单数据，导致报关单与清单数据不匹配；三是企业对申报错误报关单没有采取删除报关单和清单模式，而是仅向海关申请修改了报关数据。对上述问题企业应主动积极与主管海关沟通寻找解决途径。

4. 料号级 BOM 数据申报

（1）料号级 BOM 数据整理。

表4－3　料号级 BOM 数据整理样表

| 成品料件单耗关系清单（料号级 BOM） | | | | | | | | |
|---|---|---|---|---|---|---|---|---|
| 账册号码： | | | | | 核销起止日期： | | | |
| 成品项号 | 成品品名 | 成品料号 | 版本号 | 料件项号 | 料件品名 | 料件料号 | 净耗 | 损耗率% |
| | | | | | | | | |
| | | | | | | | | |
| | | | | | | | | |
| | | | | | | | | |

（2）料号级 BOM 数据辅助系统输入。

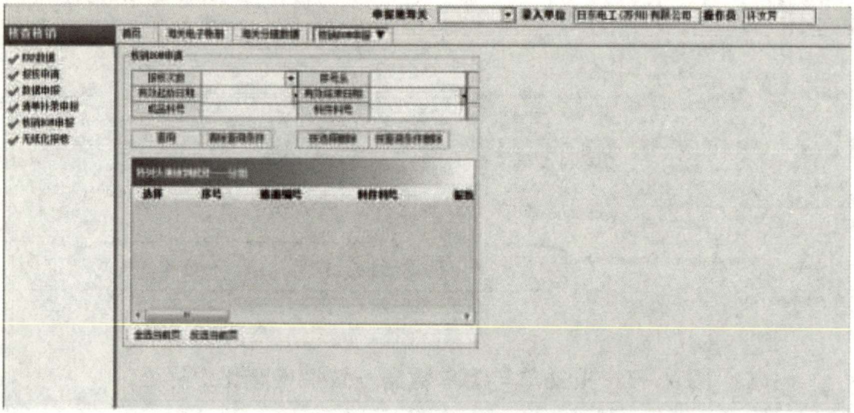

图 4－8　料号级 BOM 数据辅助系统输入界面

表 4－4　料号级 BOM 数据申报填写规范

| 字段名称 | 必填/非必填 | 其他说明 | 备注 |
| --- | --- | --- | --- |
| 成品货号 | 必填项 | 最多 30 位字符，录入的货号须存在于归并前成品表中 | |
| 计量单位 | 不可填 | 由系统自动调出 | |
| 料件货号 | 必填项 | 最多 30 位字符，录入的货号须存在于归并前料件表中 | |
| 计量单位 | 不可填 | 由系统自动调出 | |
| 成品名称 | 不可填 | 由系统自动调出 | |
| 料件名称 | 不可填 | 由系统自动调出 | |
| 成品规格 | 不可填 | 由系统自动调出 | |
| 料件规格 | 不可填 | 由系统自动调出 | |
| 处理标志 | 不可填 | 由系统自动调出 | |
| 开始日期 | 必填项 | 由系统自动调出 | |
| 结束日期 | 必填项 | 8 位数字，顺序为年 4 位，月、日各 2 位 | |

表 4-4 续表

| 字段名称 | 必填/非必填 | 其他说明 | 备注 |
|---|---|---|---|
| 净耗 | 必填项 | 最多 18 位数字，小数点前后各 9 位 | |
| 损耗率 | 必填项 | 损耗率 = 工艺损耗 ÷ 单耗 | 其中工艺损耗是指除净耗之外必须耗用，且不能物化在成品中的进口保税料件数量 |
| 备注 | 非必填项 | 最多50 位字符，可填写表格内项目未竟事宜 | |

（3）料号级 BOM 数据申报实例。

以某海关根据行业特点总结的 BOM 数据申报的几个实例，仅供读者参考。因各地主管海关对 BOM 数据申报可能存在个性要求，建议以当地主管海关要求为准。

### 案例一 SMT 组装类单耗申报

SMT 全称为“表面贴装技术”（Surface Mounted Technology 的缩写），是目前电子组装行业里最常见的一种技术和工艺。生产流程大致为“锡膏印刷→贴片→烘干（固化）→回流焊接→清洗→插件→波峰焊→清洗→检测→维修”等，其中涉及单耗申报的重点为“贴片”与“插件”环节，即 PCB 上贴片集成电路、电容、电阻或接插类元器件的分布与数量。工艺损耗原则上以 0 计。

这类工艺建议以电路图示法来计算耗用。

第一步，企业关务人员将需申报产品名称和规格提供给研发人员，要求提供对应的电路图。一般 RD 都是利用 ALTIUM DESIGNER 软件制作 PCB 图纸，存档为 PDF 格式。原稿图样如图 4-9

所示（实际电路图远比此复杂，此图仅为举例用）：

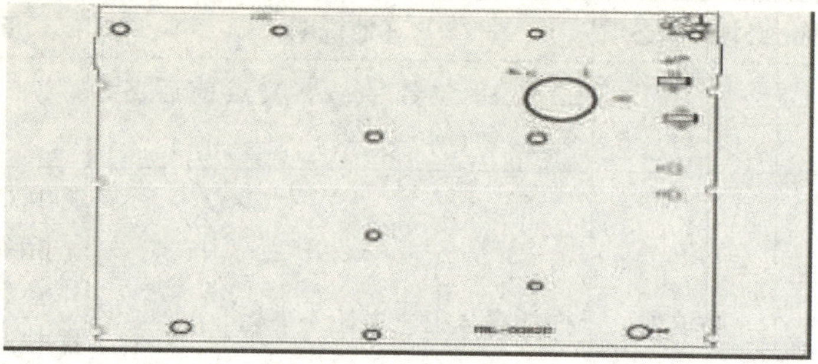

图4－9　电路图图样1

第二步，依据BOM表在电路图上找到对应的元器件位置，以方框框住，再以连接线将相同料件的方框连接，旁边标注此处保税料件的账册料号和用量。详见图4－10所示：

图4－10　电路图图样2

其中“612#×1”就表示此处有账册料件第612料号1个，可以利用 PDFEDITOR. EXE 软件在 PDF 图纸上编辑这个“线框图”和文字。

## 案例二 五金冲压类单耗申报

该类工艺主要通过冲压机对金属卷材、板材进行成型，成品主要为金属冲压件和相关结构件。生产过程中会产生大量工艺损耗，损耗率根据工艺和成品规格不同浮动较大。

方法一：称重图法。账册第 *N* 项成品（品名：× ×）所耗用 *M* 料号料件（品名：× ×）单耗。具体如下图 4 - 11、图 4 - 12 所示。

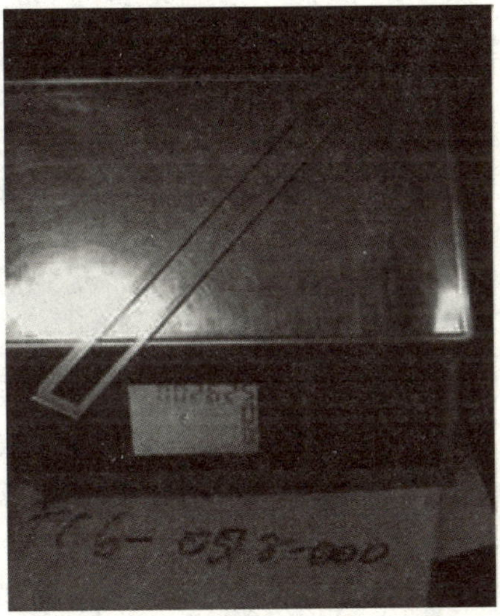

图 4 - 11 成品净耗称重 = 0. 02625kg

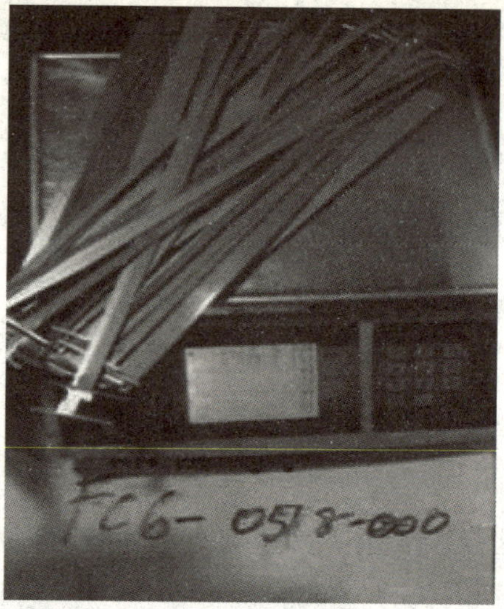


图 4－12　边角料称重＝1.4631kg（称重数量 33 个）

每个成品对应的边角料重量＝1.4631/33＝0.0443364kg

工艺损耗率＝每个成品对应的边角料重量/（每个成品对应的边角料重量＋净耗）×100%＝0.0443364/（0.0443364＋0.02625）×100%＝62.81%

方法二：辅助软件法。账册第 $N$ 项成品（品名：××）所耗用 $M$ 料号料件（品名：××）单耗。具体如下图 4－13 所示。

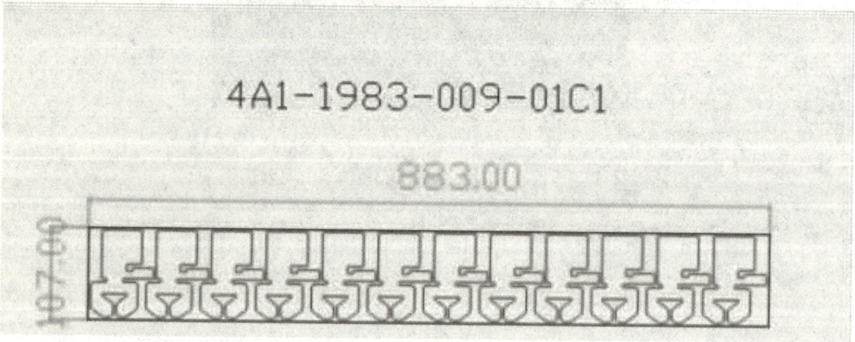


图 4－13　软件排版工艺设计图

净耗＝0.0552kg（由 CAD 软件直接算得）

单耗 = 长 × 宽 × 厚度 × 密度/13 个 = 883 × 107 × 1.55 × 0.00000785/13 = 0.0884kg

工艺损耗率 = （单耗 - 净耗）/单耗 × 100% = （0.0884 - 0.0552）/0.0884 × 100% = 37.56%

## 案例三 注塑类单耗申报

与五金冲压类比较类似，注塑类单耗申报主要以称重图法计算。企业关务应考虑到水口是否可以回用，这将直接影响工艺损耗的申报。

模式一：水口不可以回用

账册第 *N* 项成品（品名：××）所耗用 *M* 料号料件（品名：××）单耗。具体如下图 4 - 14、图 4 - 15 所示。

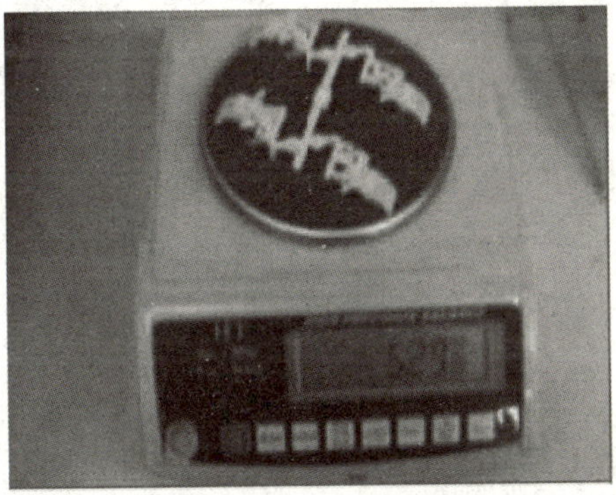

图 4 - 14　净耗称重 = 5.29 g（含 4 个成品）

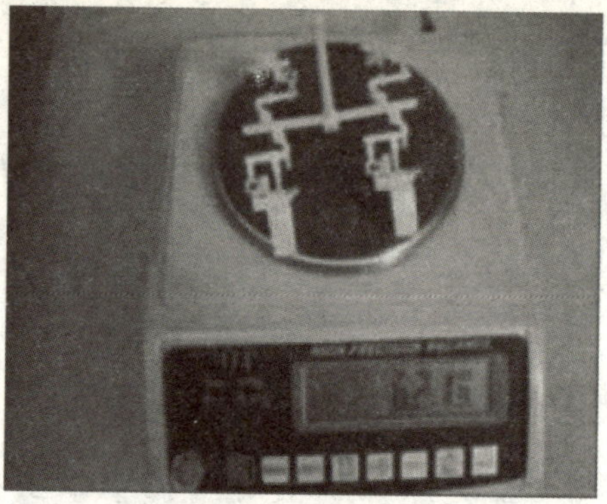

图4-15 单耗称重=6.21 g（含4个成品）

净耗=5.29/4=1.323g

单耗=6.21g/4=1.55g

工艺损耗率=1-净耗/单耗×100%=1-1.323/1.55×100%=14.64%

模式二：水口可以回用的情况

因边角料可回用，故原则上产生的水口应按照料件进行管理。考虑到长期生产导致的大饼料（无法回用的）的存在，可以向海关申报工艺损耗，但损耗率一般应低于3%。

## 案例四 套排（共模）类单耗申报

套排是指冲压（模切、裁切）类排版时，可以在一个版面上排出不同的产品；共模是指注塑类在生产时，同一个模具一次可以生产出不同的产品。

模式一：套排

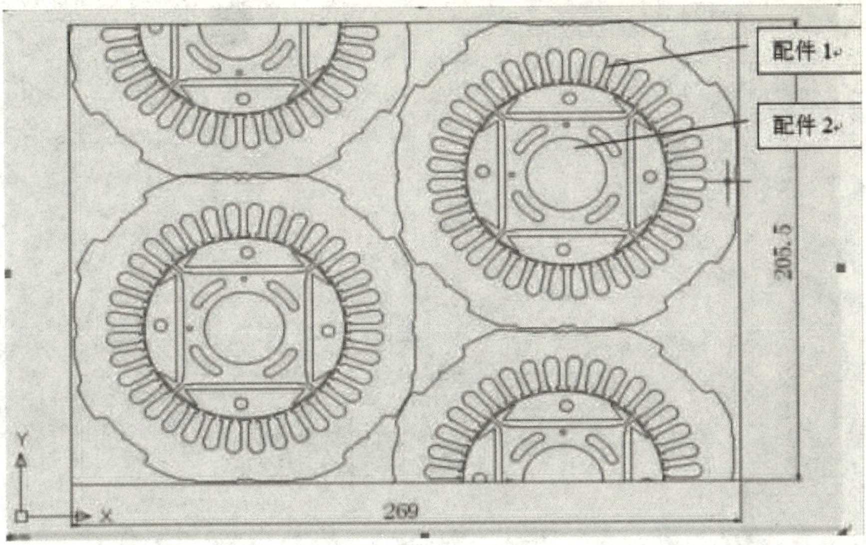


**图4－16 套排排版图**

配件1：单模净耗＝0.0197645kg（由CAD软件直接算得）

配件2：单模净耗＝0.0084kg（由CAD软件直接算得）

单模工艺损耗率＝（单模面积－配件1面积－配件2面积）/单模面积×100%＝（205.5＊269/3个－7560.3117｛由CAD软件算得｝－3248.2573｛由CAD软件算得｝×100%/（205.5＊269/3个）×100%＝41.34%

模式二：共模

在注塑类企业中存在着共模生产的现象，即一模出来的产品不止一种。由于不同产品单重（净耗）不同，导致单耗申报无法分割不同产品所对应浇口重量（工艺损耗量）。

账册第$N_1$、$N_2$项成品（品名：××）之第$M$项料件（品名：××）单耗如图4－17、图4－18所示。

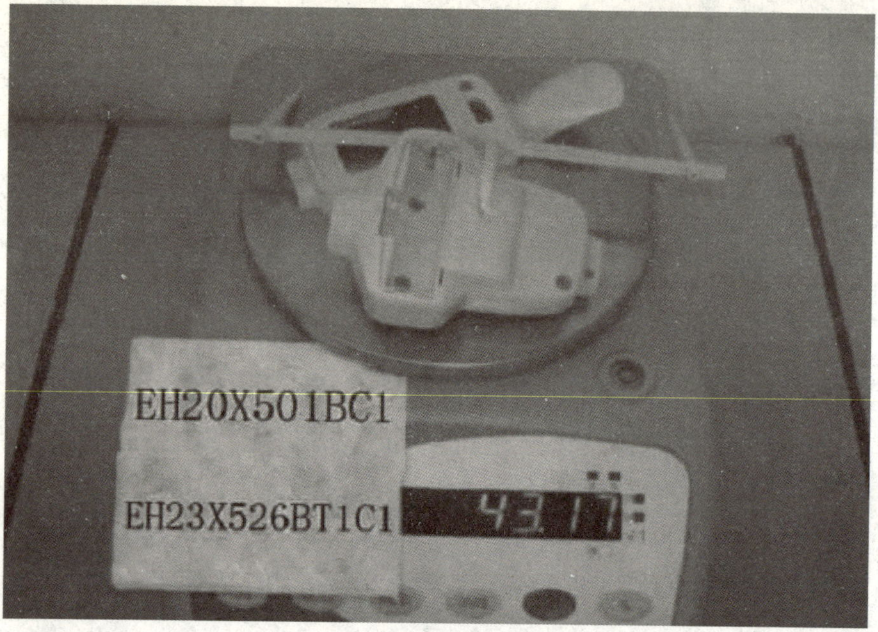


图 4 - 17　单模单耗称重 =43.17 g

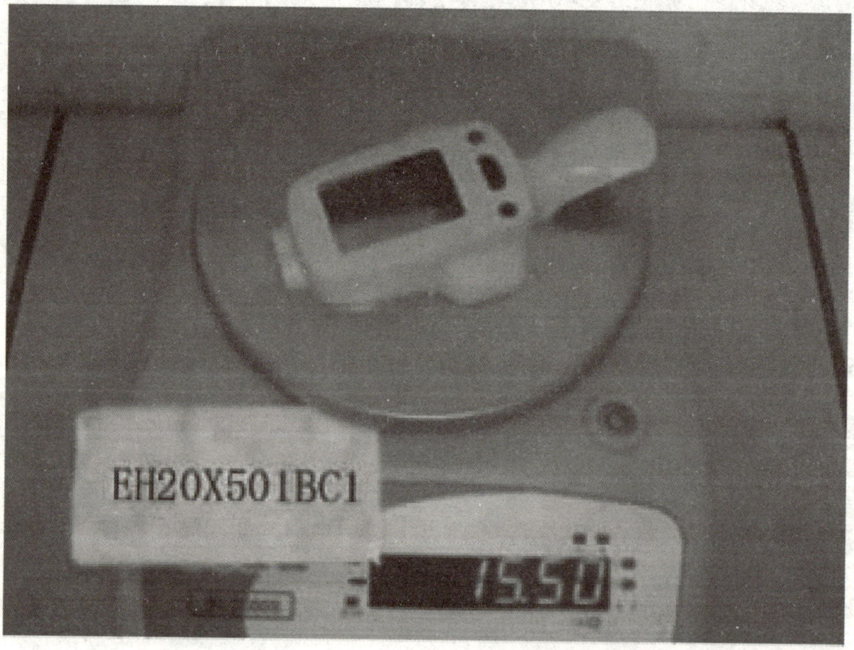


图 4 - 18　成品 $N_1$ 净耗称重 =15.5 g

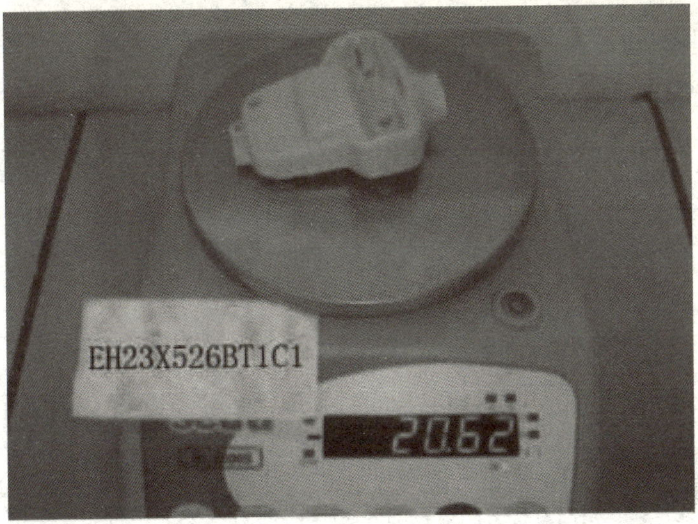


**图 4－19　成品 $N_2$ 净耗称重**＝20.62g

综合工艺损耗率＝1－净耗/（净耗＋损耗）＊100%
＝1－（15.50＋20.62）/43.17＊100%
＝16.33%

单耗申报数据如下：

$N_1$ 净耗申报为 15.5g；损耗率申报为 16.33%。

$N_2$ 净耗申报为 20.62g；损耗率申报为 16.33%。

## 小贴士

两类工艺虽然表面上看起来有所不同，但是本质上都统一于从“整体”出发的思想。另行指出的是，有些冲压（模切、裁切）类企业利用边角料再生产其他产品的做法也属于“套排”之列。

## 案例五 纺织类单耗申报

本文所举实例仅为织布环节，产品特点是所用原材料比较单一，一般是由一种或者两种纱线，或者织线、化纤丝、钢丝等。按传统经纬编织法以纺织机器编织而成（非无纺布制造工艺）。如经纬线相同，则原料只有一种；如经纬线不同，则原料会变为两种；比较少见多种线混织情形。所织成品的特点是，从机器上下来的布匹直接出口，或者经过再次裁剪为一定规格后出口。

一般情况下，从织布机下来成品直接出口的，则工艺损耗率比较固定（只与设备有关）；经过再次裁剪的，则工艺损耗率变化幅度大（受排版方式影响）。以织布工艺看，本类产品虽然所用原料简单，但由于涉及工序繁多，导致工艺损耗产生环节较多，因此，结合工序及经纬线不同对可能产生的工艺损耗环节分析如下：

### 一、整经损耗分析

整经即整理经线，把多根经线统一缠绕到固定经轴上的作业，达到上机织布的技术规格。相比较纬线加工，整经是工序较多、损耗较大的环节。整经过程分为前、后两个过程。

（一）整经前过程含上排、扎头、线筒尾料三个部分

“上排”为整经时把一个一个经线筒，有序排列在整经筒架上的作业。

“扎头”为每根经线接入经轴后，将其固定于经轴的作业。

“线筒尾料”为最终工序完成残留在线筒的丝线。

三个部分都会产生经线的若干工艺损耗，

#### 小贴士

其中“线筒尾料”并不是所有残留在线筒的丝线都认定为工

艺损耗，它还有可能是原料余料，只有那些在通行生产标准下的残余才可能认定为工艺损耗。

（二）整经后过程含穿综、穿筘、上机、边丝、整机、终了等六个部分。

“穿综”为把经轴上的经线，按照一定顺序逐根穿过综框的作业。

“穿筘”为把穿好综框的经线，按照一定顺序再逐根穿钢筘的作业。

“上机”为把穿综、穿筘完成的经轴，安装在织机上进行织布（网）前技术设定。

“边丝”是为了稳定织布（网）过程的工艺，增加一定宽度边丝以提高稳定性，待织布完成再裁掉。

“整机”为进行织布（网）前的调整机器作业，此部分产生的经纬线损耗都是非工艺性损耗。

“终了”为整个经轴织布（网）作业结束后，对经轴上的残留经线进行清理。

**小贴士**

工序中边丝部分本质是一种辅助生产的消耗性物料并对产品质量不产生影响，企业一般会采用价格低廉的非保税料件，如果使用保税料件的，则计入非工艺损耗。

## 二、纬线损耗分析

纬线的加工并没有经线那么复杂的工序，只在机织上产生整机（非工艺损耗）、尾料的工艺损耗。

## 三、落产品损耗分析

落产品是指将织到一定长度的布（网），按照固定的产品规格长度从机器上剪裁下来。落产品的损耗实际是一种剪裁损耗。

## 四、深加工裁剪损耗分析

纺织类深加工裁剪一般是根据随机变化的客户订单对母片分切，由于订单量大，尺寸不定，被裁对象尺寸不定（有可能是初次待裁母片，也有可能是已被裁过几次的母片），且历史追溯要求高，故对企业的工艺损耗率计算会产生巨大影响。虽然可变因素较多，但是也存在着相对固定的成分。从工艺角度看，母布织机宽度是固定的，不能调整，只与机器有关，如12米机织。虽然单个订单是根据客户不同需求定制，导致每一次裁剪排版不同，且规格和交期也不一样。但是，企业一般不会无订单盲目生产库存，因此只要接到一张订单，如7米宽，就必定要织一张12米宽的母布用于裁切，剩余部分其实是一种余料状态（不能错误理解为是边角料）。对于这些放入库存的剩余部分，可能会存在以下几种处理方式：一是如果小于预期订单需求规格的，立即报废，应按照非工艺损耗向海关补税。二是可以被用来再次裁切的，继续用于裁切其他订单，应按照正常料件予以管理。三是因为控制库存或其他管理需要，这部分在放入库存一定时间后直接报废，在报废前应向海关补税。

鉴于裁剪工艺的复杂性和订单变化的不确定性导致工艺损耗率变化幅度非常大的特点（因为即使是同一个型号的产品，也会因为不同的生产批次而产生不同的裁剪方式或尺寸进而导致不同的工艺损耗率），建议企业可以按照以下两个思路申报计算裁剪工序工艺损耗：一是企业为了获得最终订单所需尺寸，剪裁过程中，在其长度和宽度方向必须在预留出一定尺寸的冗余量供后续工艺使用，最后予以剪除报废，这部分冗余量可认定为边角料而计入工艺损耗。二是根据这一性质而定量计算时，由于每次出口成品尺寸不同，又会产生不同的工艺损耗率，可以取一定时间内产生的订单进行加权平均计算平均损耗率。

账册第 *N* 项成品（品名：××）所耗用 *M* 料号料件（品名：××）在裁剪工序单耗如图 4－20 所示。

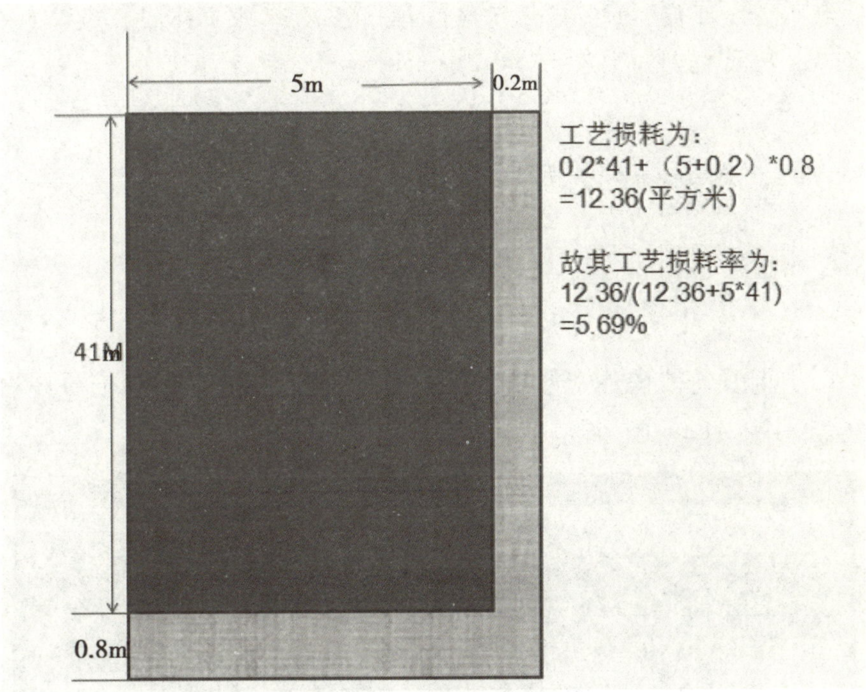


**图 4－20　裁剪工艺图**

1. 对于每个订单，长度方向需要增加 0.8 米，供临时接缝和拔丝等使用。

2. 对于每个订单，宽度方向需要增加 0.2 米，边缘打胶定型等，然后再切除。

3. 单耗申报所涉账册周期以 2013 年 9 月 1 日到 2014 年 8 月 31 日所生产的全部订单尺寸作为参考，加权平均之后是（长 41 米×宽 5 米）规格的均值，因此可最后计算得到其在该工序的工艺损耗率为 5.69%。

纺织类单耗申报是一个相对复杂的问题，本文仅对主要生产工艺进行了定性梳理。由于纺织类产品的生产工序较多，所以多采用“多工序综合计算方式”，即每一步工序求损耗率，再最后综合计算。又因为由“线”到“面”必须有一个转换过程，建议采用“经线目数”（一英寸间经线排列根数）与“纬线目数”（一英寸间纬线排列根数）这两个概念进行。

## 三、如何顺利完成预报核

### （一）预报核操作

企业预报核操作需要进入 QUICKPASS 系统（即电子口岸客户端）。如图 4－21 所示：

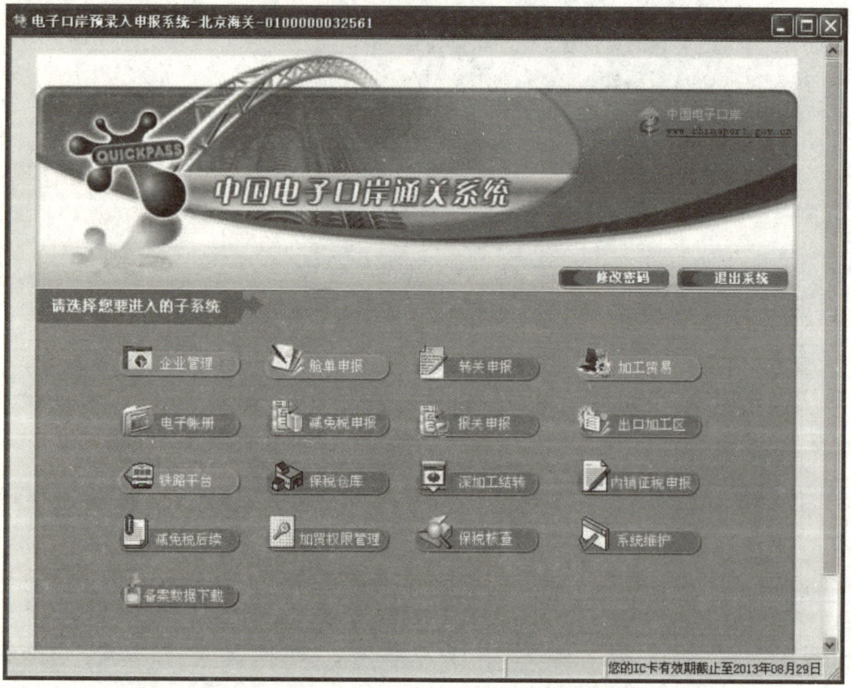


图 4－21　电子口岸客户端主界面

点击电子账册，即进入“电子账册”子系统。在系统界面上方功能菜单上，点击数据报核，进入“数据报核”界面。如图4－22所示：

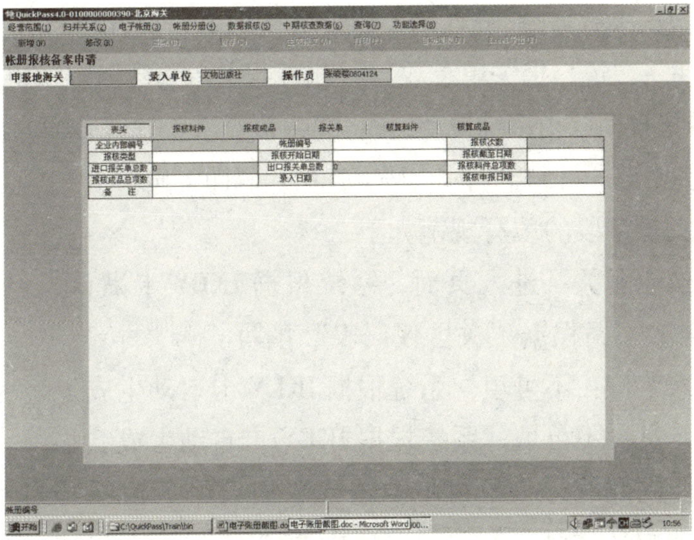


图4－22　数据报核界面

数据报核录入界面包括表头、报核料件、报核成品、报关单、核算料件、核算成品六个表。

操作员需先录入表头的内容，表头没录完时，不能进入其他表进行录入。

表头录入企业报核的基本信息。报核料件和报核成品是企业定期将料件和成品的消耗、剩余情况等向海关报核。正式报核时应填报这两个表和表头；预报核时，不需填报这两个表。报关单是企业在报关后，将报关单的基本信息向海关申报。核算料件和核算成品这两个表的一条记录对应了一项料件或成品在一种核扣方式下的累计数量、金额等信息。这两个表的内容一般情况下不需要申报，只有在海关要求对部分料件或成品进行详细核对时，企业才需填报该部分料件和成品的相应内容。

首先进入的是表头中的各项目。表头中“账册编号”、“报核截止日期”、“报核料件总项数”、“报核成品总项数”、“备注”各项，当鼠标光标停留在各项时，界面底部有系统提示。“企业内部编号”、“报核次数”，在输入“账册编号”后由系统自动调出。“报核开始日期”、“进口报关单总数”、“出口报关单总数”、“录入日期”、“报核申报日期”由系统自动生成。“报核类型”输入代码直接调出，或者敲空格键即可调出相应代码，选中代码即可显示相关内容。

表头各字段的填写规范如下：

申报地海关：进入页面，系统根据 IKEY 卡默认，但可以修改。4 位数字，根据“关区代码表”填写。

录入单位：不可填。系统根据 IKEY 卡自动生成。

操作员：不可填。系统根据 IKEY 卡自动生成。

企业内部编号：不可填。输入账册编号后由系统自动调出。该“企业内部编号”与电子账册中的“企业内部编号”一致。

账册编号：必填项。12 位字符。该“账册编号”即为电子账册中的“账册编号”。

报核次数：不可填。由系统自动生成。

报核类型：非必填项。敲空格键即可调出相应代码，选中代码即可显示相关内容。

报核开始日期：必填项。由系统自动调出。首次报核为电子账册海关审批通过的日期，以后报核为上次核销结束日的次日。

报核截止日期：必填项。为本次报核开始日期 + 核销周期。8 位数字，顺序为年 4 位，月、日各 2 位。

进口报关单总数：不可填。由系统自动调出。指本次报核截止日期前所有已报关未核销的进口报关单份数。

出口报关单总数：不可填。由系统自动调出。指本次报核截止日期前所有已报关未核销的出口报关单份数。

报核料件总项数：必填项。最多 9 位数字。

报核成品总项数：必填项。最多9位数字。

录入日期：必填项。由系统自动调出。

报核申报日期：不可填。由系统自动生成。

备注：非必填项。最多30位字符，可填写表格内项目未竟事宜。

表头填写完成后，点击暂存或直接回车，数据都保存成功。

企业进行预报核时，只需填写表头和报关单。填完表头后，直接进入报关单界面。如图4－23所示：

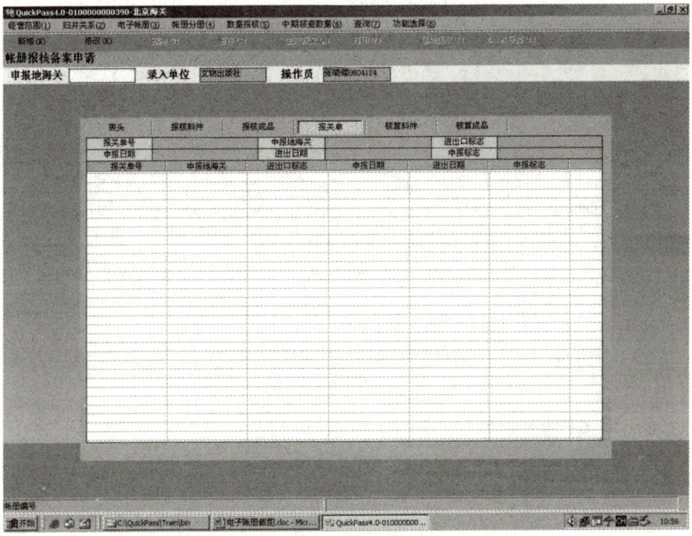


图4－23　预报核报关单录入界面

报关单中：“报关单号”、“申报日期”、“进出日期”，当鼠标光标停留在各项时，界面底部有系统提示。“申报地海关”、申报方式”敲空格键即可调出相应代码，选中代码即可显示相关内容。“进出口标志”在输入“报关单号”后由系统自动调出。也可点击自动提取按钮，可自动从服务器上提取出该报核时间段内的报关单数据，并填写进报关单表体中。

报关单填写完成后，可点击暂存，也可直接回车，数据都保存成功。点击生成报文，即实现预报核。

## （二）异常事务解决秘笈

在 H2010 系统企业预报核后，在报关单比对环节有时会出现以下提示：

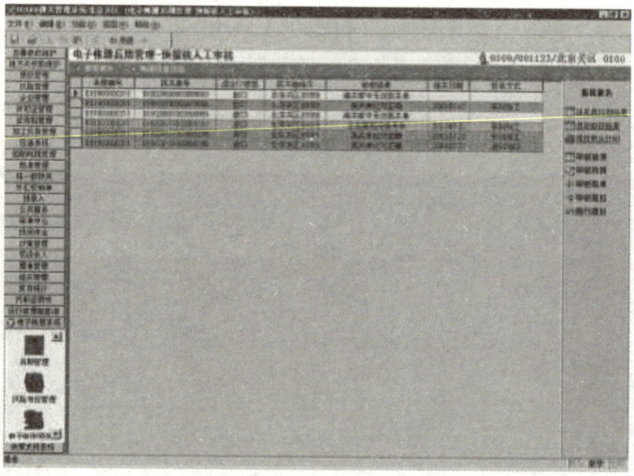

图 4－24　H2010 系统报核报关单比对界面

### 1. 该报关单未结关

解决途径：此类报关单可能确实未结关，可以请报关口岸属地海关重新结关。如果经查询发现属于 H2010 系统通关库结关信息数据未能转入保税数据库，可以提请海关加贸部门补核注。

### 2. 提示漏报报关单

解决途径：此类报关单主要是企业在预报核过程中对本周期报关单漏报，或者是应剔除到下周期参与核销的在途数据报关单企业未加×标识，企业可按照正确操作重新发送预报核信息。

### 3. 提示多报报关单

解决途径：此类报关单主要是企业在预报核过程中将本周期外报关单误报，或者是期外在途数据报关单纳入到本周期参与核销申报过程中未加 W 标识，企业可按照正确操作重新发送预报核信息。

4. **海关库中无该报关单**

解决途径：此类报关单较为特殊，应查明原因后予以处理。常见的情况可能是企业申请删除了报关单，但 H2010 系统通关库删单信息未能反馈入保税库，需要海关按照异常数据处置程序后台进行调整。

## 四、预报核流程图

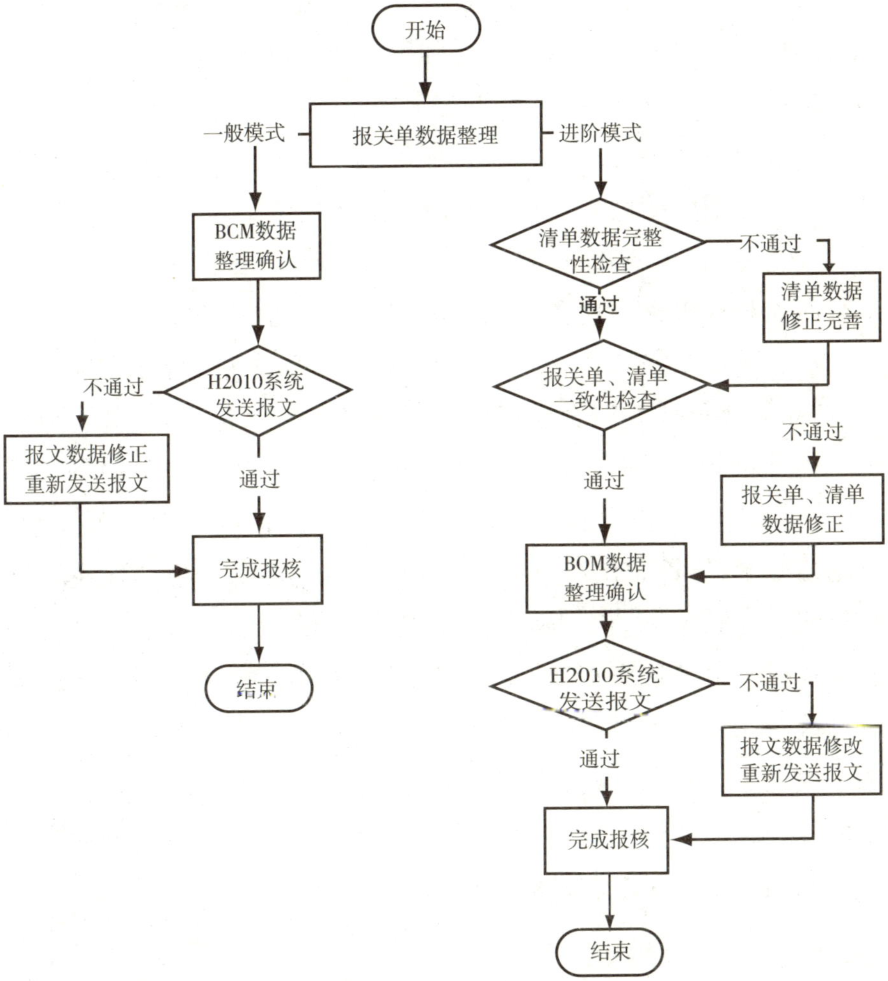


**图 4－25　预报核流程图**

## 第三节　正式报核

“预报核完成了，接下来该做什么呢?”小宁又有点迷茫了，还好有万能的攻略。之前虽然总览攻略，对联网监管有了大致的了解，但真正做起来还得要把攻略逐字研究透彻。

“预报核完成之后，需完成核销正式报核。正式报核是指企业在预报核经海关审核后，根据确定的报关单范围核算保税料件的使用情况，向海关申报电子账册上每一种料件的应剩余数量、实际剩余数量和消耗总数量，并和海关系统计算结果进行比对的过程。正式报核的结束标志联网监管阶段性核销工作的结束。”

“一步步攻坚克难完成了联网监管资质审批、账册设立、进出口通关和预报核，现在离攻下联网监管这座堡垒只差正式报核了，曙光就在眼前!”小宁顿时精神抖擞，赶紧继续钻研起来。

“正式报核既是对企业保税业务管理的答卷进行批阅的过程，也是提升企业今后保税管理水平的抓手。正式报核的关键是查找核销差异，差异原因的判断与核实可以帮助企业发现管理体制、机制的漏洞，可以查找一些人为因素导致的疏漏，也是保税管理规范化、高效化程度的体现。”攻略如是说，小宁捋捋思路，心想正式报核原来这么重要，我平常努力工作，推动公司内部保税管理按章操作，那么正式报核也能反映我的工作成绩啦，不用多久，我就可以升职加薪，当上关务主管，出任物流总监，走上人生巅峰，想想还有点小激动呢！正式报核到底怎么做、如何做得好，我们跟着小宁继续翻阅攻略吧！

# 一、什么是正式报核

## （一）从源头说起

在全球经济一体化背景下，加工贸易呈现出订单网络化、物流全球化、市场变化快、技术更新快、生产周期短的特点。加工贸易联网监管取消了合同管理，以企业为单元，通过归并规则实现了海关项号管理与企业生产实际的无缝对接，更加契合企业进出口业务量大、生产工艺复杂、货物料号多、进出频繁的生产实际，符合市场在经济活动中发挥决定作用的客观规律。

1. 联网监管管理原则一——滚动核销、盘点核查

（1）以企业为单元。电子账册是海关以企业为单元为联网企业建立的电子底账。实施电子账册管理的联网企业只设立一个电子账册。

（2）灵活确定核销周期。海关根据联网企业的生产情况和海关的监管需要确定核销周期，按照核销周期对实行电子账册管理的联网企业进行核销管理。

（3）滚动核销。电子账册核销结合对企业保税货物的库存盘点，以盘点日期作为本次核销周期的截止日期，根据企业生产实际和海关监管需要实行阶段式滚动核销，核销期间不影响账册进出。

（4）盘点核查。海关结合企业盘点实施核查核销，将电子底账核算结果与企业实际库存量进行对比并进行相应处理，加强实际监管。海关按实际库存量调整电子底账的当期余额，实现电子账册按周期、分段式盘点核销。

2. 联网监管管理原则二——项号级通关、料号级核销

（1）项号级通关。联网监管引入归并关系将企业系统中众多

的料号数据归并为符合海关监管要求的项号级数据，全面提升了企业通关效率，避免数据量过大给海关执法系统带来的压力。

（2）料号级核销。料号作为企业内部管理的基础数据，涉及企业内部购、产、销、存等多个环节，料号级核销与企业内部系统数据相一致，确保了数据源的真实可溯，实现了精细化管理的要求。

正式报核要求企业将项号级通关数据整理成料号级核销数据，根据保税平衡核算的公式要求核算出理论应剩余数量，并将应剩余数量与盘点实际剩余数量进行比对，针对差异数据进行相应处理。

**海关提醒**

项号与料号的区分

现代企业发展规模迅猛，加工贸易企业内部对货物管理的精确程度一般较高，企业按照种类、规格、功能、大小甚至颜色来区分货物，并在内部管理 ERP 等系统中根据一定的原则对其予以命名，称之为料号，以此原则区分的货物称为料号级。而海关受技术手段与资源的限制，无法将海量的企业料号级数据全部纳入备案、通关和核销管理。因此，加工贸易联网监管通过归并原则对企业料号级货物进行归并，将编码相同、计量单位相同、中文品名相同的诸多料号及数据合并为一个项号在海关系统中进行管理，称之为项号，项号级管理的主要目的是便于企业快速通关，节约通关资源与成本。

### （二）从文件说起

目前，加工贸易核销业务已基本形成包括法律、行政法规、部门规章和规范性文件三个层次的法律体系框架。对于规范加工贸易企业核销行为、加强海关对加工贸易企业的监管等方面发挥着重要的作用。下面以2015年6月份为时间节点，梳理在此之前海关总署出台的涉及加工贸易联网监管正式报核的相关规定。

1.《中华人民共和国海关法》

加工贸易核销的法律依据主要是《中华人民共和国海关法》（以下简称《海关法》）。作为海关法律体系中的最基本的"母法"，《海关法》明确规定，"加工贸易制成品应当在规定的期限内复出口，其中使用的进口料件，属于国家规定准予保税的，应当向海关办理核销手续；属于先征收税款的，依法向海关办理退税手续"。

2.《中华人民共和国海关加工贸易货物监管办法》（海关总署令第219号）（附件5）

作为加工贸易管理的基本署令，规定了加工贸易核销业务制度及相关的法律责任，明确核销是指加工贸易经营企业加工复出口或办理内销等海关手续后，凭规定单证向海关报核，海关按照规定进行核查以后办理解除监管手续的行为。经营企业报核时应当向海关如实申报进口料件、出口成品、边角料、剩余料件、残次品、副产品及单耗等情况，并且按照规定提交相关单证。

3.《中华人民共和国海关关于加工贸易边角料、剩余料件、残次品、副产品和受灾保税货物的管理办法》（海关总署令第111号公布，海关总署令第218号修改）

加工贸易企业在日常生产经营过程中产生的边角料、剩余料件、残次品、副产品和受灾保税货物等都属于海关监管货物，未经海关许可，企业不得擅自销售或者移作他用。署令对这些货物的处置方式进行了明确规定，其中边角料可以按照内销、退运、销毁三种方式进行处理，剩余料件可以按照内销、余料结转、退运、销毁等方式进行处理，残次品可以按照内销、退运、销毁三种方式进行处理。企业应当在报核时如实申报上述货物的处置情况，原则上应当在报核前按规定进行相应处置。

表4－5 加工贸易货物处理方式表

| 可选择的处理方式<br>加工贸易货物 | 结转 | 退运 | 内销 | 销毁 |
|---|---|---|---|---|
| 边角料 | | √ | √ | √ |
| 剩余料件 | √ | √ | √ | √ |
| 残次品 | | √ | √ | √ |
| 副产品 | | √ | √ | √ |
| 受灾保税货物 | | √ | √ | √ |

4.《中华人民共和国海关加工贸易企业联网监管办法》（海关总署令第150号）

该署令规定了联网监管企业的基本业务制度，对电子账册核销的具体要求进行了明确。与报核相关的条款包括：

（1）联网企业应当在海关确定的核销期结束之日起30日内完成报核。确有正当理由不能按期报核的，经主管海关批准可以延期，但延长期限不得超过60日。

联网企业未按照规定时间向海关办理报核手续的，海关可以要求其提供保证金或银行保函作为担保。

（2）联网企业实施盘点前，应当告知海关；海关可以结合企业盘点实施核查核销。海关结合企业盘点实施核查核销时，应当将电子底账核算结果与联网企业实际库存量进行对比，并分别进行以下处理：

实际库存量多于电子底账核算结果的，海关应当按照实际库存量调整电子底账的当期余额；

实际库存量少于电子底账核算结果且联网企业可以提供正当理由的，对短缺的部分，海关应当责令联网企业申请内销处理；

实际库存量少于电子底账核算结果且联网企业不能提供正当理由的，对短缺的部分，海关除责令联网企业申请内销处理外，还可以按照《中华人民共和国海关行政处罚实施条例》对联网企业予以处罚。

5. 海关总署关于执行《中华人民共和国海关加工贸易企业联网监管办法》（总署令第150号）有关问题的通知（署加发〔2007〕10号）

关于企业联网监管核销管理的相关条款包括：

（1）对采用电子账册管理模式的联网企业，由主管海关按实际监管需要确定核销周期，最长不得超过一年；对采用电子手册管理模式的联网企业，由主管海关按加工贸易合同有效期确定核销日期，最长不超过一年。

（2）主管海关完成电子账册核销的时限为下一个核销日期前，但最长不得超过180天；电子手册的核销时限按现行加工贸易纸质手册监管规定执行。

## 案例 某公司未及时申报正式报核

进入了联网监管这一保税新天地，小宁加入了一些联网监管保税业务的QQ群、微信群，群里既有经验丰富的关务前辈，也有和小宁一样的关务小白，大家经常切磋交流，偶尔也发发牢骚。一天，小宁听群里的一个关务人员抱怨，说是刚进入一家从事半导体封装的联网监管企业，公司之前因超期报核被海关要求整改。小宁对这种血泪教训、前车之鉴最感兴趣了，赶紧追问了解情况，心想我可不能犯这种错误，不然对不起关员小关的一番好意啊。具体什么情况呢？

该半导体封装企业与主管海关确定2014年12月份盘点，以2014年6月1日至2014年12月31日作为核销周期起止时间。

2015年1月25日，该企业向海关H2010系统申报预报核，数据经海关比对一致通过。之后海关多次联系企业关务人员，准备催促企业尽快开展正式报核，企业却杳无音讯。2015年5月15日，关员小关使出杀手锏——下厂核实情况，发现公司由于人员调动等原因，造成账册管理部门工作交接混乱，至今尚未开展正式报核数据准备工作。海关依据规定，要求企业进行整改，并提供相应金额的风险担保金，至企业完成整改并且账册正常核销完毕，方可办理担保退还手续。公司这才认识到事情的严重性，立马重金聘请了一位经验丰富的关务人员，现在她刚从关员小关那里办完担保退还手续，准备在这家公司大展拳脚呢！

小宁和这位关务精英深入切磋了一番，得出了以下经验：预报核、正式报核均是企业的报核行为，企业应当在规定时间内完成报核。一般情况下，预报核的时限是盘点之后30日内，经企业申请延期，可延长至盘点后60日内。正式报核的时限是下一个核销日期前，但不得超过盘点后180天内。“小白”所在的公司5月15日尚未准备数据，6月25日之前仍未申报数据，海关就可以按企业“未按照规定时间向海关办理报核手续”，要求企业提供保证金或者银行保函作为担保。

### （三）从公式说起

联网监管正式报核的原则就是掌握企业在某个时段所进口的各项加工贸易保税料件的使用、流转、损耗的情况，企业正式报核时需要按以下公式申报保税料件的平衡关系：

账册期初数＋实际进口数－出口成品耗料量＝理论剩余

根据海关总署令第150号的规定，加工贸易联网监管需结合企业盘点数据进行，企业在计算保税料件理论剩余的基础上，需要将实际库存量与理论剩余进行比对。

如企业实际库存量多于理论剩余的，海关可按照实际库存量调整电子底账的当期结余数量。如企业实际库存量少于理论剩余的，企业需提供合理解释，对能提供正当理由的，可经海关批准后做申请内销处理，避免因此受到海关行政处罚。

**1. 账册期初数**

联网监管按周期实行滚动核销，一般情况下企业不需进行余料结转操作，只需在上一周期申报的实际库存数量。海关系统将上期实际库存自动转置到下一个周期，作为下一周期的期初数量。

因账册数据量过多、使用年限过长，联网企业需要切换电子账册的，企业可以增办新的账册，并申请注销旧账册。账册切换过程中，企业需将上本账册的实物盘点数按照“余料结转”贸易方式结转到新账册中。此种情况下，新账册的账册期初数均为零。

**2. 实际进口数**

本周期的时间段内，以料件形式进行的各种贸易方式进项扣除各种贸易方式出项。具体包括：

**表4－6　加工贸易料件进出口贸易方式列表**

| 料件进项贸易方式名称 | 贸易方式代码 | 料件出项贸易方式名称 | 贸易方式代码 |
|---|---|---|---|
| 来料加工进口 | 0214 | 来料加工内销 | 0245 |
| 来料深加工转入 | 0255 | 来料余料结转转出 | 0258 |
| 来料余料结转转入 | 0258 | 来料料件复出 | 0265 |
| 来料料件退换进口 | 0300 | 来料料件退换出口 | 0300 |
| 进料对口进口 | 0615 | 进料料件内销 | 0644 |
| 进料非对口进口 | 0715 | 进料余料结转转出 | 0657 |
| 进料深加工转入 | 0654 | 进料料件复出 | 0664 |
| 进料余料结转转入 | 0657 | 进料料件退换出口 | 0700 |
| 进料料件退换进口 | 0700 | 料件销毁 | 0200 |

### 3. 出口成品耗料量

本周期的时间段内，以成品形式进行的各种贸易方式出项扣除各种贸易方式进项后的成品实际出口数，结合成品对应的单耗（包括净耗、工艺损耗）数据，计算得出的出口成品耗用料件的数量。具体包括：

表 4－7　加工贸易成品进出口贸易方式列表

| 成品出项贸易方式名称 | 贸易方式代码 | 成品进项贸易方式名称 | 贸易方式代码 |
|---|---|---|---|
| 来料加工出口 | 0214 | 来料成品退换进口 | 4400 |
| 来料深加工转出 | 0255 | | |
| 来料成品退换出口 | 4400 | | |
| 进料对口出口 | 0615 | 进料成品退换进口 | 4600 |
| 进料非对口出口 | 0715 | | |
| 进料深加工转出 | 0654 | | |
| 进料成品退换出口 | 4600 | | |

### 4. 实际库存

企业根据盘点清册的数据，将库存料件、成品、半成品及其他未完成品通过 BOM 折成料件以后的料件库存数据。详见本章第二节预报核中的保税料件折料汇总章节相关内容。

## 二、正式报核准备事项

正式报核是企业向海关系统报送数据的行为，虽然主管海关完成电子账册核销的时限为下一个核销日期前，但最长不得超过 180 天。对于企业来说，还是要尽量在盘点之后的三到四个月内完成所有平衡数据的计算与核实，并将正式报核结果上传至海关信息化管理系统中。那么正式报核需要报送哪些数据？这些数据如何准备呢？

企业需要报送的正式报核基础数据，其一是消耗总数量，根据成品出口汇总数量折算BOM后计算；其二是应剩余数量，根据料件进口汇总数量扣减消耗总数量得出；其三是实际剩余数量，根据本章第一节所述盘点库存折料计算得出。根据以上基础数据，将实际剩余数量与应剩余数量进行比对，计算得出核销差异，并针对盘亏差异查找原因及理由。要想做好数据整理工作，需要关务人员熟练掌握Excel表格的各类公式应用，可提升效率。

### （一）如何做好平衡表

联网监管正式报核的目的是掌握企业在某个时段所进口的各项加工贸易保税料件的使用、流转、损耗的情况。这些情况通过保税料件的平衡表反映出来，平衡表的制作需要纷繁复杂的核销基础数据。基础数据的准备是做好平衡表的关键，主要包括下面公式中的各数据：

账册期初数＋实际进口数－出口成品耗料量＝应剩余数量

实际剩余数量－应剩余数量＝核销差异

#### 1. 进口汇总数据（实际进口数）

根据预报核比对通过的以料件形式申报的报关单数据，梳理罗列其对应的报关清单数据，可按以下样表进行数据整理。

表4－8　进口汇总数据计算样表

| 报关单号 | 贸易方式 | 进出口标志 | 料号 | 项号 | 清单报关数量 |
|---|---|---|---|---|---|
| | | | | | |

根据上述样表中的报关贸易方式进行分类汇总，通过计算得出每个料件料号在每一种贸易方式项下的进口汇总数量。最后，将保税料件的进项贸易方式申报总数量减去出项贸易方式申报总数量，计算得出料号级保税料件实际进口数。

具体公式：来料加工进口（0214）－来料加工内销（0245）＋来料深加工转入（0255）＋来料余料结转转入（0258）－来料余料结转转出（0258）－来料料件复出（0265）＋来料料件退换进口（0300）－来料料件退换出口（0300）＋进料对口进口（0615）＋进料非对口进口（0715）－进料料件内销（0644）＋进料深加工转入（0654）＋进料余料结转转入（0657）－进料余料结转转出（0657）－进料料件复出（0664）＋进料料件退换进口（0700）－进料料件退换出口（0700）－料件销毁（0200）

2. **出口汇总数据（实际出口数量）**

根据预报核比对通过的以成品形式申报的报关单数据，梳理罗列其对应的报关清单数据，可按以下样表进行数据整理。

**表4－9　出口汇总数据计算样表**

| 报关单号 | 贸易方式 | 进出口标志 | 料号 | 项号 | 清单报关数量 |
|---|---|---|---|---|---|
| | | | | | |

根据上述样表中的报关贸易方式进行分类汇总，通过计算得出每个成品料号在每一种贸易方式项下的出口汇总数量。最后，将保税成品的出项贸易方式申报总数量减去进项贸易方式申报总数量，计算得出料号级保税成品实际出口数。

具体公式：来料加工出口（0214）＋来料深加工转出（0255）＋来料成品退换出口（4400）－来料成品退换进口（4400）＋进料对口出口（0615）＋进料非对口出口（0715）＋进料深加工转出（0654）＋进料成品退换出口（4600）－进料成品退换进口（4600）

3. **料件消耗总数量（即出口成品耗料量）**

根据料号级出口汇总数据、成品出口版本号、结合事先申报的核销BOM数据，折算出每个成品料号耗用的原料数量，包括净耗和工艺损耗。再根据进口料件的料号进行分类汇总，得出出口保税成品所耗用的料件总数量。

表 4－10　出口成品耗用量折算样表

| 序号 | 成品料号 | 料件料号 | 版本号 | 出口数量 | 净耗 | 损耗率 | 折料耗用量 |
|---|---|---|---|---|---|---|---|
| | | | | | | | |

4. 应剩余数量（即理论剩余）

上述数据准备完毕后，根据公式：

账册期初数 + 实际进口数 － 出口成品耗料量 = 料件应剩余数量

计算出每种料号的平衡核算结果，即应剩余数量。

表 4－11　理论剩余计算样表

| 原料项号 | 原料料号 | 中文品名 | 计量单位 | 本期期初数 | 本期实际进口数 | 出口成品耗用总量 | 其他核增 | 其他核减 | 理论剩余 |
|---|---|---|---|---|---|---|---|---|---|
| | | | | | | | | | |

## （二）如何应对平衡差异

联网监管与电子化手册管理的最大差异就在于，联网监管电子账册核销时需结合料件实际盘点数据，核算理论剩余与实物盘点库存的差异情况。实际库存量多于理论剩余的，称之为盘盈；实际库存量少于理论剩余的，称之为盘亏。出现盘盈盘亏的，需要根据《中华人民共和国海关加工贸易企业联网监管办法》（海关总署令第 150 号）的规定，进行相应处理。

公式：盘点实际库存 － 理论剩余 = 平衡差异

表 4－12　平衡差异计算样表

| 原料项号 | 原料料号 | 中文品名 | 计量单位 | 理论剩余 | 实际库存 | 核销差异 | 单价 USD | 货值 | 实存差异比（%） | 盘盈、盘亏、平衡 | 原因分析 |
|---|---|---|---|---|---|---|---|---|---|---|---|
| | | | | | | | | | | | |

盘盈盘亏处理方式：

核销差异 >0，盘盈，实际库存量多于电子底账核算结果的，应当按照实际库存量调整电子底账的当期余额。

核销差异 <0，盘亏，企业能够提供正当理由的，对盘亏部分补税处理。

核销差异 <0，盘亏，企业不能提供正当理由的，除需对盘亏部分补税处理外，海关还可以根据相关规定对企业予以处罚。

**小贴士**

1. 建议企业对于盘亏金额较大、比例较高的料号重点查找原因，核实是否存在内销未补税、非保税生产领用等异常情况。盘亏差异的原因与仓管、产线、销售、报关等部门都密切相关，企业关务人员需加强内部沟通与协调，共同查找确认盘亏原因。

2. 在配合海关进行盘点核查的同时，建议企业在报核前定期进行自查，发现实际库存量少于电子底账情事及时向海关提出申请进行补税并提供合理解释，避免因此受到海关行政处罚。

3. 企业应充分重视盘亏差异的原因查找，如实向海关说明盘亏理由，盘亏无法提供正当理由的，海关加贸核销部门将按照规定移交缉私部门处理。海关缉私部门将根据《中华人民共和国海关行政处罚实施条例》第三章第十八条第三款“经营海关监管货物的运输、储存、加工、装配、寄售、展示等业务，有关货物灭失、数量短少或记录不真实，不能提供正当理由的，处货物价值5%以上30%以下罚款，有违法所得的，没收违法所得”的规定予以处理。

小宁照着攻略提示完成了平衡数据的核算，差异数据呼之欲出，下面盘亏理由的确认让她很是头大。平衡表上上万条数据，平衡差异为负即盘亏的记录条数就占到了1/3，这么多数据如何确认原因，这是一个很大的问题。根据攻略的指点，小宁找出盘亏比例最高的10个料号和盘亏金额最大的10个料号，依次排查其原因。小宁将这20个料号的进出口报关清单数据、仓库进出存数据及申报的BOM数据逐个调出，经过海量的数据比对及与仓管、产线、销售部门的多次沟通，差异原因初现端倪：

其一是报关错误问题。小宁发现盘亏金额最大的料号今年3月份进口的报关清单数据为28143个，而该票报关单实际入库时，仓库登记入库的数量为21843个，报关数量与入库数量不同，貌似是“8”和“1”两个数字输错了。小宁与仓管人员沟通，他们肯定实物入库与仓库入账记录一致为21843。小宁又去翻阅了当时报关的发票发现数量为28143，是供应商的发票错误，还是入库时货物短少了？小宁无限纠结却无法确认原因，而且该料号单价较高，导致盘亏金额达到近10万美金。

其二是BOM版本差异。为适应市场及客户需求，公司的BOM版本几乎每日更新，而成品出库、报关时无法对应生产当天的版本号，只能申报出口当天的版本号，版本不同导致保税料件用量差异，带来不同料件料号之间产生盘盈盘亏。但此原因导致的差异比例均很小。

其三是内销漏补税。平常小宁根据内销集中申报的规定，都是按照集中申报的时限要求完成当月的内销补税手续。但是盘点当月事情太多太杂，竟然忘记办理盘点当月的内销集中补税手续了。内销商品已实际销售，补税手续尚未办理，导致了盘亏。发现这个情况，小宁极为自责，但问题总归要面对，她还是向部门领导汇报了实际情况。还好公司内销业务不多，当月实际内销货值约为3万多美元。

除此以外，已出库未报关在途数据漏报、内部转换料号等原因也导致一定数量的盘亏差异。还有很多盘亏差异较小的原因难以核实，公司内部讨论认为是生产损耗、产线丢失等原因导致的。针对这些情况，小宁详细整理了一份盘亏原因说明报告，准备到关员小关那儿交卷。

### （三）异常事务解决秘笈

企业在准备正式报核的过程中，还需要按照前述海关总署令第219号、第111号及相关文件的规定，对加工贸易边角料、残次品等情况进行相应处置并核算处置差异。这也是企业在报核过程中容易疏漏的地方，对此企业需要在正式报核之前先行核算，尽量找出差异并及时处理，避免发生未按规定处置保税料件的违规行为。

#### 1. 边角料处置平衡计算

企业申报工艺损耗的，对应边角料应当在报核前按规定处理。正式报核之前，需要核算清楚边角料的理论产生数量和实际处置数量，两相比较核算确认边角料是否按规定处置完毕。企业应对边角料差异予以解释，对于边角料盘亏的，应予以补税。如因无形损耗导致边角料盘亏的，企业应事先留存相关无形损耗的证明资料，备海关验核。

理论产生数量：根据料号级出口汇总数据，结合事先申报的每个成品料号的损耗率，折算出每个成品料号产生的边角料理论数量。

实际处置数量：需要按照边角料处置的相关报关单，按项号汇总计算处置的总数量。边角料处置有料号级清单数据的，可以按照料号级进行汇总。

表 4－13　边角料处置贸易方式列表

| 贸易方式名称 | 贸易方式代码 |
|---|---|
| 边角料销毁 | 0400 |
| 进料边角料内销 | 0844 |
| 来料边角料内销 | 0845 |
| 进料边角料复出 | 0864 |
| 来料边角料复出 | 0865 |

表 4－14　边角料平衡计算样表

| 原料项号 | 原料料号 | 原料计量单位 | 中文品名 | 工艺损耗量 | 单位换算系数 | 边角料数量 | 计量单位 | 边角料退运 | 边角料补税 | 差额 | 备注 |
|---|---|---|---|---|---|---|---|---|---|---|---|
| | | | | | | | | | | | |

对于部分生产型企业，保税原料与其产生的边角料计量单位会发生变化。针对此种情况，企业需事先留存单位转换的相关证明材料，如工艺流程、转换比例、测量报告等资料，并计算出上表所示“单位转换系数”，供海关后续核销环节核实验证。

以集成电路封装使用的引线框为例，企业申报的成品料件单位均为“个”、单耗关系一一对应，实际上引线框原料的实物状态为大片框架上分布若干小片引线框，相互间通过边框连接，边框即属于平衡外边角料。原则上来说，引线框等保税料件应以重量或面积为申报单位，边框、粉屑部分作为工艺损耗申报。但多数企业为便于通关及核算，将料件成品的单位备案为“个”，单耗关系申报为一一对应，不申报工艺损耗，有可能将这类边角料误认为非保税料件管理，引发擅自处理边角料的风险。

企业关务人员需全面了解公司保税料件的商品知识，重点关注有可能产生平衡外边角料的保税料件，并在日常生产过程中提醒生产部门及时收集整理，并按边角料相关处置方式进行处理。

**2. 残次品处置情况确认**

海关总署令第111号规定，残次品是指加工贸易企业从事加工复出口业务，在生产过程中产生的有严重缺陷或达不到出口合同标准，无法复出口的制品（包括完成品和未完成品）。残次品可以按照内销、复运、销毁三种方式进行处理。残次品内销补税的，企业应单独申报纳税，并及时登记补税处理数量。残次品复运出境的，企业应当在手（账）册设立或变更时，先说明情况，再在成品项中增加残次品品名；残次品复出报关时，企业需分类包装分开申报。账册核销时，残次品应按上述三种方式处置完毕，一般情况下，不得余料结转、列入盘点转置下期。

企业需整理残次品处置相关报关单号码及料号级清单数据，以备验核。

**3. 成品退换数据整理**

出口成品因品质、规格或其他原因退运进境，经加工、维修或更换同类商品复出口时，允许企业凭成品退换合同在同一电子账册项下按"成品退换"方式进行管理。成品退换分"来料成品退换（4400）"和"进料成品退换（4600）"。成品退换时，应先按"来料成品退换"或"进料成品退换"方式进口原已出口的不符合品质、规格要求的成品，再出口品质、规格符合要求的成品。同一电子账册项下申报的成品退换报关单，其进出口监管方式应当对应，数量、金额应当一致。以"成品退换"方式进口原已出口的成品原则上应全部复运出口，确实不能出口的，由企业按海关总署令第111号的相关规定按照折料内销补税等方式处理。

海关管理要求：

（1）账册报核时要求提交成品退换货物进出情况的详细说明，作专项平衡核算；

（2）成品退换进口货物属于残次品的，一般情况下不得转置下一周期；

（3）退换进口后不复出口申请内销的，一般需单独申报内销报关单，企业还需提交内销料件与退换成品的 BOM 对应关系；

（4）成品退换复出口货物错报成“进料对口”、“来料加工”导致进出口严重不平衡的，将按申报不实移交缉私部门处理。

企业在报核前，需将成品退换贸易方式项下的进项数量、出项数量进行比对，已进口未出口的差异部分，原则上应按内销征税方式先行处理。

**表 4－15　成品退换平衡关系样表**

| 成品项号 | 中文品名 | 计量单位 | 成品退换进口数 | 成品退换出口数 | 成品退换未出口数（已补税处理） | 差额 | 单价（USD） | 货值 | 备注 |
|---|---|---|---|---|---|---|---|---|---|
| | | | | | | | | | |

**4. 余料结转**

因账册数据量过多、使用年限过长，存在一定垃圾数据的，联网企业可以向主管海关申请切换电子账册。企业需要在确定切换的盘点时间之前办结新账册设立手续，并在完成盘点、确认盘点折料数据后，将实物盘点数（折料汇总数）按照“余料结转”贸易方式结转到新账册中。

切换账册注意事项：

（1）提前办理新账册。电子账册的设立需要一定的时间，建议企业在盘点日之前 2 个月左右办理新账册的设立手续。

（2）账册使用时间。建议账册使用时间控制在三年左右，避免账册数据量过大，及时清理账册垃圾数据。

（3）余料金额比例。剩余料件转出金额达到最后一个周期实际进口料件总额 50% 及以上的，企业需要缴纳不超过结转保税料件应缴纳税款金额的风险担保金。其中，企业管理类别为一般认证企业（原 A 类企业）及以上的，免予缴纳风险担保金。

## 三、大通关——如何顺利完成正式报核

小宁埋头苦干，做了大量的 Excel 表格，终于整理完了进出口汇总数据，包括每种料件的进口汇总数、每种成品的出口汇总数，将每种成品的出口汇总数结合成品单耗数据，确定出口成品的料件耗用数量，应剩余数量终于整理完毕。“核销还真是个细致活儿，一点都马虎不得，必须得跟着攻略一步一步来啊!”小宁本想放松一下，可一瞄攻略，发现之后的工作还得抓紧，必须争取在四个月内完成正式报核数据的提交手续，为盘亏补税等预留出充裕的时间。第一步，根据海关 H2010 系统的数据规范要求，将之前准备的料号级数据汇总为项号级数据后，向海关 H2010 系统提交正式报核数据；第二步，海关对盘亏理由进行确认后认为理由正当的，还需要对盘亏数量办理补税手续。

### （一）正式报核数据内容及报文格式

经过前期的数据整理，正式报核需要的关键数据已经具体而明确，包括保税料件的消耗总数量、应剩余数量、实际剩余数量，以及边角料数量等。需要将这些数据按项号汇总后，通过中国电子口岸的电子账册系统，按照标准的数据格式上传至海关 H2010 系统中。

电子口岸电子账册系统中，具体数据报核录入信息包括表头、报核料件、报核成品、报关单、核算料件、核算成品六个表。需先录入表头的内容，表头没录完时，不能进入其他表进行录入。企业可以逐个录入数据，也可根据数据报文格式要求进行数据导入。

表头录入企业报核的基本信息。报核料件和报核成品是企业定期将料件和成品的消耗、剩余情况等向海关报核。正式报核时必须填报报核料件、报核成品和表头信息这三张表。另外，报关单是企业在报关后，将报关单的基本信息向海关申报。核算料件和核算成品这两个表的一条记录对应了一项料件或成品在一种核扣方式下的累计数量、金额等信息。这两个表的内容一般情况下不需要申报，只有在海关要求对部分料件或成品进行详细核对时，企业才需填报该部分料件和成品的相应内容。

1. **报核表头**

首先进入的是表头中的各项目。内容包括电子账册编号、核销开始日期、核销结束日期、报核次数、进口报关单份数、出口报关单份数、报核料件项数、报核成品项数等。其中报核类型填报“电子账册正式报核”。

其中，“账册编号”、“报核截止日期”、“报核料件总项数”、“报核成品总项数”、“备注”各项，当鼠标光标停留在各项时，界面底部有系统提示。“企业内部编号”、“报核次数”在输入“账册编号”后由系统自动调出。“报核开始日期”、“进口报关单总数”、“出口报关单总数”、“录入日期”、“报核申报日期”由系统自动生成。“报核类型”输入代码直接调出，或敲空格键即可调出相应代码，选中代码即可显示相关内容。

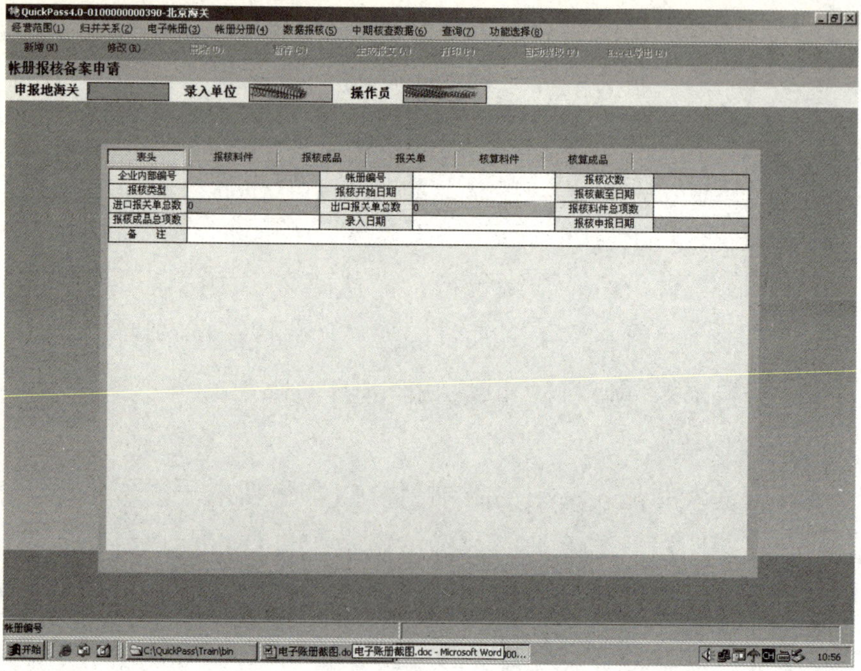


图 4－26　中国电子口岸“数据报核”界面

表 4－16　企业录入“报核表头”的填写规范

| 字段名称 | 必填/非必填 | 其他说明 | 备注 |
| --- | --- | --- | --- |
| 申报地海关 | 只读项 | 进入页面，系统根据 IKEY 卡默认，但可以更改。4 位数字，根据“关区代码表”填写。 | |
| 录入单位 | 只读项 | 系统根据 IKEY 卡自动生成。 | |
| 操作员 | 只读项 | 系统根据 IKEY 卡自动生成。 | |
| 企业内部编号 | 不可填 | 输入账册编号后由系统自动调出。该“企业内部编号”与电子账册中的“企业内部编号”一致。 | |
| 账册编号 | 必填项 | 12 位字符。该“账册编号”即为电子账册中的“账册编号”。 | |
| 报核次数 | 必填项 | 由系统自动生成。 | |

表 4－16　续表

| 字段名称 | 必填/非必填 | 其他说明 | 备注 |
|---|---|---|---|
| 报核类型 | 非必填项 | 敲空格键即可调出相应代码，选中代码即可显示相关内容。 | |
| 报核开始日期 | 非必填项 | 由系统自动调出。首次报核为电子账册海关审批通过的日期；以后报核为上次核销结束日的次日。 | |
| 报核截止日期 | 必填项 | 为本次报核开始日期＋核销周期。8 位数字，顺序为年 4 位、月、日各 2 位。 | |
| 进口报关单总数 | 非必填项 | 由系统自动调出。指本次报核截止日期前所有已报关未核销的进口报关单份数。 | |
| 出口报关单总数 | 非必填项 | 由系统自动调出。指本次报核截止日期前所有已报关未核销的出口报关单份数。 | |
| 报核料件总项数 | 必填项 | 最多 9 位数字。 | |
| 报核成品总项数 | 必填项 | 最多 9 位数字。 | |
| 录入日期 | 必填项 | 由系统自动调出。 | |
| 报核申报日期 | 非必填项 | 由系统自动调出。 | |
| 备注 | 非必填项 | 最多 50 位字符，可填写表格内项目未竟事宜。 | |

### 2. 报核料件

企业进行正式报核时，填完表头后，进入报核料件界面。

报核料件是企业将本核销周期料件的消耗、剩余情况等向海关报核。内容包括料件序号、货号、料件名称、计量单位、消耗总数量、应剩余数量、实际剩余数量等。

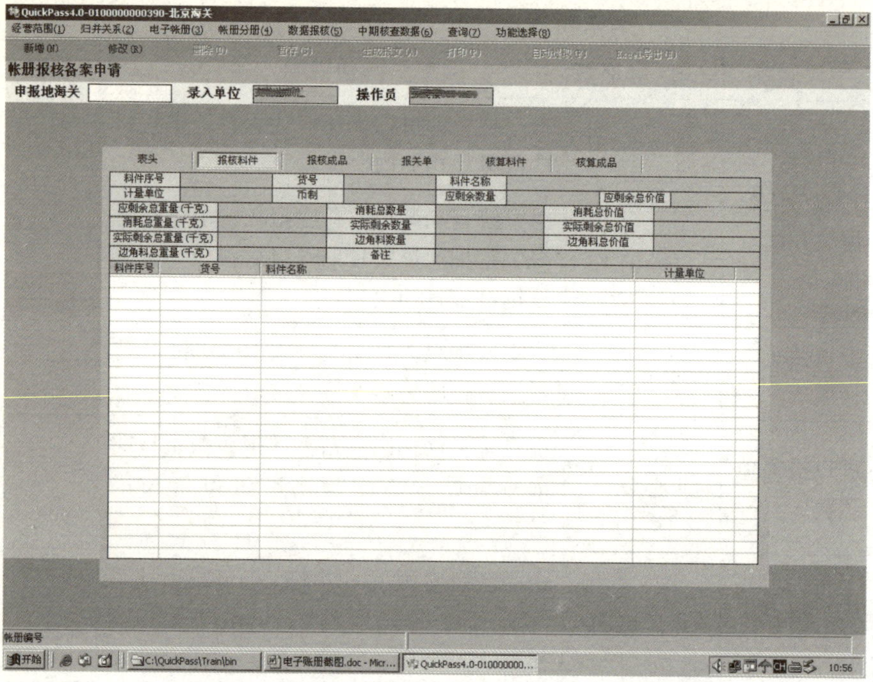


图 4－27 电子口岸“报核料件”录入界面

表 4－17 企业录入“报核料件”的填写规范

| 字段名称 | 必填/非必填 | 其他说明 | 备注 |
|---|---|---|---|
| 料件序号 | 必填项 | 最多9位数字，录入的序号须存在于电子账册底账的料件表中 | |
| 货号 | 不可填 | 从电子账册底账料件表调出 | |
| 料件名称 | 不可填 | 从电子账册底账料件表调出 | |
| 计量单位 | 不可填 | 从电子账册底账料件表调出 | |
| 币制 | 不可填 | 从电子账册底账料件表调出 | |
| 应剩余数量 | 必填项 | 指根据企业向海关报备的单耗核算的余量 | 最多18位数字，整数13位，小数5位 |

表4-17 续表

| 字段名称 | 必填/非必填 | 其他说明 | 备注 |
| --- | --- | --- | --- |
| 应剩余总价值 | 非必填项 | 指应剩余料件的价值 | 最多18位数字，整数13位，小数5位 |
| 应剩余总重量（千克） | 非必填项 | 指应剩余数量按重量比例因子折后的重量 | 最多18位数字，整数13位，小数5位 |
| 消耗总数量 | 必填项 | 指该项料件加工出口、内销的实际消耗数量，等于海关底账的核减数量 | 最多18位数字，整数13位，小数5位 |
| 消耗总价值 | 非必填项 | 等于消耗总数量×本期该项料件的加权平均单价 | 最多18位数字，整数13位，小数5位 |
| 消耗总重量（千克） | 非必填项 | 指消耗总数量按该项料件的重量比例因子折后的重量 | 最多18位数字，整数13位，小数5位 |
| 实际剩余数量 | 必填项 | 指该项料件盘存的实际数量（包括半成品、成品折回料件的数量） | 最多18位数字，整数13位，小数5位 |
| 实际剩余总价值 | 非必填项 | 指实际剩余数量的价值 | 最多18位数字，整数13位，小数5位 |
| 实际剩余总重量（千克） | 非必填项 | 指实际剩余数量按重量比例因子折后的重量 | 最多18位数字，整数13位，小数5位 |
| 备注 | 非必填项 | 最多50位字符，可填写表格内项目未竟事宜 | |

### 3. 报核成品

报核成品是企业定期将成品的消耗、剩余情况等向海关报核。内容包括成品序号、商品编码、附加编号、商品名称、计量单位、出口总数量等。

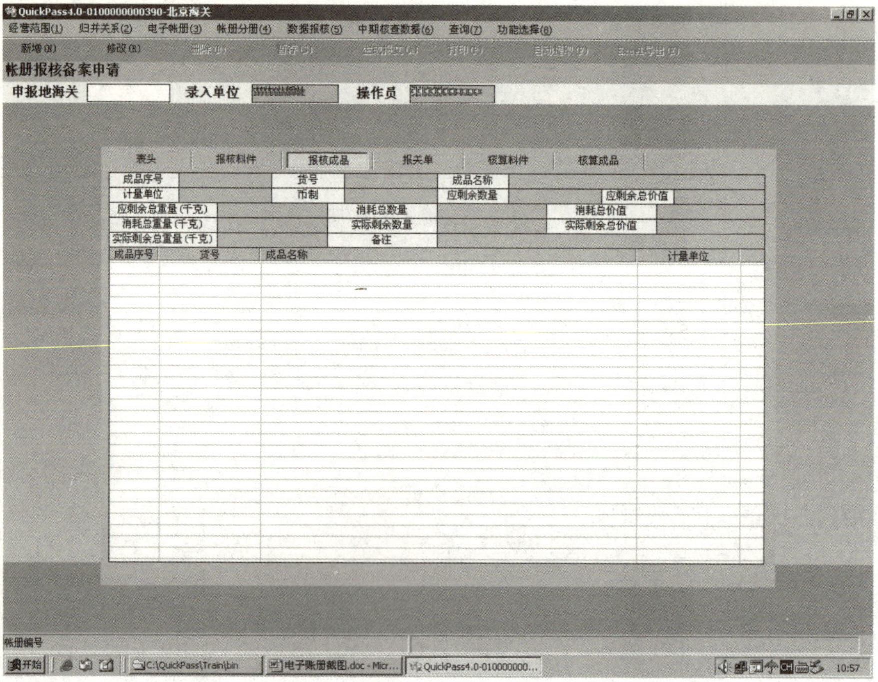


图 4－28　电子口岸“报核成品”录入界面

企业在录入“报核成品”时的填写规范：

（1）成品序号：必填项。最多 9 位数字，录入的序号须存在于电子账册底账的成品表中。

（2）货号：不可填。从电子账册底账成品表调出。

（3）成品名称：不可填。从电子账册底账成品表调出。

（4）其他各项目的填写规范同“报核料件”中各项目的填写规范。

**4. 核算料件**

根据主管海关的要求填报，主管海关要求对部分料件进行详细核对时，企业才需填报该部分料件相应内容。包括料件进口总数量、内销数量、退运（换）数量、放弃数量、边角料数量等。

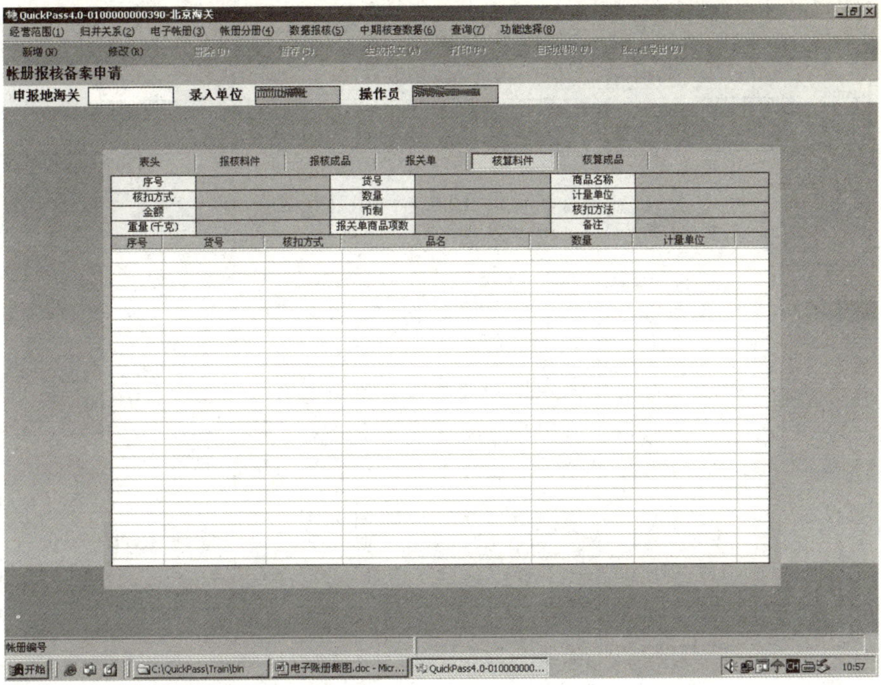


图 4－29　电子口岸“核算料件”录入界面

表 4－18　企业录入“核算料件”的填写规范

| 字段名称 | 必填/非必填 | 其他说明 | 备注 |
|---|---|---|---|
| 序号 | 必填项 | 由系统自动生成，可修改 | 最多 9 位数字，录入的序号须存在于电子账册底账的料件表中 |
| 货号 | 不可填 | 从电子账册底账的料件表调出 | |
| 商品名称 | 不可填 | 从电子账册底账的料件表调出 | |
| 核扣方式 | 必填项 | 敲空格键即可调出相应代码，选中代码即可显示相关内容 | |
| 数量 | 必填项 | 指该料件在同一核扣方式之下的累计数量 | 最多 18 位数字，整数 13 位，小数 5 位 |

表 4-18　续表

| 字段名称 | 必填/非必填 | 其他说明 | 备注 |
|---|---|---|---|
| 计量单位 | 不可填 | 从电子账册底账的料件表调出 | |
| 金额 | 非必填项 | 指该料件在同一核扣方式之下的累计金额 | 最多 18 位数字，整数 13 位，小数 5 位 |
| 币制 | 不可填 | 从电子账册底账的料件表调出 | |
| 核扣方法 | 不可填 | 输入核扣方式后，由系统自动调出 | 有“核增”、“核减”、“空”三种核扣方法 |
| 重量（千克） | 非必填项 | 指该料件在同一核扣方式之下的累计重量 | 最多 18 位数字，整数 13 位，小数 5 位 |
| 报关单商品项数 | 非必填项 | 最多 9 位数字 | |
| 备注 | 非必填项 | 最多 50 位字符，可填写表格内项目未竟事宜 | |

5. **核算成品**

根据主管海关的要求填报，主管海关要求对部分成品进行详细核对时，企业才需填报该部分成品相应内容。包括成品退运（换）数量等。

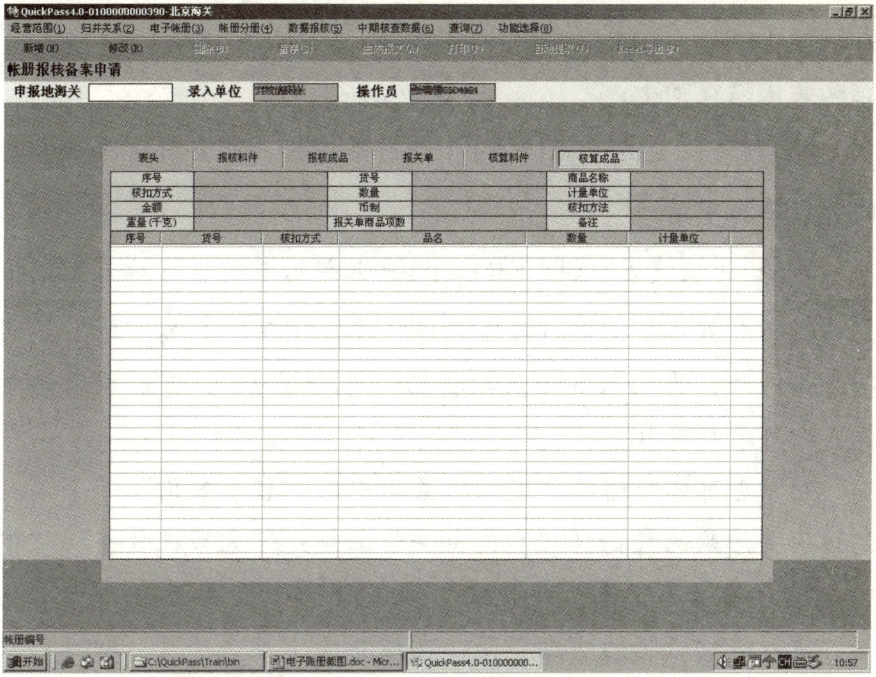


图 4-30 电子口岸“核算成品”录入界面

企业在录入“核算成品”时的填写规范如下：

(1) 序号：必填项。最多9位数字，录入的序号须存在于电子账册底账的成品表中。

(2) 货号：不可填。从电子账册底账成品表调出。

(3) 商品名称：不可填。从电子账册底账成品表调出。

(4) 其他各项目的填写规范同“核算料件”中各项目的填写规范。

最后点击生成报文，即实现正式报核。

## 小贴士

电子口岸电子账册子系统的按钮功能及其快捷键介绍。

电子口岸电子账册系统的数据报核界面有新增、修改、删除、暂存、生成报文、导入数据按钮，这些按钮的各自功能及其快捷键如下：

新增（快捷键：Ctrl + N）：点击本按钮，可重新输入一份新的数据报核申请。

修改（快捷键：Ctrl + R）：用户若想对以前暂存后未生成报文的数据或被海关退单的数据进行修改，可在“备案申请”界面下点击修改，再输入欲修改数据的“账册编号”，调出原来的数据，即可进行修改。

用户也可以先通过“查询”菜单中的“数据查询”子菜单查到该份要修改的数据（“查询条件”必须是“未审批数据”，“申报状态”必须是“未生成报文”或“退单”），然后点击查看数据，进入查询数据的明细界面，在该界面下点击修改，即可对数据进行修改。

光标在表头时，可修改表头内容；光标在其他各表的录入框时，可新增一项商品记录；光标在其他各表的列表框中某项时，可修改该项商品记录。

对已生成报文而海关还未审批的数据（可通过“查询”菜单中的“数据查询”子菜单查找，“查询条件”必须是“未审批数据”，“申报状态”必须是“已生成报文”或“入库成功”）或海关已审批通过的数据，用户不能进行修改。

删除（快捷键：Ctrl + D）：光标在表头时，点击本按钮，在系统提示下，可删除整份申请；光标在其他各表中某项时点击本按钮，在系统提示下，可删除该项商品记录。

暂存（快捷键：Ctrl + S）：点击本按钮，可暂存该申请录入信息。

生成报文（快捷键：Ctrl + A）：在各表的必填项都填完后，

点击本按钮，可将用户录入信息生成报文，实现向海关申报。

导入数据（快捷键：Ctrl + I）：点击本按钮，可将企业的ERP等系统中的数据文件导入“数据报核”表中。需注意的是，任何可导入数据都必须在录完表头信息后，进入表体时方可导入。另外，企业在导入数据前需对工具中的企业自编代码对照表中的各项进行正确的设置，比如对“数据分隔符”的设置必须与导入的数据文件中的数据分隔符一致。

### （二）正式报核需提交的单证

一般情况下，正式报核时应提交的单证如下：

（1）报关单目录和报关单，进出口报关单按贸易方式以时间先后顺序装订成册。

（2）预报核申请表，列明本核销周期报关单份数，及在途报关单清单，包括已报关未入库、已报关未出库需剔除的报关单清单；已入库未报关、已出库未报关需纳入本期核销的报关单清单。

（3）正式报核申请表，列明本核销周期内电子账册的实际进口货值、实际出口货值、期初货值和本期盘点库存折料货值，以及报关单份数、边角料数量等。

（4）料号级平衡比对表，列明核销周期内料号级消耗总数量、应剩余数量、实际剩余数量，及核销差异数量、盘盈盘亏情况及理由。

（5）边角料处理情况申报表，核算核销周期内边角料理论产生数量、已征税数量、销毁数量、退运数量等，对销毁、退运、内销处理的边角料情况，视情报送有关证明资料。有差异的，应注明产生差异量的原因。

（6）残次品处理情况申报表。

（7）副产品处理情况申报表。

（8）成品退换进出申报表。

（9）企业聘请会计师事务所盘点的，应提供会计事务所出具的审计报告。

（10）海关监管要求提供的其他单证。

对于采用联网监管辅助管理系统对电子账册实施辅助核销的企业，根据主管海关的要求，将报核资料以电子数据形式上传辅助系统的，可以不再另行提供纸质打印资料。

### （三）海关正式报核数据审核的应对

为保证报核数据准确性，海关 H2010 系统正式报核模块会对报核报关单数量、报关单号码再做一次审核，审核内容、方法、系统提示都与预报核审核相同。

同时，正式报核审核的关键是比对企业报核数据和海关系统计算数据。提醒企业关注 H2010 系统中数据的计算逻辑，使两者保持一致。

此外，正式报核审核的内容除理论剩余计算的一致性外，还包括边角料、残次品的处置情况，成品退换进出平衡情况等。

下面逐一介绍 H2010 系统电子账册正式报核模块中，系统计算数据的数据逻辑：

**1. 报核料件**

（1）本期耗料：指此项料件本次核销期内由日志库成品报关单根据单耗计算得出的料件消耗数量。消耗数量 = 成品数量 × 单耗/（1 - 损耗率）

（2）初始数量：指此项料件上次核销后结余数量。

（3）本期结余：指此项料件本次核销后应结余数量，为本次核销最终结果。本期结余 = 本期核增 - 本期核减 - 本期耗料 + 初始数量

（4）本期核增：指此项料件在各种贸易方式项下增加数量的

累计值。

（5）本期核减：指此项料件在各种贸易方式项下减少数量的累计值。

（6）内销数量：通过内销补税报关单申报的料件内销数量。

（7）边角料：海关通过边角料报关单计算某项料件边角料数量的累计值，同时企业需要上报此项。

**2. 报核成品**

（1）来料加工、进料对口：本条指此项成品本次核销期内在“来料加工或进料对口”这项贸易方式项下累计的总数量。

（2）本期核增：指此项成品在各种贸易方式项下增加数量的累计值。

（3）本期核减：指此项成品在各种贸易方式项下减少数量的累计值。

（4）报核应存：指此项成品本次核销期内报核生产数量 - 本期出口数量。

（5）本期生产：指此项成品本次核销期内企业报核生产数量。

（6）报核实存：指此项成品本次核销期内报核生产数量 - 本期出口数量 - 未结关数量。

**小贴士** | 企业申报数据的计算逻辑

报核应存（企业上报理论数）：指此项料件本次核销期内期初数 + 报核实进数量 - 本期出口耗用数量。

报核实存（企业上报实际数）：指此项料件本次核销期内余料 + 成品折料数量 + 半成品折料数量 + 在线数量 + 在途数量。

报核耗料（企业上报）：指此项料件本次核销期内已经出口成品所消耗料件的总数量。

废次数量：企业上报报核料件废次数量。

在线折料：企业上报在线料件和在线成品半成品折料数。

在途数量：企业上报在途料件和成品折料数量。

库存成品：企业上报库存成品折料数量。

库存废次：企业上报库存废次品折料数量。

### （四）盘亏原因是否正当的应对

企业实际库存量少于电子账册核算结果的应剩余数量，企业能够提供正当理由的，经海关批准后，对短缺的部分企业可申请内销补税处理。

企业实际库存量少于电子账册核算结果的应剩余数量，并且企业无法提供解释的，对短缺的部分，企业除申报内销补税处理外，还应接受海关处罚。

一般来说，盘亏比例较低的、生产过程中产生的损耗超耗，属于海关可以认可的正当理由。

盘亏原因为明显涉及违规的，如内销未按时补税、未如实申报盘点库存、报关错误影响海关统计等，海关将视情依照有关规定移交缉私部门处理。在此过程中，企业应当配合提供相关材料。

#### 案例 | 海关对盘亏理由的审核

针对小宁提交的盘亏原因报告，关员小关仔细阅读并与小宁反复确认具体情况，随后告诉小宁海关内部需要讨论认定一下。小宁心神不宁地离开，等待“最后的裁判”……

第二天，小宁战战兢兢地来到海关，想着要不要卖个萌，让小关从轻发落、宽大处理呢？还没等她思想斗争结束，关员小关一眼看到她，赶紧招呼她过来。小关语重心长地说，经过科室内部的讨论，大家都认为你们公司的问题还是较为严重的。对于报关错误问题，由于报关单已结关、海关未查验、货物入库与报关数据之间无直接关联性等原因，海关无法排除人为挪用保税料件的情形，也就无从认定企业解释的真实性，而且该料号盘亏货值、税款金额都较大，海关将按规定移交缉私部门处理。对于内销漏补税的情况，由于企业未能主动向海关说明情况，且保税货物已实际处置无法恢复海关监管，虽然金额不大但程序违规，海关决定一并移交处理。

小宁听到要被移交，脸霎时白了，一脸无助地看着小关，总觉得自己是犯了大错，两行眼泪唰一下就流下来了。

见此情此景，小关有点不知所措了，抽了一张纸巾递给小宁，安慰道：被移交没那么可怕，海关缉私部门立案后，会确定为违规立案还是走私立案，走私立案性质才会比较严重。小宁公司的这种情况，属于货物短少无法提供正当理由，一般会根据情况处货物价值5%以上30%以下罚款。罚款金额在10万元以下的，一般不会影响企业的海关管理类别和原有的通关便利优惠。联网监管不仅可以便利企业办理保税手续，还可以督促企业完善保税管理，有了这一次的经验教训，相信企业在以后生产过程中会加强保税内控管理，尽可能避免违规行为。

小关的安慰稍稍抚慰了小宁受伤的心，可是还有些其他的盘亏呢，没问题吧？小关说，对于BOM版本差异导致的盘盈盘亏，因差异金额比例都较小，且企业能够提供版本变更的记录材料，相互之间数据能够印证，海关同意企业对该部分原因导致的盘亏差异予以补税处理。除此以外，盘亏差异比例和金额极小的，海关认可企业正常生产损耗的解释，同意企业补税处理。

### （五）盘亏补税及后续应对

主管海关审核认可企业的盘亏理由正当的，企业应当根据海关总署令第150号的规定，对盘亏部分申请内销补税。企业不能提供正当理由的，海关将根据规定移交处理，企业仍需对该部分盘亏办理内销补税手续。

盘亏补税手续与一般的内销补税手续基本一致。

补税完成后，企业应当将补税报关单提交海关验核，确认应税尽税。

企业申请将盘亏内销报关单纳入本周期报核的，海关会退回企业H2010正式报核申请，企业需再向H2010系统发送包含了盘亏补税报关单的预报核、正式报核申请。二次报核时，企业需将盘亏补税报关单、切换账册的余料结转报关单都纳入核销核算范围，重新计算平衡结果，并向海关系统申报数据。海关按实际库存数量调整本期结余数并置转下期。

企业申请将盘亏内销报关单纳入该本账册下周期报核的，海关在H2010系统中，直接按照实际库存数量+盘亏补税数量的合计数调整本期结余数并置转下期。

**海关提醒**

#### 正式报核常见问题

1. 正式报核过程中，哪些情况企业可能需要缴纳风险担保金？

海关总署令第150号规定，联网企业有下列情形之一的，海关可以要求其提供保证金或者银行保函作为担保：

（1）企业管理类别下调的；

（2）未如实向海关报送数据的；

（3）海关核查、核销时拒不提供相关账册、单证、数据的；

（4）未按照规定时间向海关办理报核手续的；

（5）未按照海关要求设立账册、账册管理混乱或者账目不清的。

2. 哪些情况下，海关会暂停企业电子账册使用？

（1）企业因未能及时办理预报核、正式报核手续的，H2010系统会自动暂停账册使用。因此，企业需要及时办理报核手续，以免影响电子账册正常进出口报关业务。

（2）企业账册管理混乱，海关要求整改后，仍未整改到位的。

（3）联网企业不按规定缴纳风险担保的。

## 四、正式报核流程图

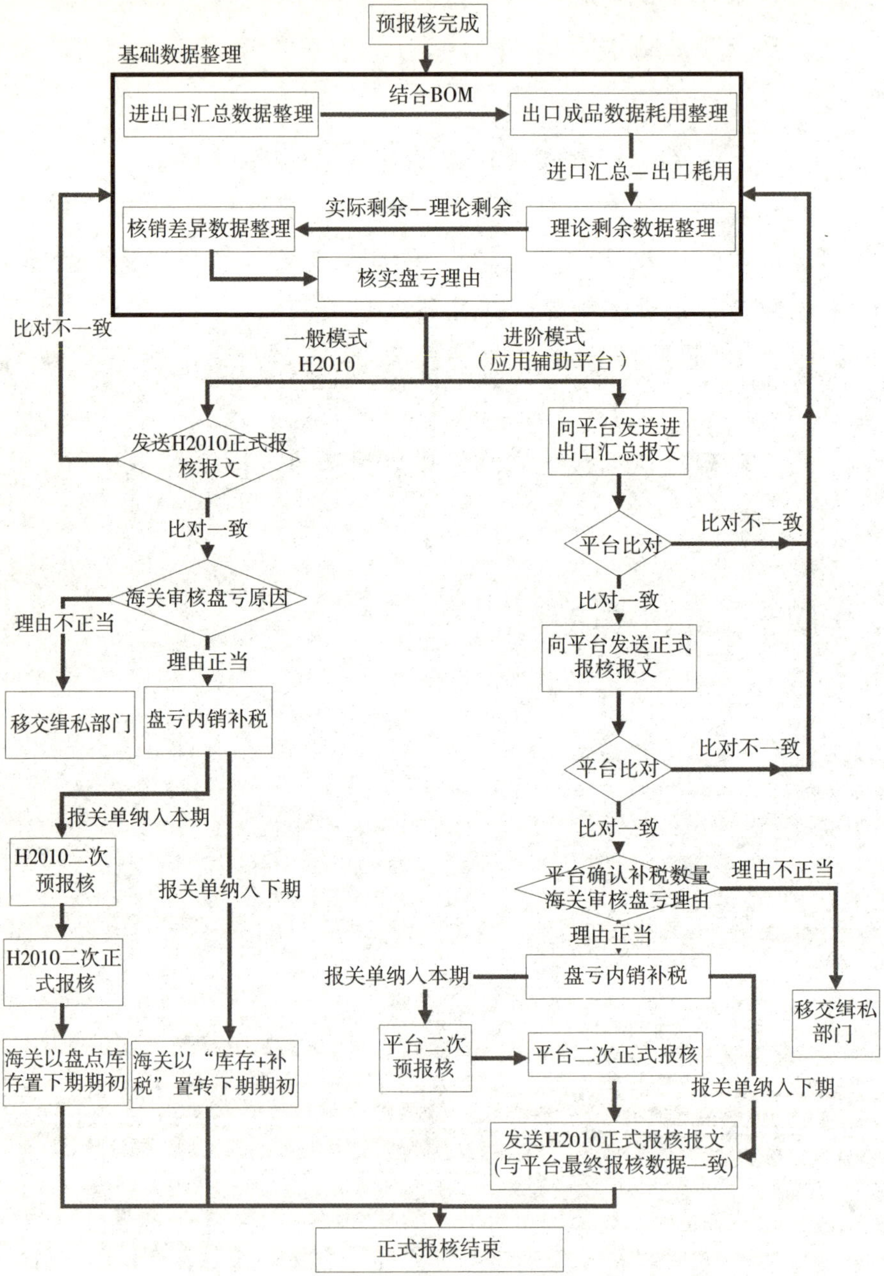


图 4－31　正式报核流程图

## 五、加工贸易联网监管辅助管理系统操作介绍

下面以南京海关加工贸易联网监管辅助管理系统（以下简称辅助平台）为例，对辅助平台正式报核的功能、流程予以介绍：

### （一）辅助平台功能简介

辅助平台的主要功能是实现料号级的核销核算，帮助海关和企业尽早发现数据差异，提升 H2010 正式报核的数据准确性。企业需向平台申报核销 BOM、替代料、进出口汇总、理论剩余等料号级数据，平台根据海关系统中的报关清单数据进行计算，并与企业申报数据进行比对。具体的比对包括 BOM 完整性比对、进出口汇总比对、理论剩余比对、补税数量校验。经比对都一致的，企业才可以向 H2010 系统申报正式报核。

### （二）替代料和核增核减

为应对企业生产方式日新月异的情况，辅助平台允许企业对替代料、核增核减数据进行申报，并按照相应方式调整理论剩余结果。

#### 1. 替代料

联网监管企业根据客户订单组织生产，商品规格型号多、料号数据量大，企业在实际生产中频繁发生不同料号相互替代使用的情况，替代使用的料件相互之间称为替代料。原则上，替代料应在使用前向海关报备；特殊情况下，经海关同意可以在盘点前向海关申报替代料情况。对于能够确认替代数量、说明替代理由、提供相应证明材料，并需要对料件核算结果进行调整的，经海关审核认可后，可以通过“核增核减”方式调整替代料的理论剩余。替代料的证明资料可以是生产工单、客户允许替代的证明材

料、价格申报资料等。

2. 核增核减

因特殊原因需对料件平衡核算结果进行调整时，企业可申请对核算结果进行核增核减，经过海关的人工审批，以实现对计算结果的调整。一般来说适用于以下数据调整情况：

（1）后续补税。

料件已进行后续补税但需纳入核算的。

（2）非保税料件。

《中华人民共和国海关对加工贸易货物监管办法》（海关总署令第195号）规定："加工贸易企业必须使用非保税料件的，应当事先向海关如实申报使用非保税料件的比例、品种、规格、型号、数量，海关核销时在出口成品总耗用量中予以核扣。"受现有技术手段的限制，企业无法向H2010系统电子账册模块申报非保税料件的比例。

因此，企业因加工工艺需要使用非保税料件，造成保税料件耗用与核算结果不一致需进行调整的，可以单独提交说明，向海关纸质申报非保税料件的比例、品种、规格、型号、数量，并提交相应的证明资料及情况说明。经海关验核后，可以将非保税料件的耗用数量用"其他核增"方式增加保税料件的理论剩余。

### （三）企业正式报核要求的报文数据

对于采用平台辅助核销的企业来说，正式报核包括平台正式报核和H2000正式报核两步。企业需经过联网监管企业客户端系统向海关辅助平台发送正式报核需要的报文数据，包括进出口汇总、正式报核数据。平台接收数据后，可以对企业申报数据与平台计算数据进行自动或人工比对。比对发现差异的，企业可以再次核实数据，并按正确数据重新发送报文。企业向平台发送的数据主要包括：

1. **进出口汇总数据报文发送**

企业将前期整理好的进出口汇总数据按照平台要求的报文格式发送平台。进出口汇总的比对功能可以在核销周期内完成，企业可以按月、按季度发送数据，及时发现问题、化解差异，提升后续报核数据的准确性。

2. **正式报核数据报文发送**

企业根据前期整理的“应剩余数量”、“消耗总数量”、“实际剩余数量”按平台要求的报文格式发送平台。平台对于已确认参与本次核销的报关单，根据平衡公式自动计算理论结余。接收申报的数据后，可以对企业申报数据与平台计算数据进行自动或人工比对。比对发现差异的，企业可以再次核实数据，并按正确数据重新发送报文。

上述数据经平台比对一致的，经办关员在平台海关端对盘亏数量予以确认，并验核企业盘亏理由是否正当。理由正当的，企业需尽快申请盘亏补税报关。完税后，将补税报关单号码告知海关经办关员，经办关员选取报关单号码后，辅助平台“补税数量校验”功能自动调取报关清单数据与理论计算的盘亏数据，进行比对，确认盘亏数量全部完税。经校验一致的，企业可以将向平台申报的数据直接向海关 H2010 系统发送，实现向 H2010 系统的正式报核。

### （四）平台正式报核具体操作

一般情况下，平台正式报核需在平台预报核和 H2000 预报核审批通过后才可以进行。操作步骤：修改表头→导入料件→生成项号级料件→向平台发送料件报核申请。

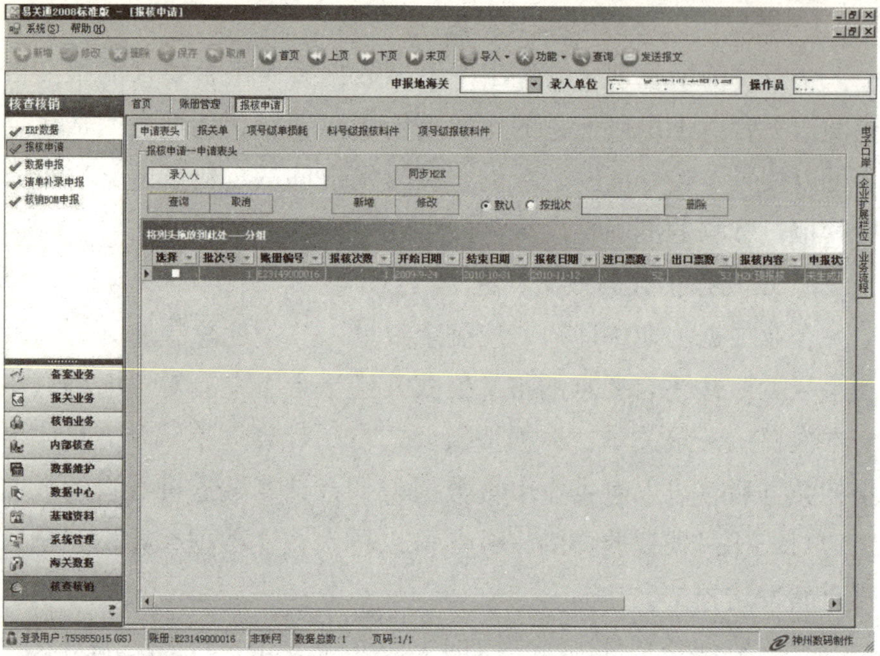


图 4－32 辅助平台企业客户端界面

## 1. 修改表头

向 H2000 预报核通过后，双击预报核时的申请表头，将报核内容修改为“2－报核料件”，再将申报类型改为“料号级报核”。

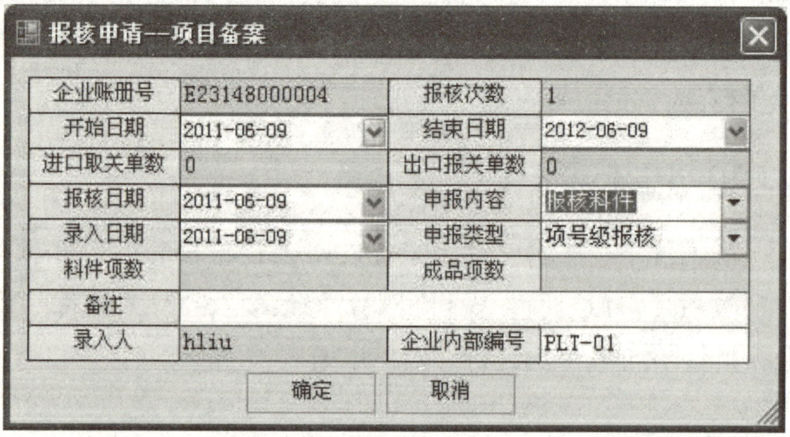


图 4－33 报核申请表头项目备案——表头更改界面

2. 料号级报核料件

企业需要填报料号级的应剩余数量、应剩余总价值、实际剩余数量、实际剩余总价值，在导入数据时要严格按照申报规范的规定字段填写，其中企业账册号和报核次数与本期的报核表头一致，数据申报规范与前述的一般流程中在电子口岸申报的数据规范一致。按图所示点击料号级报核料件选项卡。

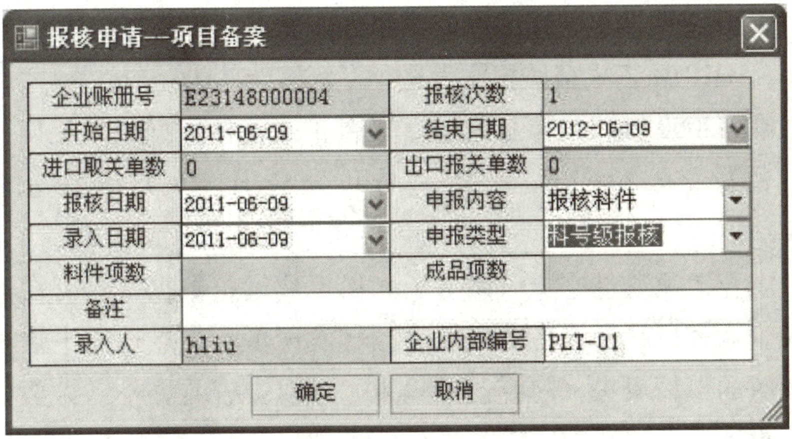


图 4－34　报核申请料号级报核料件界面

3. 项号级报核料件

导入料号级报核料件后点击项号级报核料件，出现以下界面，按图所示点击生成项号级报核料件即可，客户端系统会自动按项号进行汇总。

图 4－35　项号级报核料件界面

**4. 发送平台报核的报文**

点击申请表头，再点击发送报文。默认不向 H2000 发送。至此向平台正式报核操作完毕，企业需和海关经办关员联系，询问系统比对结果。

注意：平台正式报核可以多次进行，但有个规则，平台正式报核后，如果还未向 H2000 预报核，则可以修改报关单，如果已通过 H2000 预报核，则只能修改料件，而不能修改报关单。

**5. H2010 正式报核报文发送**

在 H2000 预报核审批通过、平台正式报核数据比对无误、盘亏补税数量校验完成后，企业才可以向 H2010 系统发送正式报文。

企业无须通过电子口岸电子账册模块发送数据，只需在辅助系统企业客户端中将平台报核数据转发即可。先点选向平台正式报核时的申请表头，内容已经输入，可双击查看，不需做额外操作。再点选向 H2000 发送料件报核申请，直接发送报文，向 H2010 正式报核即操作完毕。发送成功后，企业需与海关经办关员联系，等待审核通过。H2000 正式报核审批通过后，报核流程就正式结束了。

# 第五章　进阶攻略

小宁所在的公司，是一家大型的笔记本电脑生产企业，直接面向终端消费者，顾客直接在网上下单，购买不同配置的电脑，企业根据订单组织生产，经营模式极具个性化。

出现的状况就是有的顾客需要蓝光光驱，有的顾客不需要光驱；有的顾客需要大硬盘，有的顾客不需要大硬盘；有的顾客需要高速 CPU，有的顾客只需要普通的 CPU。

如果按海关传统的单耗及单耗版本申报的方式，每一种料件的变化，就会产生 2 倍数量的单耗版本。如果有 N 个料件发生变化，就会有 $2^n$ 个单耗版本。

小宁公司出口一集装箱笔记本电脑 2400 台，每一台的单耗均不相同，小宁因此也要整理 2400 个不同的单耗版本向海关申报。而一个核销周期，公司将出口几百上千个集装箱。其数据量可以用浩如烟海来形容。

更别说存在企业内部设计变更、非保税料件使用比例等复杂的情况了。

因为这些情况，小宁感觉到自己的头又开始大了。

在海关办理业务的时候，海关帅哥好像发现了小宁的心事。“你最近怎么好像有心事？”海关帅哥问道。

“唔，那个单耗版本的数据量有点大，有点复杂，我不知道怎么弄了。”小宁回答道。

“这样啊，如果按照玩游戏的角度来看，就需要‘外挂’来协助解决处理了。”海关帅哥好像明白了。

“外挂？什么外挂？”小宁有点糊涂了。

“如果你玩游戏时，纯粹靠自己的手工操作已经感觉力不从心的时候，就需要一种计算机辅助程序来替代你的手工操作，这就是‘外挂’。一般在游戏中，外挂属于作弊行为，但是，在联网监管中，只要传输的数据符合海关的规范，海关是鼓励企业在企业端开发各种各样的‘外挂’程序的。”海关帅哥回答道。

“你的公司由于管理比较规范，实际不同单耗的笔记本电脑在企业内部 ERP 中均能得到有效的生产管理，因此，你只需要向海关申报 ERP 中的原始的‘工单’数据，不需要人工费力地去整理成天文数字般的‘单耗版本’，直接申报，就可以完成海关的后续核销等一系列业务了。”海关帅哥继续说道。

“下面，我来给你详细地说说。”

## 第一节　工单核销

### 一、什么是工单

工单（Work Order）是 ERP 生产管理系统中的核心要素，是企业生产作业控制的指令。企业在实际生产管理中用于表示某一批次制成品对应的下阶段材料的耗用明细账，是仓库发料、生产线领料和生产耗用的量化依据，是每一类个性化最终产品所需耗料的真实反映。相对于 BOM 表，工单是 BOM 表在生产中的具体体现。不论是流程式生产还是离散式生产，不论是面向订单生产还是面向库存生产，其生产计划的制订、原料比例的分配、原料消耗统计、各种项目产量统计、各种产品产量统计、辅料统计等，

ERP 中均采用工单（指令）来进行管理。

工单在企业生产管理中的大致作业流程（不同企业均有所不同）：

1. 销售部门获得订单，向生产管理部门发送生产需求。

2. 生产管理部门制订生产计划。

3. 生产管理部门根据最新的 BOM 表（由工程维护），结合库存情况，安排料件领用。

4. 生产一线部门根据工单指示，前往原料仓库领料生产。

5. 原料仓库按照工单规定的料号、数量范围备料。

6. 生产、领料、退料、超领等生产实际数据，均记录入工单。

7. 成品入成品仓，并记录工单。

8. 生产管理人员像手册核销一样对生产进行后续管理并关闭工单。

## 二、工单核销适用企业类型

工单式核销主要适用于单损耗、替代料和生产补退料等生产管理关系复杂及料号和产品版本号数量较多的加工装配、检测维修加工贸易企业。

适用企业条件：

1. 具备独立法人资格且在海关注册备案的经过海关认证的加工贸易企业；

2. 使用 ERP 、MRPⅡ 等系统对企业采购、生产、库存和销售等过程实行全程信息化管理，并以电子工单方式记录生产加工、检测维修成品的实际使用料件情况的；

3. 按照海关监管认证方式（包括报文格式、数据传输端口协议等）与海关加工贸易辅助管理系统（以下简称“辅助系统”）

进行对接，并报送符合海关申报规范要求的工单数据；

4. 保税物料与非保税物料能够分开管理；

5. 工单内容应包含企业生产的日期、产品、用料、数量及状态等信息；

6. 通过工单可实现生产加工成品对耗用进口保税料件的追溯管理。

## 三、工单核销的具体做法

### （一）数据准备

1. 工单核销需要企业细化到料号的实际进出口数据、内销数据、库存数据、归并关系以及其他核销需要的数据（这部分数据与采用 BOM 表核销的电子联网账册要求相同）。

2. 工单数据

企业向海关传输的工单需要满足以下要素：

有一个区别其他工单的编号；

有工单领料（料件料号、领料时间、领料数量、领料类型［Normal：正常领料；Recede：领料退库；Over：超领；Reover：超领退库］）；

有工单入库（成品料号、入库时间、入库数量、入库类型［Normal：正常入库；Recede：退库；Waste：报废］）；

工单有两个状态：未关闭、关闭；

工单信息通过工单号有机地衔接在一起；

工单入库和工单领料体现了成品对料件的耗用关系。

### （二）工单核销计算原理

基本公式：

总耗用 = 生产同等出口数量该成品上的工单从保税仓的总领料记录。

总领料包括直接的原材料领料，也包括下阶半成品领料；当存在多阶半成品时，依次类推至原材料止。

领料属于海关单耗管理办法中定义的非工艺性损耗，应区别处理。

当企业实际生产有多张工单和多票出口报关单时，就要设定一定的规则将出口报关单和工单关联起来。

对应原则按顺序为：

1. 指定工单；
2. 先进先出（FIFO）；
3. 后进先出；
4. 已匹配的报关单和工单均应做出标记；
5. 与海关加工贸易监管政策相符。

（注）不同的直属关区以及海关特殊监管区域内外，实现的模式略有不同。

## 四、工单核销必须遵循的原则

1. 企业工单满足上文中工单要素要求；
2. 生产领料必须以工单领料；
3. 领料和入库可区分保税和非保税；
4. 异常工单不能参与折料；
5. 所有核算工单须关闭。

## 五、库存处理

对于实施工单核销的账册，一个需要考虑的就是库存的处理。

由于实施工单核销的企业一般不是新企业，其上一周期采用BOM表核销的库存，是折回原材料后转入下一核销周期的，这与下一周期的工单核销将无法衔接。这就需要进行技术处理，将上期盘点的成品、半成品以及相应的BOM表折料数据，虚拟成若干张工单，作为第一批工单数据参与首期工单核销。

实施工单核销后，期末库存（成品、半成品）由工单按相应的匹配原则折料，最后按原材料重置期初值。但是，在工单核销的系统平台中，保留上述库存成品、半成品折料工单，作为下一期的期初工单参与下一个核销周期的核销计算。

## 六、特殊情况处理

1. 异常工单的处理。

常见的异常工单有：

重工工单；

循环领用工单；

多成品料号入库工单；

不完整工单；

领料中退库数超过正常领料数的工单；

入库中退库数超过正常入库数的工单等。

对策：对于企业申报的工单，计算机均根据相应的逻辑关系进行检控（如原料领料与成品入库均为同一料号等），将异常的工单检控出来，一般将其剔除出核销计算范围。有特殊的合理情况，将进行特殊处理。

2. 核销时无法保证所有工单都关闭。

对策：采用虚拟关闭方式。

3. 生产保税货物未采用开立工单方式领料。

对策：非工单领料成品一定要入库在非保税成品仓。

4. 不可数材料整包装领料生产后多余材料不做退库处理。

对策：超 BOM 表耗用采用工单超领方式领料。超领数据每月补税。

5. 重工工单无法与正常工单区分。

对策：ERP 中区分正常工单与重工工单编码原则，用以区分正常工单和重工工单。

6. 每笔工单领料无法标识区分超领和正常领料。

对策：ERP 中区分出正常领料与工单超领之扣账代码。

7. 成品料号存在替代关系。

对策：不允许成品存在替代关系，如因成品规格升级，导致成品料号变化，则开重工工单方式使成品料号变更。

小贴士

上海海关在自贸区内和海关特殊区域内推广了工单式核销，以企业 ERP 系统料号级出入库数据、电子工单数据为基础底账，以将经卡口确认放行的料号级核放单和报关单数据作为海关核销源头数据，对所有保税货物的进、出、耗、存等情况实施监管，及时进行账册核销。

## 七、工单核销成效

实施了工单核销以后，小宁的工作强度和工作压力得到了极大的缓解，再也不用经过复杂的计算转换来得到大量的单耗版本数据，并且计算结果也更加符合企业的生产实际，减少了企业与海关的争议。

表 5-1　核销前与核销后实施工单对比

| | |
|---|---|
| 实施工单核销前 | 1. BOM 表变化频繁，关务无法有效追踪；<br>2. BOM 表中无法区分保税与非保税料件及比例；<br>3. BOM 表中无法区分同一料号同时存在自制、外发和外买现象；<br>4. 管理较粗，不能反映出企业生产实际；<br>5. BOM 表核销校检出来的异常一般对改善生产管理无直接意义。 |
| 实施工单核销后 | 1. 数据直接来源于企业 ERP，人工干预少；<br>2. 解决了核销 BOM 表变化频繁、无法区分保税与非保税、无法区分同一料号同时存在自制、外发和外买现象等问题；<br>3. 工单核销计算过程及结果基本与稽查结果一致；<br>4. 真实反映企业的实际内销征税情况；<br>5. 促进企业生产管理的完善，实现良性循环。 |

同时，小宁每个月根据工单数据与进出口数据进行分析，找到了企业生产过程中与海关政策相冲突的地方，及时向老板提出改进意见，除了进一步规范了企业的内部管理外，小宁也得到了升职加薪。

## 第二节　保税维修

海关提醒：“保税维修”是指企业依托保税政策、以账册（手册）为载体开展检测、维修业务的经营活动。根据待维修产品来源不同，可分为自产产品保税维修（售后维修）和非自产产品保税维修（全球维修）；根据维修物品流向，可分为进口保税维修和从境内进入海关特殊监管区域保税维修；根据企业所在位置，可分为海关特殊监管区域内保税维修和区外保税维修业务。

这一天，总经理将小宁叫到办公室，很郑重地交给小宁一个重要任务，要求小宁与海关进行沟通，拓展公司的保税维修业务。

对于产品维修，小宁并不陌生，公司通过手册出口的加工贸易成品中，经常有需要返回公司维修的成品。以前对于需要维修的成品，小宁都是通过“进料成品退换”这一贸易方式办理，但这一贸易方式只能用于自产产品维修，而且操作起来限制非常大。现在公司想打破手册的限制，涉足同行业相关产品的检测维修，实现产业链延伸、完善加工配套服务，进而参与国际分工、赢得国际市场。

小宁又是熟门熟路地来到海关。听说小宁的来意，关员小关惊讶地说：“真是心有灵犀啊，总署正准备开展保税维修业务试点，我们关要上报两个试点企业，我想到你们公司规模不小，自从联网以后管理越来越规范，又有这方面需求，正想打电话给你。”小宁感到很惊喜，聊了好一会儿才回公司向总经理报喜。一个月后，关员小关通知小宁，总署的试点文件下发了，公司可以开始全球维修了。在正式运作前，关员小关又详细地给小宁介绍了一下总署对保税维修的试点实施方案：

## 一、试点原则

### （一）全球维修

适应企业全球化发展的需求，允许企业开展全球同行业相关产品的检测维修业务，海关根据企业申请审定实际业务范围。从稳步推进改革试点、有效控制改革风险角度出发，先选取部分区外加工贸易企业开展试点，待条件成熟后再逐步扩大试点范围。

### （二）全额保税

对试点企业的进口待维修产品和进口维修用零配件实施全额保税。参照特殊行业电子账册方式，建立保税维修专用的电子底账（维修用手、账册）。条件成熟时，研究设立保税维修专用账册系统。

**（三）全程跟踪**

海关通过企业内部 ERP 等管理系统的检测维修货物跟踪管理功能，实现对货物检测结果、维修耗用等信息的全程跟踪。

**（四）据实核销**

海关根据进境检测维修产品实际耗用零部件的情况，据实核销检测维修专用电子底账。

**（五）严控污染**

维修产品替换下来的旧件、坏件原则上应全部退运出境，确因无法退运的，企业应按照《固体废物进口管理办法》有关规定处理。

## 二、试点安排

试点期间，海关按照以下准入退出条件审定企业资质和可开展业务范围：

**（一）企业准入条件**

申请开展试点的企业，应同时具备以下条件：

1. 企业管理类别为 AA 类或 A 类的加工贸易企业；
2. 具有自有品牌或者获得其他品牌维修授权；
3. 具备开展检测维修业务的场所和设备；
4. 实施完善的 ERP 等信息化管理和财务管理。

### （二）企业退出条件

企业存在以下任一情况的，海关予以终止试点资格：

1. 企业申请退出保税维修试点；
2. 企业倒闭或破产，被政府主管部门撤销经营资格的；
3. 企业被降为 B 类及以下管理类别；
4. 企业不能按照海关要求对保税维修货物进行管理的。

### （三）业务范围控制

保税维修试点初期限定于企业、集团内自产产品的检测维修业务，不受加工贸易禁止类目录限制，但不得开展国家禁止进出口商品的检测维修业务；不得以检测维修业务为名开展拆解、翻新、再制造等业务；在货物的检测维修过程中，原则上不得改变货物的原有用途。总署将视试点情况实施扩大试点企业规模和行业规模。

## 三、监管模式

对符合准入条件的企业，在准予开展的保税维修业务范围内，海关按照以下原则进行管理：

### （一）账（手）册管理原则

1. 账册专管。对试点企业开设保税维修专用的电子底账，实行专门管理。

2. 分类设账。企业按照以下原则设立底账：对进口维修货物按“维修产品（待修复）”、进口保税零部件按“维修用零部件”设立账（手）册类别，出口维修产品按“维修产品（已修复）”、“维修产品（无法修复）”等设立账（手）册类别。

3. 耗料申报。企业可在出口前或报核前向海关申报维修耗料情况。

4. 料号管理。企业需通过内部的 ERP 等系统对维修前后货物、维修用零部件及替换下来的旧件、坏件等进行料号管理，海关通过企业开放的系统数据接口，对企业相关料号管理情况进行实时查阅。

### （二）进出口申报原则

海关设立“保税维修”（1371）监管代码，用于保税维修产品的进出口申报。试点企业维修产品、维修用零部件及替换下来的旧件、坏件的进出口贸易方式，按以下方式办理：

1. 维修产品进出口申报。待维修产品、已维修（包括已修复和无法修复的）产品进出口均按“保税维修（1371）监管方式进行申报。

2. 维修用零部件进出口申报。维修用保税零部件按对应加工贸易方式申报进口；需复运出境的，按对应加工贸易料件复出方式申报出口。

3. 坏件处置申报。维修产品替换下来的旧件、坏件原则上应退运出境，按“进料边角料复出”或“来料边角料复出”的监管方式、统一按对应进口维修产品的项号进行申报。

4. 按实际状态报验。企业办理进出口通关手续时，维修产品、维修用零部件及替换下来的旧件、坏件均需按实际报验状态申报。

小宁认真研究了试点实施方案，并办理了维修专用账册，由于总署保税维修政策给力，一年后公司维修成品金额上升到 120 万美元/月，节省了大量税款，而且赢得了很大份额的国际市场，公司发展蒸蒸日上。

# 第三节 核销无纸化

小宁工作中另一个比较重要的任务就是向海关传递各项资料，尤其是核销时大量的报关单及相应的单证资料。由于小宁所在公司业务量比较大，每一个周期所核销的报关单就有几万份，更不用说其随附资料了。这些单证堆起来，有3个小宁那么高，小宁一个小姑娘，不得不分批报送，每次送来一个大纸箱。大量的纸质单证的流转占用了企业和海关宝贵的人力物力，增加了企业的运营成本。

根据2011年中央经济工作会议提出的“改进海关监管和服务”的要求，纸质手册无纸化、加工贸易手册银行台账保证金联网监管已取得显著成效，通关作业无纸化改革也在稳步推进中，并取得了显著成果，电子化、无纸化成为改革的主流方向。

这些改革，皆以简化海关行政审批手续或减少行政行为干预为直接手段，通过提高工作效率、减轻企业负担来促进经济发展。目前，加工贸易监管作业仍沿用传统的纸质随附单证模式，束缚了大量的人力资源，制约了海关进一步的改革发展。

因此，推行加工贸易随附单证无纸化，运用信息化手段实现单证电子数据流转，优化监管资源，简化行政手续，减少行为干预的无纸化改革需求迫在眉睫。而加工贸易监管作为中国海关贸易监管的半壁江山，其无纸化改革将是海关业务改革的重要组成部分。

### 小贴士

通关作业无纸化是指海关以企业分类管理和风险分析为基础，

按照风险等级对进出口货物实施分类，运用信息化技术改变海关验凭进出口企业递交书面报关单及随附单证办理通关手续的做法，直接对企业联网申报的报关单及随附单证的电子数据进行无纸审核、验放处理的通关管理模式。

加工贸易随附单证无纸化改革，旨在通过创新科技手段，推动海关与企业及其他政府管理部门之间的单证电子数据联网，简化行政审批手续，减少对企业经营行为的直接人为干预，改变以往企业重复递交纸质作业随附单证的做法，对随附单证实行电子采集、传输、保存和调阅，使企业足不出户，就能实现“企业网上申请、单证数据网上传输、海关电子自动审核”的新型加工贸易监管手段。

以小宁所在的某海关为例，其联网企业无纸化作业，小宁需要向海关联网辅助平台发送如下数据：

1. 进出口报关单及清单数据；
2. 料号级单耗数据；
3. 料件耗用数据；
4. 报核申请数据；
5. 替代关系数据；
6. 核增核减数据；
7. 边角料处理数据；
8. 残次品处理数据；
9. 副产品处理数据；
10. 其他海关认为有必要提交的数据。

而其纸质单证则不需要向海关报送。

现在，小宁核销的时候，只需要向海关提供一个档案袋的资料就可以了，内附核销申请、情况说明等少数材料。大大减轻了小宁的体力劳动，也化解了单证核对、单证缺失等技术性风险。

# 第四节　海关全面深化改革方案及未来的方向

小宁通过一系列的学习，对海关联网监管有了一个比较全面的认识。再去海关的话，估计碰见海关帅哥不会脸红了吧？

海关帅哥似乎也很了解小宁，“嗯，你的业务进步很快。今天，我会给你介绍一下海关业务改革的最新方向，使你了解在今后的几年，海关将会有何变化。”

## 一、海关特殊监管区域改革

1. 改革方向：在《国务院关于促进海关特殊监管区域科学发展的指导意见》（国发〔2012〕58号，以下简称《指导意见》）的指导下，海关特殊监管区域整合优化工作有了一定的进展，但仍需加快深化改革、整合优化，更高层次融合中国与世界经济，在国际产业链分工中发挥更大的作用。为此，党的十八届三中全会《关于全面深化改革若干重大问题的决定》（以下简称《决定》）提出“加快海关特殊监管区域整合优化”。通过整合优化，引导海关特殊监管区域向高端制造、物流、销售、结算、维修、研发设计“六个方向”发展，发挥海关特殊监管区域在连接两个市场、统筹两种资源上的功能优势，提升海关特殊监管区域与世界经济接轨的能力，使之成为我国经济全球化的一个重要窗口。通过海关特殊监管区域整合优化，全面推进加工贸易转型升级，引导加工贸易企业向海关特殊监管区域集中。

2. 整合优化的重点内容：进一步加大海关特殊监管区域整合

优化力度，着力推进海关特殊监管区域类型、存量、政策和管理四方面整合以及产业、贸易、功能和监管四方面优化。海关文件明确提出海关特殊监管区域功能拓展的方向为在巩固高端制造、物流和维修功能的基础上，向研发、销售、结算方向拓展，并探索发展跨境电子商务、租赁服务等新型保税业务，提出了16项具体改革措施。

## 二、新型保税信息化管理系统

基本架构：新型保税信息化管理系统是金关工程二期重点建设项目，由“保税物流管理系统”、“海关特殊监管区域管理分系统”、“加工贸易手册管理分系统”、“加工贸易账册管理分系统”、“保税综合管理分系统”、“保税流转管理系统”、“保税业务监控分析系统”、“自由贸易试验区海关管理系统”8个系统组成。

建设方向及功能定位：建设全国统一、分层级管理、灵活高效的保税系统，对加工贸易、海关特殊监管区域、保税监管场所、自贸试验区等保税货物的“进、出、转、存、销”实现有效监管和高效运作；健全保税监管账册管理体系，按企业生产管理实际实施料号级账册管理；优化作业流程，整合账册功能结构，统一作业单证，简化操作，支持保税单证核扣账册；统一执法，防范风险，有效提升海关保税监管能力和综合管理水平，促进加工贸易转型升级。

对不涉证、不涉税、不涉及贸易统计的非实际进出境保税货物，直接通过保税信息化管理系统，以账册核注核扣方式实现管理。

## 三、单耗管理模式改革和完善

现行单耗管理模式是以 2007 年颁布实施的《单耗管理办法》为基础的，对于规范海关加工贸易单耗管理、促进加工贸易发展发挥了积极作用。随着加工贸易的转型升级，企业经营、生产、管理现代化对海关单耗管理提出更高要求；海关管理规范性、科学性、准确性要求不断提高，海关管理的执法监督、考核机制不断深入，对海关的加工贸易单耗管理提出更高要求。

改革方向是：简化企业申报程序，减轻企业负担，便利守法企业；规范海关管理程序，提高管理效能，减少渎职风险。

具体举措有：

1. 创新单耗管理制度，修订《中华人民共和国海关加工贸易单耗管理办法》（以下简称《办法》）。《办法》是海关单耗管理的基础，必须更好适应加工贸易发展和海关管理需要。

2. 改进管理系统，实现“两个随机”。根据《办法》修订的内容，改进 H2010 系统。实现海关从全面审核转向重点审核，提高管理效能，在单耗管理中按照“两个随机”原则对企业申报单耗进行核实，最大限度地规制海关的自由裁量。

3. 加强单耗标准、参数的制定和风险监控工作。通过规范企业申报、建立强大的单耗标准库和参数库，为单耗审核提供技术支持。完善单耗监控手段和程序，加大监控分析和随机选查力度，实现有效监管。

4. 探索企业自核单耗模式。对资信良好、信息透明的企业，探索建立企业自核单耗的管理模式。

# 附　录

附录一

## 中华人民共和国海关加工贸易货物监管办法

（海关总署令第219号）

### 第一章　总　　则

**第一条**　为了促进加工贸易健康发展，规范海关对加工贸易货物管理，根据《中华人民共和国海关法》（以下简称《海关法》）以及其他有关法律、行政法规，制定本办法。

**第二条**　本办法适用于办理加工贸易货物手册设立、进出口报关、加工、监管、核销手续。

加工贸易经营企业、加工企业、承揽者应当按照本办法规定接受海关监管。

**第三条**　本办法所称“加工贸易”是指经营企业进口全部或者部分原辅材料、零部件、元器件、包装物料（以下统称料件），经过加工或者装配后，将制成品复出口的经营活动，包括来料加工和进料加工。

**第四条**　除国家另有规定外，加工贸易进口料件属于国家对进口有限制性规定的，经营企业免于向海关提交进口许可证件。

加工贸易出口制成品属于国家对出口有限制性规定的，经营企业应当向海关提交出口许可证件。

**第五条**　加工贸易项下进口料件实行保税监管的，加工成品出口后，海关根据核定的实际加工复出口的数量予以核销。

加工贸易项下进口料件按照规定在进口时先行征收税款的，加工成品出口后，海关根据核定的实际加工复出口的数量退还已征收的税款。

加工贸易项下的出口产品属于应当征收出口关税的，海关按照有关规定征收出口关税。

**第六条** 海关按照国家规定对加工贸易货物实行担保制度。

未经海关批准，加工贸易货物不得抵押。

**第七条** 海关对加工贸易实行分类监管，具体管理办法由海关总署另行制定。

**第八条** 海关可以对加工贸易企业进行核查，企业应当予以配合。

海关核查不得影响企业的正常经营活动。

**第九条** 加工贸易货物的手册设立、进出口报关、核销，应当采用纸质单证、电子数据的形式。

**第十条** 加工贸易企业应当根据《中华人民共和国会计法》以及海关有关规定，设置符合海关监管要求的账簿、报表以及其他有关单证，记录与本企业加工贸易货物有关的进口、存储、转让、转移、销售、加工、使用、损耗和出口等情况，凭合法、有效凭证记账并且进行核算。

加工贸易企业应当将加工贸易货物与非加工贸易货物分开管理。加工贸易货物应当存放在经海关备案的场所，实行专料专放。企业变更加工贸易货物存放场所的，应当经海关批准。

## 第二章　加工贸易货物手册设立

**第十一条** 经营企业应当向加工企业所在地主管海关办理加工贸易货物的手册设立手续。

经营企业与加工企业不在同一直属海关管辖的区域范围的，应当按照海关对异地加工贸易的管理规定办理手册设立手续。

**第十二条** 除另有规定外，经营企业办理加工贸易货物的手册设立，应当向海关如实申报贸易方式、单耗、进出口口岸，以及进口料件和出口成品的商品名称、商品编号、规格型号、价格和原产地等情况，并且提交下列单证：

（一）主管部门签发的同意开展加工贸易业务的有效批准文件；

（二）经营企业自身有加工能力的，应当提交主管部门签发的《加工贸易加工企业生产能力证明》；

（三）经营企业委托加工的，应当提交经营企业与加工企业签订的委托加工合同、主管部门签发的加工企业《加工贸易加工企业生产能力证明》；

（四）经营企业对外签订的合同；

（五）海关认为需要提交的其他证明文件和材料。

**第十三条** 经营企业按照本办法第十一条、第十二条规定，提交齐全、有效的单证材料，申报设立手册的，海关应当自接受企业手册设立申报之日起5个工作日内完成加工贸易手册设立手续。

需要办理担保手续的，经营企业按照规定提供担保后，海关办理手册设立手续。

**第十四条** 有下列情形之一的，海关应当在经营企业提供相当于应缴税款金额的保证金或者银行、非银行金融机构保函后办理手册设立手续：

（一）涉嫌走私，已经被海关立案侦查，案件尚未审结的；

（二）由于管理混乱被海关要求整改，在整改期内的。

**第十五条** 有下列情形之一的，海关可以要求经营企业在办理手册设立手续时提供相当于应缴税款金额的保证金或者银行、非银行金融机构保函：

（一）租赁厂房或者设备的；

（二）首次开展加工贸易业务的；

（三）加工贸易手册延期两次（含两次）以上的；

（四）办理异地加工贸易手续的；

（五）涉嫌违规，已经被海关立案调查，案件尚未审结的。

**第十六条** 加工贸易企业有下列情形之一的，不得办理手册设立手续：

（一）进口料件或者出口成品属于国家禁止进出口的；

（二）加工产品属于国家禁止在我国境内加工生产的；

（三）进口料件不宜实行保税监管的；

（四）经营企业或者加工企业属于国家规定不允许开展加工贸易的；

（五）经营企业未在规定期限内向海关报核已到期的加工贸易手册，又重新申报设立手册的。

**第十七条** 经营企业办理加工贸易货物的手册设立，申报内容、提交单证与事实不符的，海关应当按照下列规定处理：

（一）货物尚未进口的，海关注销其手册；

（二）货物已进口的，责令企业将货物退运出境。

本条第一款第（二）项规定情形下，经营企业可以向海关申请提供相当于应缴税款金额的保证金或者银行、非银行金融机构保函，并且继续履行合同。

**第十八条** 已经办理加工贸易货物的手册设立手续的经营企业可以向海关领取加工贸易手册分册、续册。

**第十九条** 加工贸易货物手册设立内容发生变更的，经营企业应当在加工贸易手册有效期内办理变更手续。

需要报原审批机关批准的，还应当报原审批机关批准，另有规定的除外。

## 第三章　加工贸易货物进出口、加工

**第二十条** 经营企业进口加工贸易货物，可以从境外或者海关特殊监管区域、保税监管场所进口，也可以通过深加工结转方式转入。

经营企业出口加工贸易货物，可以向境外或者海关特殊监管区域、保税监管场所出口，也可以通过深加工结转方式转出。

**第二十一条** 经营企业应当凭加工贸易手册、加工贸易进出口货物专用报关单等有关单证办理加工贸易货物进出口报关手续。

**第二十二条** 经营企业以加工贸易方式进出口的货物，列入海关统计。

**第二十三条** 加工贸易企业开展深加工结转的，转入企业、转出企业应当向各自的主管海关申报，办理实际收发货以及报关手续。具体管理规定由海关总署另行制定并公布。

有下列情形之一的，加工贸易企业不得办理深加工结转手续：

（一）不符合海关监管要求，被海关责令限期整改，在整改期内的；

（二）有逾期未报核手册的；

（三）由于涉嫌走私已经被海关立案调查，尚未结案的。

加工贸易企业未按照海关规定进行收发货的，不得再次办理深加工结转手续。

**第二十四条** 经营企业开展外发加工业务，应当按照外发加工的相关管理规定自外发之日起 3 个工作日内向海关办理备案手续。

经营企业开展外发加工业务，不得将加工贸易货物转卖给承揽者；承揽者不得将加工贸易货物再次外发。

经营企业将全部工序外发加工的，应当在办理备案手续的同时向海关提供相当于外发加工货物应缴税款金额的保证金或者银行、非银行金融机构保函。

**第二十五条** 外发加工的成品、剩余料件以及生产过程中产生的边角料、残次品、副产品等加工贸易货物，经营企业向所在地主管海关办理相关手续后，可以不运回本企业。

**第二十六条** 海关对加工贸易货物实施监管的，经营企业和承揽者应当予以配合。

**第二十七条** 加工贸易货物应当专料专用。

经海关核准，经营企业可以在保税料件之间、保税料件与非保税料件之间进行串换，但是被串换的料件应当属于同一企业，并且应当遵循同品种、同规格、同数量、不牟利的原则。

来料加工保税进口料件不得串换。

**第二十八条** 由于加工工艺需要使用非保税料件的，经营企业应当事先向海关如实申报使用非保税料件的比例、品种、规格、型号、数量。

经营企业按照本条第一款规定向海关申报的，海关核销时应当在出口成品总耗用量中予以核扣。

**第二十九条** 经营企业进口料件由于质量存在瑕疵、规格型号与合同不符等原因，需要返还原供货商进行退换，以及由于加工贸易出口产品售后服务需要而出口未加工保税料件的，可以直接向口岸海关办理报关手续。

已经加工的保税进口料件不得进行退换。

## 第四章　加工贸易货物核销

**第三十条**　经营企业应当在规定的期限内将进口料件加工复出口，并且自加工贸易手册项下最后一批成品出口或者加工贸易手册到期之日起30日内向海关报核。

经营企业对外签订的合同提前终止的，应当自合同终止之日起30日内向海关报核。

**第三十一条**　经营企业报核时应当向海关如实申报进口料件、出口成品、边角料、剩余料件、残次品、副产品以及单耗等情况，并且按照规定提交相关单证。

经营企业按照本条第一款规定向海关报核，单证齐全、有效的，海关应当受理报核。

**第三十二条**　海关核销可以采取纸质单证核销、电子数据核销的方式，必要时可以下厂核查，企业应当予以配合。

海关应当自受理报核之日起30日内予以核销。特殊情况需要延长的，经直属海关关长或者其授权的隶属海关关长批准可以延长30日。

**第三十三条**　加工贸易保税进口料件或者成品因故转为内销的，海关凭主管部门准予内销的有效批准文件，对保税进口料件依法征收税款并且加征缓税利息，另有规定的除外。

进口料件属于国家对进口有限制性规定的，经营企业还应当向海关提交进口许可证件。

**第三十四条**　经营企业因故将加工贸易进口料件退运出境的，海关凭有关退运单证核销。

**第三十五条**　经营企业在生产过程中产生的边角料、剩余料件、残次品、副产品和受灾保税货物，按照海关对加工贸易边角料、剩余料件、残次品、副产品和受灾保税货物的管理规定办理，海关凭有关单证核销。

**第三十六条**　经营企业遗失加工贸易手册的，应当及时向海关报告。

海关按照有关规定处理后对遗失的加工贸易手册予以核销。

**第三十七条**　对经核销结案的加工贸易手册，海关向经营企业签发

《核销结案通知书》。

**第三十八条** 经营企业已经办理担保的，海关在核销结案后按照规定解除担保。

**第三十九条** 加工贸易货物的手册设立和核销单证自加工贸易手册核销结案之日起留存3年。

**第四十条** 加工贸易企业出现分立、合并、破产、解散或者其他停止正常生产经营活动情形的，应当及时向海关报告，并且办结海关手续。

加工贸易货物被人民法院或者有关行政执法部门封存的，加工贸易企业应当自加工贸易货物被封存之日起5个工作日内向海关报告。

## 第五章 附 则

**第四十一条** 违反本办法，构成走私行为、违反海关监管规定行为或者其他违反《海关法》行为的，由海关依照《海关法》和《中华人民共和国海关行政处罚实施条例》的有关规定予以处理；构成犯罪的，依法追究刑事责任。

**第四十二条** 本办法中下列用语的含义：

来料加工，是指进口料件由境外企业提供，经营企业不需要付汇进口，按照境外企业的要求进行加工或者装配，只收取加工费，制成品由境外企业销售的经营活动。

进料加工，是指进口料件由经营企业付汇进口，制成品由经营企业外销出口的经营活动。

加工贸易货物，是指加工贸易项下的进口料件、加工成品以及加工过程中产生的边角料、残次品、副产品等。

加工贸易企业，包括经海关注册登记的经营企业和加工企业。

经营企业，是指负责对外签订加工贸易进出口合同的各类进出口企业和外商投资企业，以及经批准获得来料加工经营许可的对外加工装配服务公司。

加工企业，是指接受经营企业委托，负责对进口料件进行加工或者装配，并且具有法人资格的生产企业，以及由经营企业设立的虽不具有法人资格，但是实行相对独立核算并已经办理工商营业证（执照）的工厂。

单位耗料量，是指加工贸易企业在正常生产条件下加工生产单位出口成品所耗用的进口料件的数量，简称单耗。

深加工结转，是指加工贸易企业将保税进口料件加工的产品转至另一加工贸易企业进一步加工后复出口的经营活动。

承揽者，是指与经营企业签订加工合同，承接经营企业委托的外发加工业务的企业或者个人。

外发加工，是指经营企业委托承揽者对加工贸易货物进行加工，在规定期限内将加工后的产品最终复出口的行为。

核销，是指加工贸易经营企业加工复出口或者办理内销等海关手续后，凭规定单证向海关报核，海关按照规定进行核查以后办理解除监管手续的行为。

**第四十三条**　保税工厂开展加工贸易业务，按照海关对加工贸易保税工厂的管理规定办理。

**第四十四条**　进料加工保税集团开展加工贸易业务，按照海关对进料加工保税集团的管理规定办理。

**第四十五条**　实施联网监管的加工贸易企业开展加工贸易业务，按照海关对加工贸易企业实施计算机联网监管的管理规定办理。

**第四十六条**　加工贸易企业在海关特殊监管区域内开展加工贸易业务，按照海关对海关特殊监管区域的相关管理规定办理。

**第四十七条**　单耗的申报与核定，按照海关对加工贸易单耗的管理规定办理。

**第四十八条**　海关对加工贸易货物进口时先征收税款出口后予以退税的管理规定另行制定。

**第四十九条**　本办法由海关总署负责解释。

**第五十条**　本办法自公布之日起施行。2004 年 2 月 26 日以海关总署令第 113 号发布，并经海关总署令第 168 号、195 号修正的《中华人民共和国海关对加工贸易货物监管办法》同时废止。

附录二

# 关于执行《中华人民共和国海关加工贸易货物监管办法》有关问题的公告

（海关总署公告 2014 年第 21 号）

根据《中华人民共和国海关法》、《中华人民共和国海关加工贸易货物监管办法》（海关总署令第 219 号，以下简称《办法》）及其他相关法律、行政法规、规章，现将海关加工贸易监管中有关问题公告如下：

一、加工贸易备案（变更）、外发加工、深加工结转、余料结转、核销、放弃核准等业务不再按照《中华人民共和国行政许可法》的要求办理行政许可手续，其名 称相应变更为加工贸易手册设立、外发加工备案、深加工结转申报、余料结转申报、核销申报，同时取消放弃核准。企业按照《办法》及本公告有关规定办理海关手 续。

二、经营企业应当在手册有效期内办理保税料件或者成品内销、结转、退运等海关手续。

三、关于《办法》第六条

（一）有下列情形之一的，不予办理抵押手续：

1. 抵押影响加工贸易货物生产正常开展的；

2. 抵押加工贸易货物或者其使用的保税料件涉及进出口许可证件管理的；

3. 抵押加工贸易货物属来料加工货物的；

4. 以合同为单元管理的，抵押期限超过手册有效期限的；

5. 以企业为单元管理的，抵押期限超过一年的；

6. 经营企业或者加工企业涉嫌走私、违规，已被海关立案调查、侦查，案件未审结的；

7. 经营企业或者加工企业因为管理混乱被海关要求整改，在整改期内的；

8. 海关认为不予批准的其他情形。

（二）经营企业在申请办理加工贸易货物抵押手续时，应向主管海关提交以下材料：

1. 正式书面申请；

2. 银行抵押贷款书面意向材料；

3. 海关认为必要的其他单证。

（三）经审核符合条件的，经营企业在缴纳相应保证金或者银行、非银行金融机构保函（以下简称“保证金或者保函”）后，主管海关准予其向境内银行办理加工贸易货物抵押，并将抵押合同、贷款合同复印件留存主管海关备案。

保证金或者保函按抵押加工贸易保税货物对应成品所使用全部保税料件应缴税款金额收取。

四、关于《办法》第十条

（一）“分开管理”是指加工贸易货物应与非加工贸易货物分开存放，分别记帐。对确实无法实现货物分开存放的，须经主管海关在审核企业内部信息化管理系 统、确认其能够通过联网监管系统实现加工贸易货物与非加工贸易货物数据信息流分开后，认定其符合“分开管理”的监管条件。企业应当确保保税货物流与数据信 息流的一致性。

（二）“海关备案的场所”是指加工贸易企业在办理海关注册登记以及加工贸易业务时向海关备案的经营场所。

（三）加工贸易企业改变或者增加存放场所，应经主管海关批准。主管海关应要求加工贸易企业提交注明存放地址、期限等有关内容的书面申请和存放场所的所有权证明复印件，如属租赁场所还需提交租赁合同。

除外发加工等业务需要外，加工贸易货物不得跨直属海关辖区进行存放。

五、关于《办法》第二十三条

（一）企业在办理深加工结转业务时，有未按照有关规定进行收发货申报及报关情形的，在补办有关手续前，海关不再受理新的《深加工结转申报表》，并可根据实际情况暂停已办理《深加工结转申报表》的使用。

（二）企业应按照有关规定撤销或者修改深加工结转报关单；对已放行的深加工结转报关单，不能修改，只能撤销。

（三）转出、转入企业违反有关规定的，海关按照《中华人民共和国海关法》及《中华人民共和国海关行政处罚实施条例》的规定处理；构成犯罪的，依法追究其刑事责任。

六、关于《办法》第二十四条

（一）企业应当在货物首次外发之日起3个工作日内向海关备案外发加工基本情况；企业应当在货物外发之日起10日内向海关申报实际收发货情况，同一手（账）册、同一承揽者的收、发货情况可合并办理。

企业外发加工备案信息发生变化的，应当向海关变更有关信息。

（二）以合同为单元管理的，首次外发是指在本手册项下对同一承揽者第一次办理外发加工业务；以企业为单元管理的，首次外发是指本核销周期内对同一承揽者第一次办理外发加工业务。

（三）对全工序外发的，企业应当在外发加工备案时缴纳相当于外发加工货物应缴税款金额的保证金或者保函。企业变更外发加工信息时，涉及企业应缴纳外发加工保证金数量增加的，企业应补缴保证金或者保函。

（四）企业未按规定向海关办理外发加工手续，或者实际外发情况与申报情况不一致的，按照《中华人民共和国海关行政处罚实施条例》有关规定予以处罚。

七、关于《办法》第二十七条

企业申请内部料件串换的，应遵循以下原则：

（一）保税料件之间以及保税料件和进口非保税料件之间的串换，必须符合同品种、同规格、同数量的条件。

（二）保税料件和国产料件（不含深加工结转料件）之间的串换必须符合同品种、同规格、同数量、关税税率为零，且商品不涉及进出口许可证件管理的条件。

（三）经营企业因保税料件与非保税料件之间发生串换，串换下来同等数量的保税料件，经主管海关批准后，由企业自行处置。

八、关于《办法》第二十九条

经营企业因加工贸易出口产品售后服务需要而申请出口加工贸易手册项下进口的未加工保税料件的，可以按“进料料件复出”或者“来料料件复出”的贸易方式直接申报出口。

九、关于《办法》第三十三条

经营企业申请办理加工贸易货物内销手续，除特别规定外，应当向海关提交下列单证：

（一）主管部门签发的《加工贸易保税进口料件内销批准证》；

（二）经营企业申请内销加工贸易货物的材料；

（三）提交与归类和审价有关的材料。

经营企业申请办理加工贸易货物内销手续，应当如实申报《加工贸易货物内销征税联系单》，凭以办理通关手续。

十、关于《办法》第三十五条

加工贸易料件、成品无法复出口的，按照《中华人民共和国海关关于加工贸易边角料、剩余料件、残次品、副产品和受灾保税货物的管理办法》（海关总署令第111号公布，海关总署令第218号修订）中对剩余料件的有关规定办理。

十一、经营企业申报剩余料件结转的，应当向海关提交下列单证：

（一）经营企业申报剩余料件结转的材料；

（二）经营企业拟结转的剩余料件清单；

（三）海关需要收取的其他单证和材料。

经营企业应当如实申报《加工贸易剩余料件结转联系单》，凭以办理通关手续。

十二、经营企业应当在手册有效期限内进行报核，对经营企业到期手册未报核的，经海关审查，按照《中华人民共和国海关行政处罚实施条例》的有关规定进行处理。

十三、关于《办法》第四十二条

经营企业应按照《中华人民共和国海关报关单位注册登记管理规定》（海关总署令第221号）办理海关注册登记手续。

十四、在启用计算机系统办理相关业务前，暂使用原纸质单证办理。

本公告内容自公布之日起执行。海关总署公告2005年第9号、2010年第93号同时废止。

特此公告。

二〇一四年三月二十四日

附录三

# 中华人民共和国海关加工贸易企业联网监管办法

（海关总署令第150号）

**第一条** 为了规范海关对加工贸易企业的管理，根据《中华人民共和国海关法》及其他有关法律、行政法规的规定，制定本办法。

**第二条** 海关对加工贸易企业实施联网监管，是指加工贸易企业通过数据交换平台或者其他计算机网络方式向海关报送能满足海关监管要求的物流、生产经营等数据，海关对数据进行核对、核算，并结合实物进行核查的一种加工贸易海关监管方式。

**第三条** 实施联网监管的加工贸易企业（以下简称联网企业）应当具备以下条件：

（一）具有加工贸易经营资格；

（二）在海关注册；

（三）属于生产型企业。

海关特殊监管区域、保税监管场所内的加工贸易企业不适用本办法。

**第四条** 加工贸易企业需要实施联网监管的，可以向主管海关提出申请；经审核符合本办法第三条规定条件的，海关应当对其实施联网监管。

**第五条** 联网企业通过数据交换平台或者其他计算机网络方式向海关报送数据前，应当进行加工贸易联网监管身份认证。

**第六条** 联网企业应当将开展加工贸易业务所需进口料件、出口成品清单及对应的商品编号报送主管海关，必要时还应当按照海关要求提供确认商品编号所需的相关资料。

主管海关应当根据监管需要，按照商品名称、商品编码和计量单位等条件，将联网企业内部管理的料号级商品与电子底账备案的项号级商品进行归并或者拆分，建立一对多或者多对一的对应关系。

**第七条** 联网企业应当在料件进口、成品出口前，分别向主管海关办理进口料件、出口成品的备案、变更手续。

联网企业应当根据海关总署的有关规定向海关办理单耗备案、变更手续。

**第八条** 海关应当根据联网企业报送备案的资料建立电子底账，对联网企业实施电子底账管理。电子底账包括电子账册和电子手册。

电子账册是海关以企业为单元为联网企业建立的电子底账；实施电子账册管理的，联网企业只设立一个电子账册。海关应当根据联网企业的生产情况和海关的监管需要确定核销周期，按照核销周期对实行电子账册管理的联网企业进行核销管理。

电子手册是海关以加工贸易合同为单元为联网企业建立的电子底账；实施电子手册管理的，联网企业的每个加工贸易合同设立一个电子手册。海关应当根据加工贸易合同的有效期限确定核销日期，对实行电子手册管理的联网企业进行定期核销管理。

**第九条** 联网企业应当如实向海关报送加工贸易货物物流、库存、生产管理以及满足海关监管需要的其他动态数据。

**第十条** 联网企业的外发加工实行主管海关备案制。加工贸易企业开展外发加工前应当将外发加工承接企业、货物名称和周转数量向主管海关备案。

**第十一条** 海关可以采取数据核对和下厂核查等方式对联网企业进行核查。下厂核查包括专项核查和盘点核查。

**第十二条** 经主管海关批准，联网企业可以按照月度集中办理内销补税手续；联网企业内销加工贸易货物后，应当在当月集中办理内销补税手续。

**第十三条** 联网企业加工贸易货物内销后，应当按照规定向海关缴纳缓税利息。

缴纳缓税利息的起始日期按照以下办法确定：

（一）实行电子手册管理的，起始日期为内销料件或者制成品所对应的加工贸易合同项下首批料件进口之日；

（二）实行电子账册管理的，起始日期为内销料件或者制成品对应的电子账册最近一次核销之日。没有核销日期的，起始日期为内销料件或者制成品对应的电子账册首批料件进口之日。

缴纳缓税利息的终止日期为海关签发税款缴款书之日。

**第十四条** 联网企业应当在海关确定的核销期结束之日起30日内完成报核。确有正当理由不能按期报核的，经主管海关批准可以延期，但延长期限不得超过60日。

**第十五条** 联网企业实施盘点前，应当告知海关；海关可以结合企业盘点实施核查核销。

海关结合企业盘点实施核查核销时，应当将电子底账核算结果与联网企业实际库存量进行对比，并分别进行以下处理：

（一）实际库存量多于电子底账核算结果的，海关应当按照实际库存量调整电子底账的当期余额；

（二）实际库存量少于电子底账核算结果且联网企业可以提供正当理由的，对短缺的部分，海关应当责令联网企业申请内销处理；

（三）实际库存量少于电子底账核算结果且联网企业不能提供正当理由的，对短缺的部分，海关除责令联网企业申请内销处理外，还可以按照《中华人民共和国海关行政处罚实施条例》对联网企业予以处罚。

**第十六条** 联网企业有下列情形之一的，海关可以要求其提供保证金或者银行保函作为担保：

（一）企业管理类别下调的；

（二）未如实向海关报送数据的；

（三）海关核查、核销时拒不提供相关账册、单证、数据的；

（四）未按照规定时间向海关办理报核手续的；

（五）未按照海关要求设立账册、账册管理混乱或者账目不清的。

**第十七条** 违反本办法，构成走私或者违反海关监管规定行为的，由海关依照《中华人民共和国海关法》和《中华人民共和国海关行政处罚实施条例》的有关规定予以处理；构成犯罪的，依法追究刑事责任。

**第十八条** 本办法下列用语的含义：

“电子底账”，是指海关根据联网企业申请，为其建立的用于记录加工贸易备案、进出口、核销等资料的电子数据库。

“专项核查”，是指海关根据监管需要，对联网企业就某一项或者多项内容实施的核查行为。

“盘点核查”，是指海关在联网企业盘点时，对一定期间的部分保税货物进行实物核对、数据核查的一种监管方式。

**第十九条** 本办法由海关总署负责解释。

**第二十条** 本办法自2006年8月1日起施行。2003年3月19日海关总署令第100号发布的《中华人民共和国海关对加工贸易企业实施计算机联网监管办法》同时废止。

附录四

# 关于执行《中华人民共和国海关加工贸易企业联网监管办法》有关问题的公告

（海关总署公告2007年第1号）

为进一步完善海关对加工贸易联网企业的管理，现就《中华人民共和国海关加工贸易企业联网监管办法》（署令第150号，以下简称《办法》）执行中有关问题公告如下：

一、在商务部门对企业申请联网监管进行前置审批的基础上，主管海关对申请企业是否具备联网监管条件进行审核。经审核符合联网监管条件的，主管海关应向企业制发《海关实施加工贸易联网监管通知书》。

二、主管海关以企业分类管理为基础，并根据企业实际情况确定实施联网监管的模式。

采用电子账册模式进行联网监管的，不实行银行保证金台账制度；采用电子手册模式进行联网监管的，仍实行银行保证金台账制度。

三、联网企业管理类别下调的，应按调整后的企业管理类别确定联网监管模式或采取风险管理措施。

联网企业能够缴纳风险担保金或提供银行担保的，主管海关可继续对其按电子账册模式实施联网监管；企业不能缴纳风险担保金或不能提供银行担保的，主管海关应将其电子账册模式调整为电子手册模式实施联网监管。风险担保金或银行担保的金额按照银行保证金台账“实转”的有关规定办理。

四、联网企业需备案、变更电子底账的，应向商务主管部门申领相应批准文件。

主管海关凭商务主管部门制发的批准文件办理联网企业电子底账的备案、变更手续。

五、联网企业因故内销保税料件或其制成品的，应事先向商务主管部门申领《加工贸易保税进口料件内销批准证》。

联网企业凭商务主管部门制发的《加工贸易保税进口料件内销批准证》，按加工贸易监管规定向主管海关办理内销缴税手续；经海关批准在《加工贸易保税进口料件内销批准证》范围内先行内销保税料件或其制成品的，联网企业应在内销当月内向海关集中办理内销缴税的申报手续。

六、联网企业属于《办法》第十六条第（一）项所列情形的，按本公告第三条规定办理。

联网企业属于《办法》第十六条所列其他情形或涉嫌走私违规已立案调查的，主管海关可根据实际情况，要求企业缴纳风险担保金或提供银行担保；联网企业不缴纳风险担保金或不提供银行担保的，主管海关对其电子底账设置为停账状态，待联网企业办理海关相关手续或按要求整改后予以恢复。

七、联网企业由于身份识别卡丢失而申请停账的，主管海关可为其办理停账手续。

八、联网企业已不具备加工贸易经营资格的，主管海关相应注销其电子底账。

九、联网企业应根据监管核查要求，向主管海关动态报送单耗、深加工结转、外发加工、保税转内销和库存等联网核查数据，海关按规定进行核查。

十、本公告自下发之日起执行。

特此公告。

二〇〇七年一月八日

附录五

# 关于发布《加工贸易联网监管进出口商品归并规则（试行）》的公告

（海关总署公告2010年第55号）

为了规范海关对加工贸易企业的管理，在确保有效监管的前提下便利企业运作，海关总署研究制定了《加工贸易联网监管进出口商品归并规则（试行）》（以下简称《归并规则》，见附件），现就《归并规则》实施过程中有关问题公告如下：

一、《归并规则》适用于海关依据《中华人民共和国海关加工贸易企业联网监管办法》（海关总署令第150号）采用电子账册实施联网监管的加工贸易企业（以下简称“联网企业”）。

二、联网企业应根据企业实际情况，顺序使用《归并规则》中的6项规则，主管海关在审核归并关系时予以核实。

三、自本公告实施之日起，新的联网企业应按《归并规则》备案、变更电子账册。

四、现有联网企业正在执行的电子账册如不符合《归并规则》，应在2011年12月31日前按《归并规则》向海关申请备案一本新的电子账册。新的电子账册备 案后，原电子账册在余料结转到新的电子账册并通过核销后，予以注销。受加工贸易信息化管理辅助平台建设进度影响暂时无法适用第四条规则的联网企业，目前仍 维持现行做法，执行《归并规则》时间由各直属海关根据平台建设进度另行公告。

五、主料是指构成加工成品的主要进口料件，非主料是指构成加工成品的其他进口料件。采用计算机系统按照进口料件重要程度实施分类管理的联网企业，可向主管 海关申请区分主料和非主料实施监管。主管海关以进口料件的贸易管制条件、价值、单耗等因素，按监管需要认定主料和非主料。

六、加工贸易信息化管理辅助平台是指配合加工贸易联网监管电子账册系统建立的、能够辅助海关对多个加工贸易联网监管企业实施料号级商品核销核算的信息化管理平台。该信息化管理平台投入运行前，应通过海关总署组织的验收。

七、本公告内容自2010年9月1日起实施。

特此公告。

附件：加工贸易联网监管进出口商品归并规则（试行）

二〇一〇年八月二十四日

附件

## 加工贸易联网监管进出口商品归并规则（试行）

加工贸易联网监管企业（以下简称“联网企业”）电子账册备案、变更时，对进口料件和出口成品进行归并，应遵循以下规则：

**第一条** 电子账册备案、变更时，联网企业应以内部管理的料号级商品为基础，按照《中华人民共和国进出口税则》规定的目录条文和归类总规则、类注、章注、子目注释以及其他归类注释，进行商品归类，并归入相应的税则号列，经海关审核确定后，在企业内部管理的料号级商品与电子账册备案的项号级商品之间建立一一对应关系。

**第二条** 电子账册备案、变更时，受海关监管资源限制无法实现料号级商品与项号级商品一一对应、需要建立多对一归并关系的，进口料件根据实际情况分别按第三条、第四条、第五条处理；出口成品按第六条处理。

**第三条** 联网企业的计算机系统能够按照进口料件重要程度实施分类管理，并且经主管海关认定其进口料件可以区分主料与非主料实施监管的，主料建立一一对应关系，非主料可按第五条建立多对一归并关系。

**第四条** 海关运用加工贸易信息化管理辅助平台实现料号级核销核算的，可按第五条建立多对一归并关系。

**第五条** 料号级料件同时满足以下条件的，可予以归并：

1. 10位商品编码相同；

2. 申报计量单位相同；

3. 中文商品名称相同；

4. 符合规范申报的要求。

其中，根据相关规定可予保税的消耗性物料与其他保税料件不得归并；因管理需要，海关或企业认为需要单列的商品不得归并。

**第六条** 出口成品采用成品版本号进行备案和申报，如同时满足以下条件的可予以归并：

1. 10 位商品编码相同；

2. 申报计量单位相同；

3. 中文商品名称相同；

4. 符合规范申报的要求。

其中，涉及单耗标准与不涉及单耗标准的料号级成品不得归并；因管理需要，海关或企业认为需要单列的商品不得归并。

附录六

# 中华人民共和国海关关于加工贸易边角料、剩余料件、残次品、副产品和受灾保税货物的管理办法

（海关总署令第218号）

**第一条** 为了规范对加工贸易保税进口料件在加工过程中产生的边角料、剩余料件、残次品、副产品和受灾保税货物的内销审批和海关监管，根据《中华人民共和国海关法》（以下简称《海关法》）以及有关法律、行政法规，制定本办法。

**第二条** 本办法下列用语的含义：

边角料，是指加工贸易企业从事加工复出口业务，在海关核定的单位耗料量内（以下简称单耗）、加工过程中产生的、无法再用于加工该合同项下出口制成品的数量合理的废、碎料及下脚料。

剩余料件，是指加工贸易企业在从事加工复出口业务过程中剩余的、可以继续用于加工制成品的加工贸易进口料件。

残次品，是指加工贸易企业从事加工复出口业务，在生产过程中产生的有严重缺陷或者达不到出口合同标准，无法复出口的制品（包括完成品和未完成品）。

副产品，是指加工贸易企业从事加工复出口业务，在加工生产出口合同规定的制成品（即主产品）过程中同时产生的，并且出口合同未规定应当复出口的一个或者一个以上的其他产品。

受灾保税货物，是指加工贸易企业从事加工出口业务中，由于不可抗力原因或者其他经海关审核认可的正当理由造成火失、短少、损毁等导致无法复出口的保税进口料件和制品。

**第三条** 加工贸易保税进口料件加工后产生的边角料、剩余料件、残次品、副产品及受灾保税货物属海关监管货物，未经海关许可，任何企

业、单位、个人不得擅自销售或者移作他用。

**第四条** 加工贸易企业申请内销边角料的，商务主管部门免予审批，企业直接报主管海关核准并办理内销有关手续。

（一）海关按照加工贸易企业向海关申请内销边角料的报验状态归类后适用的税率和审定的边角料价格计征税款，免征缓税利息；

（二）海关按照加工贸易企业向海关申请内销边角料的报验状态归类后，属于发展改革委员会、商务部、环保总局及其授权部门进口许可证件管理范围的，免于提交许可证件。

**第五条** 加工贸易企业申报将剩余料件结转到另一个加工贸易合同使用，限同一经营企业、同一加工企业、同样进口料件和同一加工贸易方式。凡具备条件的，海关按规定核定单耗后，企业可以办理该合同核销及其剩余料件结转手续。剩余料件转入合同已经商务主管部门审批的，由原审批部门按变更方式办理相关手续，如剩余料件的转入量不增加已批合同的进口总量，则免于办理变更手续；转入合同为新建合同的，由商务主管部门按现行加工贸易审批管理规定办理。

加工贸易企业申报剩余料件结转有下列情形之一的，企业缴纳不超过结转保税料件应缴纳税款金额的风险担保金后，海关予以办理：

（一）同一经营企业申报将剩余料件结转到另一加工企业的；

（二）剩余料件转出金额达到该加工贸易合同项下实际进口料件总额50%及以上的；

（三）剩余料件所属加工贸易合同办理两次及两次以上延期手续的；

剩余料件结转涉及不同主管海关的，在双方海关办理相关手续，并由转入地海关收取风险担保金。

前款所列须缴纳风险担保金的加工贸易企业有下列情形之一的，免于缴纳风险担保金：

（一）适用加工贸易A类管理的；

（二）已实行台账实转的合同，台账实转金额不低于结转保税料件应缴税款金额的；

（三）原企业发生搬迁、合并、分立、重组、改制、股权变更等法律规定的情形，且现企业继承原企业主要权利义务或者债权债务关系的，剩余料件结转不受同一经营企业、同一加工企业、同一贸易方式限制。

**第六条** 加工贸易企业申请内销剩余料件或者内销用剩余料件生产的制成品，按照下列情况办理：

（一）剩余料件金额占该加工贸易合同项下实际进口料件总额3%以内（含3%），并且总值在人民币1万元以下（含1万元）的，商务主管部门免予审批，企业直接报主管海关核准，由主管海关对剩余料件按照规定计征税款和税款缓税利息后予以核销。剩余料件属于发展改革委、商务部、环保总局及其授权部门进口许可证件管理范围的，免于提交许可证件。

（二）剩余料件金额占该加工贸易合同项下实际进口料件总额3%以上或者总值在人民币1万元以上的，由商务主管部门按照有关内销审批规定审批，海关凭商务主管部门批件对合同内销的全部剩余料件按照规定计征税款和缓税利息。剩余料件属于进口许可证件管理的，企业还应当按照规定向海关提交有关进口许可证件。

（三）使用剩余料件生产的制成品需要内销的，海关根据其对应的进口料件价值，按照本条第（一）项或者第（二）项的规定办理。

**第七条** 加工贸易企业需要内销残次品的，根据其对应的进口料件价值，参照本办法第六条第（一）项或者第（二）项的规定办理。

**第八条** 加工贸易企业在加工生产过程中产生或者经回收能够提取的副产品，未复出口的，加工贸易企业在向海关办理手册设立或者核销手续时应当如实申报。

加工贸易企业需要内销的副产品，由商务主管部门按照副产品实物状态列明内销商品名称，并且按照加工贸易有关内销规定审批，海关凭商务主管部门批件办理内销有关手续。对于需要内销的副产品，海关按照加工贸易企业向海关申请内销副产品的报验状态归类后的适用税率和审定的价格，计征税款和缓税利息。

海关按照加工贸易企业向海关申请内销副产品的报验状态归类后，如果属于进口许可证件管理的，企业还应当按照规定向海关提交有关进口许可证件。

**第九条** 加工贸易受灾保税货物（包括边角料、剩余料件、残次品、副产品）在运输、仓储、加工期间发生灭失、短少、损毁等情事的，加工贸易企业应当及时向主管海关报告，海关可以视情派员核查取证。

（一）因不可抗力因素造成的加工贸易受灾保税货物，经海关核实，对受灾保税货物灭失或者虽未灭失，但是完全失去使用价值且无法再利用的，海关予以免税核销；对受灾保税货物虽失去原使用价值，但是可以再利用的，海关按照审定的受灾保税货物价格、其对应进口料件适用的税率计征税款和税款缓税利息后核销。受灾保税货物对应的原进口料件，属于发展改革委、商务部、环保总局及其授权部门进口许可证件管理范围的，免于提交许可证件。企业在规定的核销期内报核时，应当提供下列证明材料：

1. 商务主管部门的签注意见；

2. 保险公司出具的保险赔款通知书或者检验检疫部门出具的有关检验检疫证明文件；

3. 海关认可的其他有效证明文件。

（二）除不可抗力因素外，加工贸易企业因其他经海关审核认可的正当理由导致加工贸易保税货物在运输、仓储、加工期间发生灭失、短少、损毁等情事的，海关凭商务主管部门的签注意见、有关主管部门出具的证明文件和保险公司出具的保险赔款通知书或者检验检疫部门出具的有关检验检疫证明文件，按照规定予以计征税款和缓税利息后办理核销手续。本款所规定的受灾保税货物对应的原进口料件，如果属于进口许可证件管理范围的，企业应当按照规定向海关提交有关进口许可证件。本办法第四条、第六条、第七条规定免于提交进口许可证件的除外。

**第十条**　加工贸易企业因故申请将边角料、剩余料件、残次品、副产品或者受灾保税货物退运出境的，海关按照退运的有关规定办理，凭有关退运证明材料办理核销手续。

**第十一条**　加工贸易企业因故无法内销或者退运的边角料、剩余料件、残次品、副产品或者受灾保税货物，由加工贸易企业委托具有法定资质的单位进行销毁处置，海关凭相关单证、处置单位出具的接收单据和处置证明等资料办理核销手续。

海关可以派员监督处置，加工贸易企业及有关处置单位应当给予配合。加工贸易企业因处置获得的收入，应当向海关如实申报，海关比照边角料内销征税的管理规定办理征税手续。

**第十二条** 对实行进口关税配额管理的边角料、剩余料件、残次品、副产品和受灾保税货物，按照下列情况办理：

（一）边角料按照加工贸易企业向海关申请内销的报验状态归类属于实行关税配额管理商品的，海关按照关税配额税率计征税款；

（二）副产品按照加工贸易企业向海关申请内销的报验状态归类属于实行关税配额管理的，企业如果能够按照规定向海关提交有关进口配额许可证件，海关按照关税配额税率计征税款；企业如果未能按照规定向海关提交有关进口配额许可证件，海关按照有关规定办理；

（三）剩余料件、残次品对应进口料件属于实行关税配额管理的，企业如果能够按照规定向海关提交有关进口配额许可证件，海关按照关税配额税率计征税款；企业如果未能按照规定向海关提交有关进口配额许可证件，海关按照有关规定办理；

（四）因不可抗力因素造成的受灾保税货物，其对应进口料件属于实行关税配额管理商品的，海关按照关税配额税率计征税款；因其他经海关审核认可的正当理由造成的受灾保税货物，其对应进口料件属于实行关税配额管理的，企业如果能够按照规定向海关提交有关进口配额许可证件，海关按照关税配额税率计征税款；企业如果未能按照规定向海关提交有关进口配额许可证件，按照有关规定办理。

**第十三条** 属于加征反倾销税、反补贴税、保障措施关税或者报复性关税（以下统称特别关税）的，按照下列情况办理：

（一）边角料按照加工贸易企业向海关申请内销的报验状态归类属于加征特别关税的，海关免于征收需要加征的特别关税；

（二）副产品按照加工贸易企业向海关申请内销的报验状态归类属于加征特别关税的，海关按照规定征收需加征的特别关税；

（三）剩余料件、残次品对应进口料件属于加征特别关税的，海关按照规定征收需加征的特别关税；

（四）因不可抗力因素造成的受灾保税货物，如果失去原使用价值的，其对应进口料件属于加征特别关税的，海关免于征收需要加征的特别关税；因其他经海关审核认可的正当理由造成的受灾保税货物，其对应进口料件属于加征特别关税的，海关按照规定征收需加征的特别关税。

**第十四条**　加工贸易企业办理边角料、剩余料件、残次品、副产品和受灾保税货物内销的进出口通关手续时，应当按照下列情况办理：

（一）加工贸易剩余料件、残次品以及受灾保税货物内销，企业按照其加工贸易的原进口料件品名进行申报；

（二）加工贸易边角料以及副产品，企业按照向海关申请内销的报验状态申报。

**第十五条**　保税区、出口加工区内加工贸易企业的加工贸易保税进口料件加工后产生的边角料、剩余料件、残次品、副产品等的内销审批和海关监管，按照保税区、出口加工区的规定办理。

**第十六条**　违反《海关法》及本办法规定，构成走私或者违反海关监管规定行为的，由海关依照《海关法》、《中华人民共和国海关行政处罚实施条例》等有关法律、行政法规的规定予以处理；构成犯罪的，依法追究刑事责任。

**第十七条**　本办法由海关总署负责解释。

**第十八条**　本办法自2004年7月1日起施行，2001年9月13日发布的《关于加工贸易边角料、节余料件、残次品、副产品和受灾保税货物的管理办法》（海关总署令第87号）同时废止。

附录七

# 中华人民共和国海关加工贸易单耗管理办法

（海关总署令第218号）

## 第一章　总　　则

**第一条**　为了规范加工贸易单耗（以下简称单耗）管理，促进加工贸易的健康发展，根据《中华人民共和国海关法》以及其他有关法律、行政法规的规定，制定本办法。

**第二条**　海关对单耗的管理适用本办法。

**第三条**　单耗是指加工贸易企业在正常加工条件下加工单位成品所耗用的料件量，单耗包括净耗和工艺损耗。

**第四条**　加工贸易企业应当在加工贸易手册设立环节向海关进行单耗备案。

**第五条**　单耗管理应当遵循如实申报、据实核销的原则。

**第六条**　加工贸易企业向海关提供的资料涉及商业秘密，要求海关保密并向海关提出书面申请的，海关应当依法予以保密。加工贸易企业不得以保密为由，拒绝向海关提供有关资料。

## 第二章　单耗标准

**第七条**　单耗标准是指供通用或者重复使用的加工贸易单位成品耗料量的准则。单耗标准设定最高上限值，其中出口应税成品单耗标准增设最低下限值。

**第八条**　单耗标准由海关根据有关规定会同相关部门制定。

**第九条**　单耗标准应当以海关公告形式对外发布。

**第十条**　单耗标准适用于海关特殊监管区域、保税监管场所外的加工贸易企业，海关特殊监管区域、保税监管场所内的加工贸易企业不适用单耗标准。

**第十一条** 海关特殊监管区域、保税监管场所外的加工贸易企业应当在单耗标准内向海关进行单耗备案或者单耗申报。

海关特殊监管区域、保税监管场所外的加工贸易企业申报的单耗在单耗标准内的，海关按照申报的单耗对保税料件进行核销；申报的单耗超出单耗标准的，海关按照单耗标准的最高上限值或者最低下限值对保税料件进行核销。

**第十二条** 尚未公布单耗标准的，加工贸易企业应当如实向海关申报单耗，海关按照加工贸易企业的实际单耗对保税料件进行核销。

## 第三章 申报单耗

**第十三条** 申报单耗是指加工贸易企业向海关报告单耗的行为。

**第十四条** 加工贸易企业应当在成品出口、深加工结转或者内销前如实向海关申报单耗。

加工贸易企业确有正当理由无法按期申报单耗的，应当留存成品样品以及相关单证，并在成品出口、深加工结转或者内销前提出书面申请，经主管海关批准的，加工贸易企业可以在报核前申报单耗。

**第十五条** 加工贸易企业申报单耗应当包括以下内容：

（一）加工贸易项下料件和成品的商品名称、商品编号、计量单位、规格型号和品质；

（二）加工贸易项下成品的单耗；

（三）加工贸易同一料件有保税和非保税料件的，应当申报非保料件的比例、商品名称、计量单位、规格型号和品质。

**第十六条** 下列情况不列入工艺损耗范围：

（一）因突发停电、停水、停气或者其他人为原因造成保税料件、半成品、成品的损耗；

（二）因丢失、破损等原因造成的保税料件、半成品、成品的损耗；

（三）因不可抗力造成保税料件、半成品、成品灭失、损毁或者短少的损耗；

（四）因进口保税料件和出口成品的品质、规格不符合合同要求，造成用料量增加的损耗；

（五）因工艺性配料所用的非保税料件所产生的损耗；

（六）加工过程中消耗性材料的损耗。

**第十七条** 加工贸易企业应当采取纸质或者电子数据形式申报单耗。

**第十八条** 加工贸易企业可以向海关申请办理单耗变更或者撤销手续，但下列情形除外：

（一）保税成品已经申报出口的；

（二）保税成品已经办理深加工结转的；

（三）保税成品已经申请内销的；

（四）海关已经对单耗进行核定的；

（五）海关已经对加工贸易企业立案调查的。

## 第四章 单耗审核

**第十九条** 单耗审核是指海关依据本办法审查核实加工贸易企业申报的单耗是否符合有关规定、是否与加工实际相符的行为。

**第二十条** 海关为核查单耗的真实性和准确性，可以行使下列职权：

（一）查阅、复制加工贸易项下料件、成品的样品、影像、图片、图样、品质、成分、规格型号以及加工合同、订单、加工计划、加工报表、成本核算等账册和资料；

（二）查阅、复制工艺流程图、排料图、工料单、配料表、质量检测标准等能反映成品的技术要求、加工工艺过程以及相应耗料的有关资料；

（三）要求加工贸易企业提供核定单耗的计算方法、计算公式；

（四）对保税料件和成品进行查验或者提取货样进行检验或者化验；

（五）询问加工贸易企业的法定代表人、主要负责人和其他有关人员涉及单耗的有关情况和问题；

（六）进入加工贸易企业的货物存放场所、加工场所，检查与单耗有关的货物以及加工情况；

（七）对加工产品的单耗情况进行现场测定，必要时，可以留取样品。

**第二十一条** 海关对加工贸易企业申报的单耗进行审核，符合规定的，接受加工贸易企业的申报。

**第二十二条** 海关对加工贸易企业申报单耗的真实性、准确性有疑问的，应当制发《中华人民共和国海关加工贸易单耗质疑通知书》（以下简称《单耗质疑通知书》，格式见附件），将质疑理由书面告知加工贸易企业的法定代表人或者其代理人。

**第二十三条** 加工贸易企业的法定代表人或者其代理人应当自收到《单耗质疑通知书》之日起10个工作日内，以书面形式向海关提供有关资料。

**第二十四条** 加工贸易企业未能在海关规定期限内提供有关资料、提供的资料不充分或者提供的资料无法确定单耗的，海关应当对单耗进行核定。

**第二十五条** 海关可以单独或者综合使用技术分析、实际测定、成本核算等方法对加工贸易企业申报的单耗进行核定。

**第二十六条** 单耗核定前，加工贸易企业缴纳保证金或者提供银行担保，并经海关同意的，可以先行办理加工贸易料件和成品的进出口、深加工结转或者内销等海关手续；加工贸易企业实行银行保证金台账实转，且台账实转金额不低于应缴税款金额的，可以免予提供担保。

**第二十七条** 加工贸易企业对单耗核定结果有异议的，可以向作出单耗核定海关的上一级海关提出书面复核申请，上一级海关应当自收到复核申请后45日内作出复核决定。

## 第五章　附　　则

**第二十八条** 本办法下列用语的含义：

净耗，是指在加工后，料件通过物理变化或者化学反应存在或者转化到单位成品中的量。

工艺损耗，是指因加工工艺原因，料件在正常加工过程中除净耗外所必需耗用、但不能存在或者转化到成品中的量，包括有形损耗和无形损耗。工艺损耗率，是指工艺损耗占所耗用料件的百分比。单耗＝净耗/（1－工艺损耗率）。

技术分析方法，是指海关通过对成品的结构、成份、配方、工艺要求等影响单耗的各种因素进行分析和计算，核定成品单耗的方法。

实际测定方法，是指海关运用称量和计算等方法，对加工过程中单耗进行测定，通过综合分析核定成品单耗的方法。

成本核算方法，是指海关根据会计账册、加工记录、仓库账册等原料消耗的统计资料，进行对比和分析，计算核定成品单耗的方法。

**第二十九条** 违反本办法，构成走私或者违反海关监管规定行为的，由海关依照《中华人民共和国海关法》和《中华人民共和国海关行政处罚实施条例》的有关规定予以处理；构成犯罪的，依法追究刑事责任。

**第三十条** 本办法由海关总署负责解释。

**第三十一条** 本办法自2007年3月1日起施行。2002年3月11日海关总署令第96号发布的《中华人民共和国海关加工贸易单耗管理办法》同时废止。

附录八

# 关于执行《中华人民共和国海关加工贸易单耗管理办法》有关问题的公告

（海关总署公告2007年第23号）

为进一步完善海关对加工贸易企业（以下简称企业）的单耗管理，现就《中华人民共和国海关加工贸易单耗管理办法》（海关总署令第155号，以下简称《办法》）执行中有关问题公告如下：

一、企业向海关申报单耗的常规环节是保税加工的成品出口前、深加工结转前或者内销前。但一些生产工艺流程简单、产品净耗比较稳定、产品单耗关系不太复杂的企业，可以在合同备案环节一并向海关申报单耗，以便海关在合同备案和核销时给予便利。企业确实无法在成品出口前、深加工结转前或者内销前申报单耗，拟按照《办法》第十四条在合同报核前申报的，属于特殊情况，须事先报经主管海关批准。

二、企业应在备案时明确单耗申报环节。在海关H2000系统未调整前，企业应在手册或电子账册备注栏目中注明；在海关H2000系统调整后，企业应在手册或电子账册相应栏目中注明。

三、企业申报单耗时，应填写《中华人民共和国海关加工贸易单耗申报单》（见附件）。在海关对H2000系统调整后，企业应采取纸质或电子数据形式申报单耗。企业未按规定申报单耗的，将无法办理通关手续。

四、对已公布实施单耗标准的成品，企业也应如实申报单耗。企业申报的单位成品保税料件耗用量（单耗×保税料件比例）超出标准限值的，海关按照标准的上限或下限值对保税料件进行核销。超出部分，不予保税。

五、在计算单耗或工艺损耗率时，同一料件有保税和非保税的，非保税料件所产生的损耗计入工艺损耗。

六、企业按照《办法》第二十六条规定缴纳保证金或提供银行担保的，对需核定单耗的成品所对应的保税料件，海关按应征税款等值收取。

七、海关按照《办法》第二十条、第二十二条和第二十四条规定对企业申报的单耗进行审核、质疑和核定时，企业应履行配合海关工作的义务。海关对企业申报单耗核定的结果，应书面告知企业。

按照《办法》第二十七条规定，企业对隶属海关作出的单耗核定结果有异议，可以在收到核定结果5个工作日内向直属海关提出书面复核申请；对直属海关作出的单耗核定结果有异议，可以在收到核定结果5个工作日内向海关总署提出书面复核申请。复核海关的复核结果也应书面告知企业。

有关复核的具体程序性规定，海关将另行公告。

八、企业未按《办法》第十四条规定申报，或申报内容不实，经查证的，企业应承担相应的法律责任。

九、本公告自印发之日起实施。

特此公告。

二〇〇七年五月三十日

附录九

# 中华人民共和国海关审定内销保税货物完税价格办法

（海关总署令第211号）

**第一条** 为了正确审查确定内销保税货物的完税价格，根据《中华人民共和国海关法》、《中华人民共和国进出口关税条例》及其他有关法律、行政法规的规定，制定本办法。

**第二条** 海关审查确定内销保税货物完税价格，适用本办法。涉嫌走私的内销保税货物计税价格的核定，不适用本办法。

**第三条** 内销保税货物的完税价格，由海关以该货物的成交价格为基础审查确定。

**第四条** 进料加工进口料件或者其制成品（包括残次品）内销时，海关以料件原进口成交价格为基础审查确定完税价格。

属于料件分批进口，并且内销时不能确定料件原进口一一对应批次的，海关可按照同项号、同品名和同税号的原则，以其合同有效期内或电子账册核销周期内已进口料件的成交价格计算所得的加权平均价为基础审查确定完税价格。

合同有效期内或电子账册核销周期内已进口料件的成交价格加权平均价难以计算或者难以确定的，海关以客观可量化的当期进口料件成交价格的加权平均价为基础审查确定完税价格。

**第五条** 来料加工进口料件或者其制成品（包括残次品）内销时，海关以接受内销申报的同时或者大约同时进口的与料件相同或者类似的保税货物的进口成交价格为基础审查确定完税价格。

**第六条** 加工企业内销的加工过程中产生的边角料或者副产品，以其内销价格为基础审查确定完税价格。

副产品并非全部使用保税料件生产所得的，海关以保税料件在投入成本核算中所占比重计算结果为基础审查确定完税价格。

按照规定需要以残留价值征税的受灾保税货物，海关以其内销价格为基础审查确定完税价格。按照规定应折算成料件征税的，海关以各项保税料件占构成制成品（包括残次品）全部料件的价值比重计算结果为基础审查确定完税价格。

边角料、副产品和按照规定需要以残留价值征税的受灾保税货物经海关允许采用拍卖方式内销时，海关以其拍卖价格为基础审查确定完税价格。

**第七条** 深加工结转货物内销时，海关以该结转货物的结转价格为基础审查确定完税价格。

**第八条** 保税区内企业内销的保税加工进口料件或者其制成品，海关以其内销价格为基础审查确定完税价格。

保税区内企业内销的保税加工制成品中，如果含有从境内采购的料件，海关以制成品所含从境外购入料件的原进口成交价格为基础审查确定完税价格。

保税区内企业内销的保税加工进口料件或者其制成品的完税价格依据本条前两款规定不能确定的，海关以接受内销申报的同时或者大约同时内销的相同或者类似的保税货物的内销价格为基础审查确定完税价格。

**第九条** 除保税区以外的海关特殊监管区域内企业内销的保税加工料件或者其制成品，以其内销价格为基础审查确定完税价格。

除保税区以外的海关特殊监管区域内企业内销的保税加工料件或者其制成品的内销价格不能确定的，海关以接受内销申报的同时或者大约同时内销的相同或者类似的保税货物的内销价格为基础审查确定完税价格。

除保税区以外的海关特殊监管区域内企业内销的保税加工制成品、相同或者类似的保税货物的内销价格不能确定的，海关以生产该货物的成本、利润和一般费用计算所得的价格为基础审查确定完税价格。

**第十条** 海关特殊监管区域内企业内销的保税加工过程中产生的边角料、废品、残次品和副产品，以其内销价格为基础审查确定完税价格。

海关特殊监管区域内企业经海关允许采用拍卖方式内销的边角料、废品、残次品和副产品，海关以其拍卖价格为基础审查确定完税价格。

**第十一条** 海关特殊监管区域、保税监管场所内企业内销的保税物流货物，海关以该货物运出海关特殊监管区域、保税监管场所时的内销价格为基础审查确定完税价格；该内销 价格包含的能够单独列明的海关特殊监管区域、保税监管场所内发生的保险费、仓储费和运输及其相关费用，不计入完税价格。

**第十二条** 海关特殊监管区域内企业内销的研发货物，海关依据本办法第八条、第九条、第十条的规定审查确定完税价格。海关特殊监管区域内企业内销的检测、展示货物，海关依据本办法第十一条的规定审查确定完税价格。

**第十三条** 内销保税货物的完税价格不能依据本办法第四至十二条规定确定的，海关依次以下列价格估定该货物的完税价格：

（一）与该货物同时或者大约同时向中华人民共和国境内销售的相同货物的成交价格；

（二）与该货物同时或者大约同时向中华人民共和国境内销售的类似货物的成交价格；

（三）与该货物进口的同时或者大约同时，将该进口货物、相同或者类似进口货物在第一级销售环节销售给无特殊关系买方最大销售总量的单位价格，但应当扣除以下项目：

1. 同等级或者同种类货物在中华人民共和国境内第一级销售环节销售时通常的利润和一般费用以及通常支付的佣金；

2. 进口货物运抵境内输入地点起卸后的运输及其相关费用、保险费；

3. 进口关税及国内税收。

（四）按照下列各项总和计算的价格：生产该货物所使用的料件成本和加工费用，向中华人民共和国境内销售同等级或者同种类货物通常的利润和一般费用，该货物运抵境内输入地点起卸前的运输及其相关费用、保险费；

（五）以合理方法估定的价格。

纳税义务人向海关提供有关资料后，可以提出申请，颠倒前款第三项和第四项的适用次序。

**第十四条** 本办法中下列用语的含义：

内销保税货物，包括因故转为内销需要征税的加工贸易货物、海关特殊监管区域内货物、保税监管场所内货物和因其他原因需要按照内销征税办理的保税货物，但不包括以下项目：

（一）海关特殊监管区域、保税监管场所内生产性的基础设施建设项目所需的机器、设备和建设所需的基建物资；

（二）海关特殊监管区域、保税监管场所内企业开展生产或综合物流服务所需的机器、设备、模具及其维修用零配件；

（三）海关特殊监管区域、保税监管场所内企业和行政管理机构自用的办公用品、生活消费用品和交通运输工具。

内销价格，是指向国内企业销售保税货物时买卖双方订立的价格，是国内企业为购买保税货物而向卖方（保税企业）实际支付或者应当支付的全部价款，但不包括关税和进口环节海关代征税。

拍卖价格，是指国家注册的拍卖机构对海关核准参与交易的保税货物履行合法有效的拍卖程序，竞买人依拍卖规定获得拍卖标的物的价格。

结转价格，是指深加工结转企业间买卖加工贸易货物时双方订立的价格，是深加工结转转入企业为购买加工贸易货物而向深加工结转转出企业实际支付或者应当支付的全部价款。

**第十五条** 纳税义务人对海关确定完税价格有异议的，应当按照海关作出的相关行政决定缴纳税款，并可以依法向上一级海关申请复议。对复议决定不服的，可以依法向人民法院提起行政诉讼。

**第十六条** 违反本办法规定，构成走私或者违反海关监管规定行为的，由海关依照《中华人民共和国海关法》和《中华人民共和国海关行政处罚实施条例》的有关规定予以处理；构成犯罪的，依法追究刑事责任。

**第十七条** 本办法由海关总署负责解释。

**第十八条** 本办法自 2014 年 2 月 1 日起施行。

附录十

# 关于推广实施内销集中办理纳税手续的公告

（海关总署公告2013年第70号）

为支持加工贸易转型升级，引导企业更好地面向国际国内两个市场，延长加工贸易国内产业链，海关在前期试点的基础上，决定对全国B类及以上加工贸易企业全面推广实施内销集中办理纳税手续措施。根据《中华人民共和国海关对加工贸易货物监管办法》（海关总署令第113号，经海关总署令第168、195号修订）及其他有关规定，现就有关事项公告如下：

一、加工贸易内销集中征税是指符合条件的加工贸易企业先行内销加工贸易保税货物，再集中向主管海关办理内销纳税手续。

海关特殊监管区域内企业（H账册企业）、区外联网监管企业（E账册企业）按各自原有规定办理内销集中纳税手续，区外非联网监管的B类及以上企业按本公告办理内销集中纳税手续。

二、企业采用集中纳税模式办理内销手续，需事先向海关提交《集中办理内销纳税手续情况表》（见附件1）备案，并按规定提供相应担保。

三、企业有下列情形之一的，海关不予办理：

（一）涉嫌走私、违规已被海关立案调查、侦查，案件未审结的；

（二）有逾期未报核加工贸易手册的；

（三）因为管理混乱被海关要求整改，在整改期内的。

四、企业办理内销集中纳税，应按以下要求向海关提供担保：

AA、A类企业无需提供担保，B类企业需提供有效担保，可采用海关保证金或有效期内银行保函两种形式；

B类企业保证金（保函）金额＝企业计划月内销纳税金额×50%

其中，企业计划月内销纳税金额＝企业计划月内销货物金额×企业申请时汇率×综合税率（22%）

B类企业有下列情形之一的，或主管海关有理由认为企业存在较高风险的，海关可视风险程度要求企业缴纳相当于企业月计划内销纳税金额的全额保证金（保函）：

（一）租赁厂房或者设备的；

（二）加工贸易手册两次或者两次以上延期的。

五、企业在备案环节已缴纳保证金，且已缴纳保证金金额超过上述第四条计算的保证金应缴金额的，无需重复缴纳；但若在企业内销集中征税期间，在备案环节缴纳保证金金额的手册已核销结案、备案环节征收的保证金已退还导致保证金金额不足时，应补缴相应保证金或变更保函金额；

企业月度内销纳税金额超出申请的月计划内销纳税金额时，应在额度超出前到主管海关补缴相应保证金或变更保函金额。

六、企业内销加工贸易货物后，须在当月月底前向主管海关集中办理《加工贸易内销征税联系单》，且不得超过手册有效期。

七、已适用内销集中纳税的加工贸易企业，有下列情形之一的，终止适用内销集中纳税：

（一）企业涉嫌走私、违规，被海关立案调查、侦查，案件未审结的；

（二）企业一年内月实际内销征税金额超过月计划纳税金额两次及以上，未及时到海关办理相应手续的；

（三）企业内销加工贸易货物后，未经海关批准不在规定时间内向主管海关办理集中申报手续的；

（四）企业先行内销加工贸易货物后无法按规定提交商务主管部门《加工贸易保税进口料件内销批准证》及其他许可证件的；

（五）企业手册到期未及时办理报核手续的；

（六）因管理混乱被海关要求整改的；

（七）企业被降为C、D类的；

（八）企业自主申请终止资格的。

企业终止内销集中征税，海关应在企业履行完纳税手续后为其办理保证金退还手续。

八、采用内销集中纳税的企业应及时填写《集中办理内销纳税手续发货记录单》（详见附件2），并在上述第六条规定的时间内，按规定凭商务主管部门《加工贸易保税进口料件内销批准证》办理内销申报手续。

九、加工贸易企业内销商品中如涉及许可证件管理的商品，应当取得相应许可证件后，向海关办理内销集中申报手续。

十、已取消商务主管部门《加工贸易保税进口料件内销征税批准证》审批省份的企业，办理内销集中申报手续时，不再收取《加工贸易保税进口料件内销征税批准证》。

十一、本办法自2014年1月1日起实施。

特此公告。

附件：1. 集中办理内销纳税手续情况表

2. 集中办理内销纳税手续发货记录单

二〇一三年十二月十六日

附件 1

## 集中办理内销纳税手续情况表

主管海关编号：(　　)关内销　　号

<table>
<tr><td>企业名称</td><td colspan="2"></td><td>海关编码</td><td colspan="2"></td></tr>
<tr><td>企业地址</td><td colspan="2"></td><td>企业类别</td><td colspan="2"></td></tr>
<tr><td>联系人</td><td colspan="2"></td><td>联系电话</td><td colspan="2"></td></tr>
<tr><td colspan="2">每月计划内销额（美元）</td><td></td><td colspan="2">保证金（保函）金额（元）</td><td></td></tr>
<tr><td colspan="2">海关保证金收据号</td><td colspan="4"></td></tr>
<tr><td colspan="2">保函开户机构</td><td></td><td>保函号</td><td colspan="2"></td></tr>
<tr><td colspan="6">企业承诺：<br>1. 本企业保证上述各项内容真实无讹。<br>2. 本企业保证月度内销纳税金额不超出申请的月计划内销纳税额度，如有变动，将主动变更保证金（保函）金额。<br>3. 本企业保证如实在《保税加工货物内销“集中申报”发货记录表》上记录内销情况，并在内销当月底前向海关集中办理内销纳税的申报手续。<br>4. 本企业保证自觉遵守海关的法律法规及对加工贸易内销的各项管理规定，承担履行的义务。<br>年　　月　　日（企业盖章）</td></tr>
<tr><td colspan="6">以上由企业填写</td></tr>
<tr><td colspan="6">主管海关意见：<br><br><br>年　　月　　日</td></tr>
</table>

备注：1.（1）B类企业保证金（保函）金额 = 企业计划月内销纳税金额 × 50%（征收全额保金保函者除外）；（2）企业计划月内销纳税金额 = 企业计划月内销货物金额 × 汇率 × 综合税率（22%）；（3）已在备案环节缴纳保证金的，无需重复缴纳。

2. 本表一式二份，主管海关一份，企业留存一份。

附件 2

## 集中办理内销纳税手续发货记录单

企业名称：________________ 企业编码：__________ 企业类别：__________

内销时间段：____年____月 计划每月内销额（美元）：________________

| 发货日期 | 手册号 | 商品编码 | 商品名称 | 数量 | 单位 | 金额（美元） |
|---|---|---|---|---|---|---|
| | | | | | | |
| | | | | | | |
| | | | | | | |
| | | | | | | |
| | | | | | | |
| | | | | | | |
| | | | | | | |
| | | | | | | |
| | | | | | | |
| | | | | | | |
| | | | | | | |
| | | | | | | |
| | | | | | | |
| | | | | | | |
| | | | | | | |
| 总计 | | | | | | |

备注：企业应分月逐笔填写内销记录表，以备海关核查。

附录十一

# 关于推广外发加工管理系统的公告

（海关总署公告2009年第51号）

根据《海关总署关于修改〈中华人民共和国海关对加工贸易货物监管办法〉的决定》（海关总署令第168号）、《海关总署关于公布〈中华人民共和国海关加工 贸易企业联网监管办法〉的令》（海关总署令第150号）等有关规定，现就加工贸易外发加工业务管理和H2000外发加工管理系统（以下简称外发系统）操作 等有关问题公告如下：

一、具备加工生产能力，但受自身生产特点和工艺条件限制而不能完成全部工序和订单的加工贸易企业（以下简称企业），由企业提出申请，经海关核准，可开展外发加工业务。

企业申请外发加工业务的，由《加工贸易手册》（包括电子化手册、电子账册和纸制手册）备案地主管海关负责核准和办理外发加工业务手续，并对保税货物实施海关监管。

承揽外发加工企业不得将加工贸易货物再次外发至其他企业进行加工。

二、企业已使用外发系统对外发加工业务进行管理的，主管海关不再签发纸质《加工贸易货物外发加工申请审批表》，并应按照《海关总署H2000外发加工管理系统推广暂行办法》（详见附件）有关规定，使用外发系统办理相关海关手续。

因系统故障和暂未安装系统等原因造成无法使用外发系统对外发加工业务进行管理的，可采用纸质单证作业方式进行处理。外发系统故障恢复正常运作后，企业应按照《海关总署H2000外发加工管理系统推广暂行办法》规定进行补录入。

三、企业申请开展外发加工业务的，应按照《海关总署关于修改〈中华人民共和国海关对加工贸易货物监管办法〉的决定》（海关总署令第168号）修正后的《中 华人民共和国海关对加工贸易货物监管办法》第三条第十款“承揽企业须经海关注册登记”的规定，提交承揽企业营业执照复印件、企业签章确认的承揽企业生产能 力状况等必要材料。

同一承揽企业的营业执照和生产能力状况资料等已在海关备案的，企业无须每次重复提供，并应将其与承揽企业签订的加工合同或协议留底备查。

四、经主管海关核准，对外发加工成品、剩余料件以及生产过程中产生的边角料、残次品、副产品等保税货物不运回的，企业应按照保税加工管理规定办理相关手续。

五、对外发加工的保税货物总量超出主管商务部门核定的企业年生产能力的50%以上或全部工序外发加工的，企业应使用外发系统办理海关相关手续。

六、本公告自发布之日起执行。现行规定与本公告内容不符的，以本公告内容为准。

特此公告。

附件：海关总署 H2000 外发加工管理系统推广暂行办法

二〇〇九年八月十日

附件

# 海关总署 H2000 外发加工管理系统推广暂行办法

**第一条** 为规范海关对外发加工的管理，根据现行海关有关法律、行政法规的规定，制定本办法。

**第二条** 本办法适用于开展外发加工业务的加工贸易企业（以下简称企业）。

**第三条** 外发加工业务的备案管理：

（一）企业应向主管海关提出外发加工备案申请，经主管海关核准备案后，方可办理外发加工手续，并填写《中华人民共和国海关加工贸易保税货物外发加工申请表》（以下简称《申请表》）。

（二）主管海关通过计算机系统对企业申报备案的《申请表》电子数据进行审核。《申请表》经主管海关审核通过后，企业即可办理外发加工收发货登记手续。

（三）《申请表》从主管海关审核通过之日起生效，有效期不能超过对应企业《加工贸易手册》（包括电子化手册、电子账册和纸质手册，以下简称《手册》）的有效期或核销截止日期，逾期不能收发货。

**第四条** 企业办理外发加工前，应以《申请表》向主管海关申请电子数据备案。

（一）一份《申请表》对应一个承揽企业，并对应企业一本《手册》。

（二）《申请表》内容包括企业名称及编码、承揽企业名称、外发加工合同号、地址（在备注栏填写）、关联手册（帐册）号，以及外发货物（半成品或原料）的品名、数量、计量单位、加工后产品的品名、数量、计量单位等。

（三）对企业申请全部工序外发加工的，企业应在《申请表》备注栏注明“全部工序外发加工”字样。

**第五条** 企业应分别在每批实际收发货后 72 小时内申报《保税货物外发加工收发货单》（以下简称《收发货单》）电子数据。

（一）72 小时内在同一《申请表》项下发生的多次收、发货可累加成一次录入申报。

（二）因企业端系统、海关端系统等原因，导致无法在规定时限内申报《收发货单》的，经主管海关批准，可适当延长申报时限，但最长不得超过7天。

**第六条** 企业应向海关如实申报《申请表》、《收发货单》。

**第七条** 企业办理外发加工备案手续后，应当按照经主管海关审核通过后的《申请表》进行实际收发货。每批次收发货，应按第五条规定时限如实申报《收发货单》电子数据。

**第八条** 《申请表》、《收发货单》海关不统一印制，企业如需使用可自行打印。

**第九条** 企业有下列情形之一，海关不予批准其开展外发加工业务：

（一）涉嫌走私、违规，已被海关立案调查、侦查，案件未审结的；

（二）生产经营管理不符合海关监管要求，被海关责令限期整改，在整改期内的；

（三）有逾期未报核《手册》的；

（四）申请外发加工的《手册》被海关暂停进出口的。

**第十条** 本办法由海关总署负责解释。

附录十二

# 关于推广应用深加工结转系统的公告

（海关总署公告2013年第2号）

为促进对外贸易稳定增长，提高通关效率，降低企业运营成本，规范加工贸易深加工结转管理，海关对深加工结转管理系统进行了全面优化。海关总署决定全面推广使用。现就有关事宜公告如下：

一、企业办理加工贸易深加工结转业务应通过深加工结转预录入系统或通过标准数据接口向海关申报结转数据。企业可向主管海关申请安装深加工结转预录入系统，录入或导入结转数据向海关申报。

二、2013年6月1日起，企业应使用深加工结转管理系统办理直属海关关区内深加工结转业务。

三、2013年10月1日起，企业应使用深加工结转管理系统办理跨关区深加工结转业务。

特此公告。

二〇一三年一月七日

**附录十三**

# 关于加工贸易货物销毁处置有关问题的公告

（海关总署公告2014年第33号）

根据《中华人民共和国海关对加工贸易货物监管办法》（海关总署令第219号）、《中华人民共和国海关关于加工贸易边角料、剩余料件、残次品、副产品和受灾 保税货物的管理办法》（海关总署令第111号公布，海关总署令第218号修订），现就加工贸易货物销毁处置的有关问题公告如下：

一、加工贸易货物销毁处置，是指加工贸易企业对因故无法内销或者退运的边角料、剩余料件、残次品、副产品或者受灾保税货物，向海关申报，委托具有法定资质的单位，采取焚烧、填埋和用其他无害化方式，改变货物物理、化学和生物等特性的处置活动。

二、加工贸易企业应委托工商营业执照的经营范围中列明废物处理的单位进行销毁处置；法律、行政法规对废物处置资质有特殊规定的，从其规定。

三、加工贸易企业向海关申报办理加工贸易货物销毁处置，应提交以下单证资料：

（一）《海关加工贸易货物销毁处置申报表（销毁处置后有收入）》（见附件1）、《海关加工贸易货物销毁处置申报表（销毁处置后无收入）》（见附件2）及销毁处置方案；

（二）申报销毁处置的加工贸易货物无法内销或退运的说明；

（三）销毁处置单位的资质证明，及企业与该单位签订的委托合同；

（四）海关认为需要提供的其他资料。

申报销毁处置来料加工货物的，应同时提交货物所有人的销毁声明；申报销毁处置残次品的，应同时提交残次品单耗资料以及根据单耗折算的残次品所耗用的原进口料件清单。

四、企业应明确销毁处置时限，及时完成货物销毁处置，并在手册有效期或电子账册核销周期内办理报关手续。

（一）企业销毁处置加工贸易货物未获得收入，销毁处置货物为料件、残次品的，报关适用监管方式为“料件销毁（代码 0200）”（残次品按照单耗关系折成料件，以料件进行申报）；销毁处置货物为边角料、副产品的，报关适用监管方式为“边角料销毁（代码 0400）”。

（二）企业销毁处置加工贸易货物获得收入的，按销毁处置后的货物报验状态向海关申报，报关适用的监管方式为“进料边角料内销（代码 0844）”或“来料边角料内销（代码 0845）”。海关比照边角料内销征税的管理规定办理征税手续。

报关单备注栏内应注明“海关加工贸易货物销毁处置申报表编号”。

五、海关可以派员监督销毁处置加工贸易货物，企业及销毁处置单位应当给予配合。

六、加工贸易企业报核时应当向海关提交《海关加工贸易货物销毁处置申报表》、处置单位出具的接收单据、《加工贸易货物销毁处置证明》（见附件 3）及报关单等单证，海关按照规定办理核销手续。

（一）企业未获得销毁处置收入的，海关凭销毁处置报关单证进行核算核销。

（二）企业获得销毁处置收入，且销毁处置货物为边角料、副产品的，凭《海关加工贸易货物销毁处置申报表》所列明的货物清单及报关单证进行核销。

（三）企业获得销毁处置收入，且销毁处置货物为料件、残次品需按料件核扣手（账）册的，按照《海关加工贸易货物销毁处置申报表》所列明的货物清单及报关单证以料件或折料进行核算核销。

七、企业未如实申报加工贸易货物销毁处置的，海关按照《中华人民共和国海关法》和《中华人民共和国海关行政处罚实施条例》的有关规定进行处理。

本公告内容自 2014 年 5 月 1 日起施行，海关总署公告 2009 年第 56 号同时废止。

特此公告。

附件：1. 海关加工贸易货物销毁处置申报表（销毁处置后有收入）

2. 海关加工贸易货物销毁处置申报表（销毁处置后无收入）

3. 加工贸易货物销毁处置证明

二〇一四年四月二十六日

附件 1

## 海关加工贸易货物销毁处置申报表

### （销毁处置后有收入）

海关编号：

| | | | | | | | |
|---|---|---|---|---|---|---|---|
| 加工贸易企业名称 | | 海关注册编码 | | 地址 | | 联系电话 | |
| 销毁处置单位名称 | | 资质文号 | | 地址 | | 联系电话 | |
| 手（账）册号 | | 有效期（核销周期）： 年 月 日至 年 月 日 | | | | | |
| 销毁处置货物类型（勾选）及各类货物总值（人民币） | □ 边角料（¥ ）；□ 副产品（¥ ）；<br>□ 剩余料件（¥ ）；□ 残次品（¥ ）。 | | | | | | |
| 销毁处置方式：□焚烧 □填埋 □粉碎（勾选）<br>其他： | | | | | | | |
| 实施销毁时间： | | | | 实施销毁地点： | | | |

申报销毁处置边角料清单

| 序号 | 商品编号 | 商品名称 | 规格型号 | 数量 | 计量单位 | 金额 | 币制 | 销毁处置方式 | 备注 |
|---|---|---|---|---|---|---|---|---|---|
| 1 | | | | | | | | | |
| 2 | | | | | | | | | |
| 3 | | | | | | | | | |
| 可附页 | | | | | | | | | |

申报销毁处置副产品清单

| 序号 | 商品编号 | 商品名称 | 规格型号 | 数量 | 计量单位 | 金额 | 币制 | 销毁处置方式 | 备注 |
|---|---|---|---|---|---|---|---|---|---|
| 1 | | | | | | | | | |
| 2 | | | | | | | | | |
| 3 | | | | | | | | | |
| 可附页 | | | | | | | | | |

续表

| 申报销毁处置剩余料件清单 | | | | | | | | | | | |
|---|---|---|---|---|---|---|---|---|---|---|---|
| 序号 | 商品货号 | 手（账）册料件项号 | 商品编号 | 商品名称 | 规格型号 | 数量 | 计量单位 | 金额 | 币制 | 销毁处置方式 | 备注 |
| 1 | | | | | | | | | | | |
| 2 | | | | | | | | | | | |
| 3 | | | | | | | | | | | |
| 可附页 | | | | | | | | | | | |

| 申报销毁处置残次品清单 | | | | | | | | | | |
|---|---|---|---|---|---|---|---|---|---|---|
| 序号 | 商品货号 | 商品编号 | 商品名称 | 规格型号 | 数量 | 计量单位 | 金额 | 币制 | 销毁处置方式 | 备注 |
| 1 | | | | | | | | | | |
| 2 | | | | | | | | | | |
| 3 | | | | | | | | | | |
| 可附页 | | | | | | | | | | |

| | |
|---|---|
| 兹声明以上申报无讹，并承担法律责任。<br>企业负责人签名：<br>加工贸易企业（签章）<br>年　月　日 | 海关（签章）<br>年　月　日 |

填表说明：1. 海关编号由海关填写，编码规则为关区代码 +【年份】+销 +（顺序）号。2. 手（账）册号栏仅限填入 1 本或 1 份手（账）册号。3. 申报清单中销毁处置方式填写使用代码：A：焚烧；B：填埋；C：粉碎；D：其他。4. 销毁处置剩余料件、残次品的，手册管理企业免填商品货号。5. 货物清单可附页。6. 本表填写一式三联，企业凭海关签章的申报表办理相关业务，第一联企业申报（海关留存）联，第二联通关申报（海关留存）联，第三联留存（企业留存）联。

附件2

## 海关加工贸易货物销毁处置申报表

（销毁处置后无收入）

海关编号：

<table>
<tr><td>加工贸易企业名称</td><td></td><td>海关注册编码</td><td></td><td>地址</td><td></td><td>联系电话</td><td></td></tr>
<tr><td>销毁处置单位名称</td><td></td><td>资质文号</td><td></td><td>地址</td><td></td><td>联系电话</td><td></td></tr>
<tr><td>手（账）册号</td><td></td><td colspan="6">有效期（核销周期）：　　年　月　　日至　　年　　月　　日</td></tr>
<tr><td colspan="2">销毁处置货物类型（勾选）及各类型货物总值（人民币）</td><td colspan="6">□ 边角料（¥　　　）；□ 副产品（¥　　　）；<br>□ 剩余料件（¥　　　）；□ 残次品（¥　　　）。</td></tr>
<tr><td colspan="8">销毁处置方式：□焚烧　□填埋　□粉碎　（勾选）<br>其他：</td></tr>
<tr><td colspan="4">实施销毁时间：</td><td colspan="4">实施销毁地点：</td></tr>
</table>

<table>
<tr><td colspan="10">申报销毁处置边角料清单</td></tr>
<tr><td>序号</td><td>商品编号</td><td>商品名称</td><td>规格型号</td><td>数量</td><td>计量单位</td><td>金额</td><td>币制</td><td>销毁处置方式</td><td>备注</td></tr>
<tr><td>1</td><td></td><td></td><td></td><td></td><td></td><td></td><td></td><td></td><td></td></tr>
<tr><td>2</td><td></td><td></td><td></td><td></td><td></td><td></td><td></td><td></td><td></td></tr>
<tr><td>3</td><td></td><td></td><td></td><td></td><td></td><td></td><td></td><td></td><td></td></tr>
<tr><td colspan="10">可附页</td></tr>
<tr><td colspan="10">申报销毁处置副产品清单</td></tr>
<tr><td>序号</td><td>商品编号</td><td>商品名称</td><td>规格型号</td><td>数量</td><td>计量单位</td><td>金额</td><td>币制</td><td>销毁处置方式</td><td>备注</td></tr>
<tr><td>1</td><td></td><td></td><td></td><td></td><td></td><td></td><td></td><td></td><td></td></tr>
<tr><td>2</td><td></td><td></td><td></td><td></td><td></td><td></td><td></td><td></td><td></td></tr>
<tr><td>3</td><td></td><td></td><td></td><td></td><td></td><td></td><td></td><td></td><td></td></tr>
<tr><td colspan="10">可附页</td></tr>
</table>

续表

| 申报销毁处置剩余料件清单 | | | | | | | | | | | |
|---|---|---|---|---|---|---|---|---|---|---|---|
| 序号 | 商品货号 | 手（账）册料件项号 | 商品编号 | 商品名称 | 规格型号 | 数量 | 计量单位 | 金额 | 币制 | 销毁处置方式 | 备注 |
| 1 | | | | | | | | | | | |
| 2 | | | | | | | | | | | |
| 3 | | | | | | | | | | | |
| 可附页 | | | | | | | | | | | |

| 申报销毁处置残次品清单 | | | | | | | | | | |
|---|---|---|---|---|---|---|---|---|---|---|
| 序号 | 商品货号 | 商品编号 | 商品名称 | 规格型号 | 数量 | 计量单位 | 金额 | 币制 | 销毁处置方式 | 备注 |
| 1 | | | | | | | | | | |
| 2 | | | | | | | | | | |
| 3 | | | | | | | | | | |
| 可附页 | | | | | | | | | | |

| | |
|---|---|
| 兹声明以上申报无讹，并承担法律责任。<br>企业负责人签名：<br>加工贸易企业（签章）<br>年　月　日 | 海关（签章）<br><br><br>年　月　日 |

填表说明：1. 海关编号由海关填写，编码规则为关区代码 +【年份】 + 销 +（顺序）号。2. 手（账）册号栏仅限填入 1 本或 1 份手（账）册号。3. 申报清单中销毁处置方式填写使用代码：A：焚烧；B：填埋；C：粉碎；D：其他。4. 销毁处置剩余料件、残次品的，手册管理企业免填商品货号。5. 货物清单可附页。6. 本表填写一式三联，企业凭海关签章的申报表办理相关业务，第一联企业申报（海关留存）联，第二联通关申报（海关留存）联，第三联留存（企业留存）联。

附件 3

# 加工贸易货物销毁处置证明

我单位于××××年××月××日接收×××××企业《海关加工贸易货物销毁处置申报表》（海关编号　　　）所列海关监管货物，并依《××××X》（合同号　　　）约定于××××年××月××日完成对该批货物的销毁处置。具体销毁处置结果如下：

一、销毁处置起止时间

年　　月　　日开始至　　年　　月　　日结束

二、销毁处置方式

□焚烧 □填埋 □粉碎　　（勾选）

其他：

三、销毁处置后货物状态

□灭失 □未灭失（勾选）

情况说明：

四、销毁处置后货物去向

□返回企业 □未返回企业

情况说明：

五、其他需要说明的情况

以上情况属实。

特此证明。

销毁处置单位（签章）

年　月　日

附录十四

# 关于开展加工贸易工单式核销有关事项的公告

（海关总署公告2015年第53号）

为规范加工贸易工单式核销管理，现将有关事项公告如下：

一、工单式核销是指加工贸易企业向海关报送报关单、报关清单数据，以及企业ERP系统（企业资源计划系统）中工单数据，海关以报关单对应的报关清单料号级数据和企业生产工单作为料件耗用依据生成电子底账，并根据料号级料件、半成品以及成品的进、出、耗、转、存的情况，对加工贸易料件、半成品以及成品进行核算核销的海关管理制度。

二、实施工单式核销的加工贸易企业应具备以下条件：

（一）信用状况为一般信用及以上企业；

（二）使用ERP等系统对企业采购、生产、库存和销售等过程实行全程信息化管理，通过工单可实现生产加工成品对耗用进口保税料件的追溯管理，并以电子工单方式记录生产加工、检测维修成品的实际使用料件情况；

（三）建立符合海关监管要求的计算机管理系统，能够通过数据交换平台或者其他计算机网络，按照海关规定的认证方式与海关辅助系统（平台）联网，向海关报送能够满足海关监管要求的相关数据；

（四）保税物料与非保税物料分开管理；

（五）工单内容应包含企业生产的日期、产品、用料、数量及状态等信息。

三、实施工单式核销的加工贸易企业应根据海关监管要求定期报送ERP系统中的工单数据。

四、实施工单式核销的加工贸易企业应在海关确定的核销周期结束之日起30日内完成报核。确有正当理由不能按期报核的，经主管海关核批可以延期，但延长期限不得超过60日。核销周期由主管海关按实际监管需要确定，最长不得超过1年。

五、海关将加工贸易企业核销期截止日的料号级实际库存数与辅助系统中的料号级法定计算库存数进行比对后，视情分别进行以下处理：

（一）实际库存数多于法定计算库存数，且企业可以提供正当理由的，海关按照实际库存数确认当期结余；

（二）实际库存数少于法定计算库存数，且企业可以提供正当理由的，海关按照实际库存数确认当期结余；对于短缺部分，海关应当责令企业办理后续补税手续，边角料按照实际报验状态确定归类并征税。

六、加工贸易企业内部管理混乱或存在违法情事的，海关可停止其实施工单式核销。

本公告自公布之日起施行。

二〇一五年十一月五日